克孜尔石窟壁画中的动物图案

杨滨 著

中国建筑工业出版社

图书在版编目（CIP）数据

克孜尔石窟壁画中的动物图案 / 杨滨著. —北京：中国建筑工业出版社，2023.2
ISBN 978-7-112-28368-2

Ⅰ.①克… Ⅱ.①杨… Ⅲ.①克孜尔石窟—壁画—图案—研究 Ⅳ.①K879.414

中国国家版本馆CIP数据核字（2023）第031588号

责任编辑：唐旭
文字编辑：孙硕
书籍设计：锋尚设计
责任校对：王烨

克孜尔石窟壁画中的动物图案
杨滨　著

*

中国建筑工业出版社出版、发行（北京海淀三里河路9号）
各地新华书店、建筑书店经销
北京锋尚制版有限公司制版
北京中科印刷有限公司印刷

*

开本：787毫米×1092毫米　1/16　印张：14¾　字数：233千字
2023年2月第一版　2023年2月第一次印刷
定价：69.00元
ISBN 978-7-112-28368-2
（40834）

版权所有　翻印必究
如有印装质量问题，可寄本社图书出版中心退换
（邮政编码100037）

前言

　　动物图案是人类艺术史上出现最早的图案之一，在我国装饰图案领域里有着重要的影响力，同时也是克孜尔石窟壁画内容中的重要组成部分。本书以克孜尔石窟壁画中的动物图案为研究对象，进行了内含寓意的分析和主体形象的比较，旨在从多学科、多视角来研究石窟壁画中动物图案的形式、风格、象征以及同当时的社会、历史、文化的联系，从而系统地梳理出壁画中动物图案的整体风貌和文化内涵。

　　本书考察了克孜尔石窟壁画中一些具有代表性的动物图案的形象特征、地域风格、演变过程中的内因与外因；还将这些动物图案的表现形式同其所在画面中的寓意和象征性结合起来进行分析和阐释，力图挖掘出这些动物图案历史脉络和内在审美规律，并通过审美规律找出克孜尔石窟壁画中动物图案在中西文化交流中的痕迹；之后再系统地梳理出动物图案中的多元化和民族化融通的原因，总结出克孜尔石窟壁画中动物图案艺术的历史经验。这将有利于对克孜尔石窟艺术的深入开发和全面解读，对于推动我国动物图案艺术的进一步发展有着重要的实践价值和理论意义。

目录

前言

第一章 绪 论 1
    第一节 选题的价值与意义 2
    第二节 国内外研究现状 3
        一、国外研究现状 3
        二、国内研究现状 5
    第三节 研究思路、方法与创新之处 8
        一、研究思路 8
        二、研究方法 9
        三、创新之处 10
    第四节 研究范围界定 10

第二章 克孜尔石窟历史变迁 15
    第一节 克孜尔石窟的发展始末 17
        一、佛教东渐与克孜尔石窟的肇始 17
        二、克孜尔石窟的发展与衰落 20
    第二节 克孜尔石窟艺术形成的生态环境 21
        一、克孜尔石窟艺术与自然环境 21
        二、族群情况与文化艺术 23
    第三节 克孜尔石窟壁画艺术中的多元性 27
        一、西来佛教艺术与本土文化的融会 27
        二、中原佛教艺术文化的回流 29

第三章　克孜尔石窟的形制与壁画的布局 31
　　第一节　克孜尔石窟的形制结构 33
　　　　一、中心柱窟 33
　　　　二、方形窟 39
　　　　三、僧房窟 41
　　　　四、小型窟和异形窟 42
　　第二节　石窟壁画题材的分布模式 42
　　　　一、克孜尔石窟壁画的题材背景 43
　　　　二、克孜尔石窟壁画佛经故事内容与分布 44
　　　　三、克孜尔石窟壁画的整体布局规律 53

第四章　克孜尔石窟佛教艺术——陆栖类动物故事与图案 59
　　第一节　陆栖动物故事的类别 61
　　　　一、具有一定攻击性的动物故事（老虎、狮子、熊、大象、狼、
　　　　　　豺、狐狸）...61
　　　　二、温顺动物（羊、马、水牛、牛、驴、猪、骆驼、狗、猴子、
　　　　　　猫、老鼠、鹿、蝙蝠、兔子）...77
　　　　三、两栖动物和小微动物故事（蛇、乌龟、鳖、鳄鱼、蜥蜴、
　　　　　　蝎子、蚊子、蛤蟆、虱子）..108
　　第二节　陆栖动物的图案内容与形式 122
　　　　一、克孜尔陆栖动物故事画的图案内容 123
　　　　二、陆栖动物故事画的图案形式 139

第五章 克孜尔石窟佛教艺术——飞禽、水生、神幻类动物故事图案 147

 第一节 飞禽、水生、神幻类动物故事类别 149

  一、飞禽类动物故事（鸡、鹅、鸽子、孔雀、鹦鹉、鸳鸯、雀、鸭子、枭、鹭鸶、乌鸦、鹤、鹰、啄木鸟、鸷、雁） 150

  二、水生类动物故事（螃蟹、鱼、海螺） 173

  三、神幻类动物故事（迦陵频伽、龙、摩羯鱼、命命鸟、迦楼罗） 177

 第二节 飞禽、水生、神幻类故事画的图案内容与形式 181

  一、飞禽、水生、神幻类动物故事画的图案内容 182

  二、飞禽、水生、神幻类动物故事画的图案形式 190

第六章 新疆克孜尔石窟同国内外佛教艺术中动物图案的因缘 199

 第一节 克孜尔石窟与我国新疆以东石窟寺佛教艺术中动物图案的比较 201

  一、我国境内石窟寺概述 201

  二、克孜尔石窟中的动物图案与新疆以东的石窟寺中的动物图案比较 205

  三、克孜尔与云冈、龙门石窟的动物图案比较 209

 第二节 克孜尔石窟与古印度佛教艺术动物图案的比较 212

  一、克孜尔石窟与古印度佛教艺术动物图案的种类比较 213

  二、克孜尔石窟与古印度佛教艺术动物图案的象征性比较 214

  三、克孜尔石窟与古印度佛教艺术中动物图案的表现方式的比较 218

结语 220

参考文献 226

后记 229

第一章 绪论

第一节 选题的价值与意义

克孜尔石窟是我国最西部并且开凿最早的石窟寺，在龟兹古国中克孜尔石窟的洞窟数量最多，窟形最丰富，现大约有洞窟251个，已经编号的洞窟有246个，洞窟位于新疆拜城县木扎提河北岸的明屋塔格山南部侧壁上的悬崖间，这里水草丰茂、景色宜人。

克孜尔洞窟是东西走向，苏格特沟谷以东地区为谷东区，谷东区以东的高台上为后山区，苏格特沟谷以西为谷西区，沟内地域为谷内区。其中谷西区洞窟开凿较早，洞窟分布最多，约有100余窟。克孜尔石窟中保存较好的洞窟约有130多个，其中约有80多个洞窟绘制有壁画，壁画题材基本上是以佛教三大故事题材为主，即本生故事、因缘故事、佛传故事，壁画中主要绘制的内容是佛、菩萨、天人以及动植物图案等。

其中的动物图案形式丰富，种类繁多，总体可分陆栖类动物图案和水族、飞禽、神幻类动物图案两大类，每种类型动物图案在克孜石窟壁画中均有对应的动物形象，诸如老虎、狮子、猴子、龙、兔子、孔雀、仙鹤、鹿、牛、马、羊，等等。有许多动物的图案都代表着某种深刻寓意或者某种艺术功能，而且这些寓意与功能可能会在不同的故事题材或艺术场景中又包含着不同的含义。这些动物形象和动作姿势本身就代表着人类文明的精神和佛教文化的特征，凸显了其中研究的必要性和重要意义。本书在此将克孜尔石窟动物图案的研究价值和意义归纳为以下几点：

（1）针对克孜尔石窟壁画中动物图案的形象特征、表现风格进行重点研究，探寻克孜尔石窟壁画中动物图案的外在形象和内在象征之间的紧密关系，将会展现出克孜尔石窟动物图案在多元文化交融与影响中的建树，对于克孜尔石窟壁画艺术的进一步研究有着重要的学术意义。

（2）克孜尔石窟壁画中的动物图案的种类多样、各有特点，每种动物图案都兼有深厚的寓意和丰富的学理蕴含，均为多种文化融汇、交织的产物。本书力图从动物图案的表现形式切入，然后深入图像背后的学理本质，深度探讨其产生的原因，梳理归纳出其中的发展规律，对于我国当代动物图案艺术向前发展具有重要的理论参考价值。

（3）对克孜尔石窟壁画动物图案的产生和演变过程进行更加深入的探讨，可以较为贴切地体会到克孜尔壁画绘制者的创作思想和绘制方法，使现代人可以更好地学习、借鉴克孜尔石窟壁画动物图案的表现形式和描绘技巧，有益于发扬克孜尔石窟的佛教艺术文化，同时也可以促进我国当代动物图案装饰艺术的开发与创新。

第二节 国内外研究现状

一、国外研究现状

近代研究克孜尔石窟的国外学者主要包括欧洲学者以及日本学者，他们对于克孜尔石窟展开了破坏性的考察，在20世纪初期，德国人最先来到新疆并对克孜尔石窟进行研究，这部分学者得到的资料最为全面和详细，所以他们的研究成果也非常引人注目。这其中有1912年德国人格伦威德尔的《新疆古佛寺》，该报告详细全面地记录并阐释了新疆境内的石窟寺情况，现在许多石窟壁画图案已经脱落或损毁，而本书中的手稿便成研究此部分艺术题材的唯一遗存资料，对于克孜尔石窟寺的研究来说是极其可贵的；德国人勒柯克在1907年参加了考察队的探寻工作，撰写过一部《中亚艺术与文化史图鉴》，该书中收录了许多被国外盗掠的佛教艺术资料，其中有雕塑、绘画以及服饰方面的研究，不少论述涉及了克孜尔石窟的佛教艺术形式；德国还有一位著名的学者瓦尔德施密特，他首次提出了克孜尔石窟是受到了犍陀罗艺术的影响，并称之为伊朗画风，尤其是他对克孜尔石窟的分期断代问题上的结论，得到了学界的大多数认可。但是德国学者的观点基本上是从画风的角度作出的断定，而对于石窟建造的背景、形制以及壁画题材的问题均未作考虑，所以也有许多学者对于他们的论断有所质疑。

除此之外，日本一些学者对克孜尔石窟的研究也有颇多建树，其中日本知名学者宫治昭教授对于印度与西域地区佛教艺术的发展具有很深的造诣和影响力，发表的学术文章有《东西文化交流中的巴米扬——以装饰纹样的比较为例》《克孜尔石窟涅槃图像的构成》《论克孜尔石窟——石窟构造、壁画样式、图像构成之间的关系》《丝绸之路沿线佛传艺术的发展与演变》等，还撰写了关于新疆、古印度、犍陀罗三个地区鉴别的专著《犍陀罗美术寻踪》《涅槃和弥勒的图像学》；另外，日本的株式会社平凡社与中国的文物出版社合作出版了大型画册《中国石窟·克孜尔石窟》三卷，作者为夏鼐、宿白、金维诺、长广敏雄、冈崎敬、邓健吾等。2011年宫治昭著、侯悦斯译的《东西文化交流中的巴米扬——以装饰纹样的比较为例》发表于《艺术设计研究》第三期，该文在介绍巴米扬的八种装饰纹样的基础上，通过与犍陀罗、印度、伊朗、中亚等诸多实例进行比较，认为巴米扬佛教大体来自两大区域，并作了分析和研究，对于研究东西方艺术和本书的研究具有一定的学术参考价值。

英国学者杰西卡·罗森著、张平译的《莲与龙：中国纹饰》（上海书画出版社出版），书中以"莲"与"龙"为装饰纹样代表，对于东西方文明作了深入研究，其中涉及了动物图案和花卉图案以及边框图案等，书中内容引证广博、视界宽广、论证详细，具有较高的学术价值。

二、国内研究现状

1. 壁画图案研究

张爱红所著的《克孜尔壁画精选·动物图案》（2006年由新疆人民出版社出版），书中张爱红先生用细腻的线条和精湛的笔法将克孜尔石窟壁画中的动物图案一一对应洞窟和故事题材进行摘录绘制，为克孜尔石窟壁画动物图案的研究提供了极好的资料基础。

张爱红、史晓明绘编的《克孜尔壁画装饰纹样》是两位作者经过长年累月的临摹与绘制的大量克孜尔石窟壁画的装饰图案，并将这些图案逐一分类，标注出每幅图案所在的洞窟。全书绘制精细，是研究克孜尔石窟壁画各类装饰图案不可多得的珍贵研究资料。

苏北海所著的《丝绸之路与龟兹历史文化》，该书中对于龟兹石窟的动物和植物的图案作了较为深刻的学理分析，书中细致分析了动植物图案来源的思想源流以及为什么全世界再也找不出像克孜尔石窟壁画中这样多的动植物描绘的佛教洞窟，书中将龟兹地区的动物图案、花卉图案、植物图案三大类归纳总结出约几十种之多，并进行窟形与空间位置梳理和整体性的研究，书中还将植物图案分成了四方连续纹样、二方连续纹样、对称纹样、适合纹样，等等，是研究克孜尔石窟各类图案的基础性文献。

周菁葆2010年发表的文章《西域石窟壁画中的纹样艺术》，详细地梳理了克孜尔石窟壁画中的装饰纹样莲花纹、花草纹、忍冬纹等，对于克孜尔石窟壁画中的装饰图案系统归纳有着非常好的辅助作用。

周菁葆2012年发表的文章《丝绸之路与新疆石窟壁画中的动物形象》，阐释了克孜尔石窟壁画中动物图案出现的缘由、克孜尔石窟动物图案表现的内容以及克孜尔石窟动物图案表现的形式，该文层次分明、介绍翔实，研究深入透彻，对于本书的研究有着极大的帮助。

王征撰写的《龟兹石窟菱格画形式与中原文化的关系》，主要对龟兹石窟壁画中菱格形式的渊源作了分析，文中得出的结论是菱格形式应该不是外来因素影响所致的，更多的原因是受到了中原文化的菱格纹样影响，新疆龟兹研究院院长徐永明先生也持此观点。

李肖冰所著的《中国新疆古代佛教纹样纹饰艺术》，该书介绍范围广泛，汇集了众多的佛教古迹的纹样以及图案的临绘资料。其构图逼真，设色精细，涉及许多动物图案，比如孔雀、金翅鸟、飞燕等，充分反映了当时我国新疆古代的艺术成就和文化发展成果，是研究克孜尔石窟动物图案的理想工具用书。

闫飞在《装饰》杂志于2014年第260期发表文章《新疆"S"式三种传统装饰纹样考析》，该文章主要讲述了新疆装饰纹样中的唐草纹、涡旋纹以及"卍"字纹的结构组合、表现手法，并从艺术设计学的视角详细解读了这类图案的装饰美学原理，所举案例多以克孜尔石窟壁画中的植物图案为主，学术价值较高。

张婷的论文《浅析新疆克孜尔石窟装饰图案艺术》，讲述了克孜尔石窟壁画中的菱格画、佛经故事画等艺术作品的纹样装饰，并对这些装饰纹样作了一定的梳理和研究。

阳艳华、张婷发表的《克孜尔石窟装饰图案的研究现状和价值分析》，文中从学科价值和现实理论意义的角度深入剖析了克孜尔石窟壁画中装饰图案的研究现状以及研究价值。

2．佛教艺术研究

马世长、雄西、丁明夷的《克孜尔石窟的佛传壁画》，在该文中将克孜尔石窟中的佛传故事整理归纳出了62种，并将壁画图案分布的空间位置、故事出处进行了详细的梳理和阐述，对于本书研究克孜尔石窟壁画中的动物图案有着重要的价值。

李崇峰先生的《中印支提窟比较研究》，该文提出克孜尔中心柱窟的形制是印度覆钵塔的抽象化，而中心柱窟下面的柱体则是覆钵塔的塔身，还指出克孜尔石窟中的壁画内容和形式以及雕塑等也同样受到了印度支提窟的影响。

第一章 绪论

贾应逸、祁小山所著的《印度到中国新疆的佛教艺术》，书中分为两大章节，即印度和中亚篇与中国新疆篇，著作从印度佛教的起源、印度佛教的发展、佛教沿着丝绸之路的传播、中亚佛教艺术的石窟谈到我国的于阗、鄯善、龟兹、焉耆、哈密、高昌等地区的佛教遗址、石窟形制、壁画内容，并作了非常全面的解读，对于本书的研究有重要的价值。

孙英刚、何平所著的《图说犍陀罗文明》，于2019年出版，该书阐述了世界上诸多文明汇聚犍陀罗地区，促使犍陀罗成了佛教飞翔的圣地，书中有400余幅图片，清晰逼真，以图说文，直接明确，阐述详细。

耿剑2005年发表的《犍陀罗佛传浮雕与克孜尔佛传壁画部分图像的比较》，该文章以佛传故事为例对克孜尔石窟壁画艺术同犍陀罗壁佛教艺术表现风格进行了深入的探讨，作者认为克孜尔石窟壁画艺术和犍陀罗艺术必然有着重要的联系，但是因为地域与社会背景的不同又使得两种艺术有着明显的区别，成为同时期佛教艺术的两种典范，文章例证充分，内涵丰富。

戒清、邓鑫所著的《犍陀罗造像艺术之美》，介绍了佛教造像的初始之地犍陀罗，这里造像形式对于之前的佛教艺术有着颠覆性的改变，体现了西方造像艺术同佛教文化的完美融汇。该书对于中国佛教造像有着极其深远的影响，著作还汇集了许多犍陀罗以及周边地区的佛像、浮雕等宝贵图像资料。

金维诺发表的《龟兹艺术的风格与成就》，讲述了佛教在传播的过程中对于龟兹佛教艺术的影响，龟兹本土佛教艺术的发展与延伸以及内地佛教艺术的繁荣与回流等因素共同成就了龟兹繁荣的佛教艺术景象。

阳艳华发表的《克孜尔石窟186窟壁画艺术研究》，通过图像学、考古学等多学科的研究方法，较为全面和深入地分析了克孜尔186窟壁画的形式、色彩、线条，并提出了自己的研究结论，对于克孜尔石窟艺术的研究具有一定学术意义。

任平山的《克孜尔中心柱窟的图像构成——以兜率天说法图为中心》，作者先从克孜尔石窟一直遵循的"说一切有部"进行探讨，得出克孜尔石窟实际上是反对弥勒崇拜的结论，而且通过对交脚菩萨的深入研究，得出克孜尔中心柱窟兜率天说法菩萨是释迦而不是弥勒的结论，文章逻辑严谨，论证充分。

3. 窟室文献研究

阿克苏地区史志编纂委员会、拜城县史志编纂委员会、龟兹石窟研究所于1993年共同编写的《克孜尔石窟志》，该著作对于克孜尔石窟作了非常全面的研究和分析，著作细致地梳理了石窟形制、雕塑、壁画等方面内容，介绍了佛教三大题材的壁画内容，还讲述了壁画图案中的动物图案、植物图案，并细致分析了各种图案的类别和所处的空间位置，该著作是一部优秀的克孜尔石窟研究用书。

新疆龟兹石窟研究所编著的《克孜尔内容总录》，于2000年8月由新疆美术摄影出版社出版，该著作是一部研究克孜尔石窟重要的参考资料，书中详细记录了克孜尔区域中的236个洞窟，几乎绘制了每个洞窟的平面图、位置、剖面图、立面图等，还系统地介绍了各个洞窟的时代、形制、所处的空间位置等。

陈引驰主编的《贤愚经》属于一种较为特殊的佛教经典，全书共分13卷，由69品组成，其实就是一部佛教故事专集，其中讲述了69个故事，故事情节曲折，言辞简洁，是解读克孜尔石窟壁画题材的重要基础用书。

第三节 研究思路、方法与创新之处

一、研究思路

本书采用图像学、历史文献学、风格学等多学科交叉的研究思路，首先从克孜尔石窟的历史文化背景作了较为全面的剖析，把克孜尔石窟壁画中动物图案的种类、设色、布局以及内容进行详细的整理分类；其次，围绕壁画本生故事中动物图案进行详细论述，分析各种动物图案的文化源流、图案流变；最后，以中印度和犍陀罗地区的动物图案形式作为参照，从动物图案的表象、搭配、风格方面进行比较，从中梳理总结出图案中外来与内在基因的融汇模式，以及当时佛教同龟兹政界相互扶持的对应关联。

二、研究方法

1．历史文献学

系统检索所需的图书文献、学术资料，收集与克孜尔石窟壁画中动物图案有关的历史文献与其他类资料，并将其与克孜尔石窟壁画中的动物图案风格与形制进行对比，然后进行分析、研究，力求准确客观地推导出克孜尔石窟壁画中动物图案的历史成因。

2．图像学

本书用图像学的科学方法对克孜尔石窟壁画中的动物图案展开了由浅入深的规律性、文化性、思想性的研究。第一步从相同题材、不同形式的画面进行研究讨论，第二步根据佛教经典对照图像进行细致解读，最后整理所得结论。

3．艺术考古学

以美术学的相关理论研究结合考古学的研究方法，对于克孜尔石窟壁画中动物图案的布局、构图、设色等进行梳理分类、排序归纳，为研究克孜尔石窟壁画中动物图案的流变奠定坚实的资料识别基础。

4．艺术风格学

艺术风格学的方法就是从艺术的视角去观察，研究克孜尔石窟壁画中的动物图案，对其中的图像形式、构图规律、绘制手法以及动物特点中蕴藏的特殊规律进行归纳总结，并以这些规律为参照，从而详细地分析克孜尔石窟中的动物图案与构图、动物图案与窟位、动物图案的组合与多元文化等的内在关联。

三、创新之处

（1）研究视角的创新。以艺术风格学与艺术考古学相结合的视角进行研究，深入分析在相同壁画题材之中，新疆以东以及域外佛教艺术中的动物图案同克孜尔石窟壁画中动物图案的形式和表现方式之间的异同，从而合理地推导出克孜尔石窟壁画中的动物图案受到各方文化因素影响的比重，以及自身对于外部佛教艺术的辐射与感染。

（2）研究方法创新。本书以历史文献学、风格学、考古学等多元学科进行交叉分析、跨学科比较的研究方法，着眼于克孜尔石窟壁画中动物图案的形式、创作和艺术发展，从克孜尔石窟的壁画风格、文化、动物图案的造型趋势上，深入分析、比较其中所蕴含的审美特征。

（3）通过深入解析克孜尔石窟艺术中的文化内涵，着力从更多层面去分析研究影响克孜尔石窟动物图案形象的非佛教因素。

（4）立足于克孜尔动物图案的艺术文化、审美特征、视觉形式的角度，对于域外佛教艺术中的动物图案和克孜尔石窟壁画中的动物图案的整体风格进行比较研究，旨在全面地阐释克孜尔石窟动物图案的本土地域性特征。

第四节 研究范围界定

在本书展开讨论之前，有必要先明确阐述一下克孜尔石窟目前断代分期的状况，以便于本研究后续能够合理清晰地展开论证。

关于克孜尔石窟的断代问题，一直是国内外学者争论与努力解决的重要研究课题,清晰的分期对于克孜尔石窟艺术的整体研究有着至关重要的意义。在国内外众多学者就克孜尔分期均作出过自己的论断,但都是各执一词,至今未有定论。下面我们将国内外学者的研究作一个简单的梳理:

1．国外研究

关于克孜尔石窟断代分期的问题,在国外学者中德国人的研究颇具建树,比较有影响力。德国一些学者曾对新疆进行过四次考察,在考察中做过大量的勘测与抄录工作,并截取偷运了许多壁画回国,本书以德国三位学者关于克孜尔石窟断代分期问题的研究成果作为国外学者关于该问题的代表性结论,进行概括性介绍。在分期问题上科伦威德尔、勒柯克、瓦尔德施密特三位学者都有自己的论断,之间较为接近,但各不相同。三位学者关于克孜尔石窟分期的问题都是从壁画风格上开始的,这样的切入点有失偏颇,所以其得出的结论正确与否还有待研究,但是他们的学术论断在克孜尔石窟壁画断代研究中还是具有重要的借鉴意义和学术价值的。

第一位是科伦威德尔,他将新疆地区的壁画整体划分为五种风格,他认为克孜尔石窟属于犍陀罗风格和武士风格,他将克孜尔石窟的76、77、83、84、92、149A、167、207、212石窟划分为犍陀罗风格,石窟中方形窟较多;他把克孜尔石窟中4、7、8、17、38、58、63、67、80、114、123、192、198、205、206、219、224石窟划分为武士风格的石窟。

第二位是勒柯克,勒柯克基本上认同科伦威德尔的五种风格的划分,但是具体洞窟的详细划分却存在一定的差异,例如他认为克孜尔石窟中76、83、84、110、118、207、212窟应该属于犍陀罗风格,而8、205、67、175~190窟应该是武士风格;149窟是犍陀罗风格或是还要靠前的一种风格,犍陀罗风格的时间应该是公元6~7世纪,武士风格应该在公元7世纪以后了。

第三位是瓦尔德施密特,与上两位学者不同,他从未到过克孜尔石窟,没有实地调研的经历,但是他在柏林民俗博物馆工作,对亚洲文物一直做着深入的研究。他认为克孜尔石窟的壁画风格应该被称作印度伊朗画风,并且可将其分为第一种印度伊朗画风和第二种印度伊朗画风,他将第二种画风的洞窟又依照时间顺序分为三种并将各种画风的洞窟再分为主系洞窟与旁系洞窟。他提出第一种印度伊朗画风格洞窟主系洞窟是第207、118、76、117、77、212窟,旁系洞窟是83、84窟。他提出第二种印度伊朗画风格洞窟:第一时期主系洞窟67、198、199、110窟,旁系洞窟129窟;第二时期主系洞窟114、38、205、224、7、206、8、219、3、4、63、58窟,旁系洞窟13、178、175窟;第三时期主系洞窟123、185、184、188窟。

2. 国内研究

国内学术界关于龟兹佛教石窟艺术分期的问题研究讨论的成果比较丰富,在近代就有画家韩乐然在1946~1947年时,曾对克孜尔石窟进行过两次实地调研,并且对于石窟进行了拍照、壁画临摹、给洞窟编号、做考察记录等。韩先生的考察重点还是在壁画方面,他从洞窟壁画的色彩、构成、视觉风格进行研究分析,将克孜尔石窟的上限时间定为公元前至公元5世纪左右,但是因为空难,这些宝贵材料已然不存。

在20世纪50年代时,我国西北行政委员会文化局派遣新疆调查组进行考察,以新疆文物以及石窟遗址作为重要的考察对象,由武伯纶、常书鸿两位先生带队。在这次考察后常书鸿撰写了《新疆石窟艺术》,该著作中对克孜尔石窟现代的分期断代有着重要的意义,书中讨论了石窟的结构、分期等问题,该书的分期主要是依照壁画风格作为参考依据,将石窟分为首创期、演变期与发展期。

在20世纪60年代时阎文儒先生参加了中国佛教协会与敦煌文物研究所组织的针对新疆石窟的调查研究组,此次调查组对新疆石窟作了详细的勘测,并绘制了平面图。之后阎文儒发表了《新疆最大的石窟寺遗址——拜城克孜尔石窟》《新疆天山以南的石窟》,他对克孜尔石窟作了全面的分期,主要是将石窟分出了东汉后期、西晋时期、南北朝后期、唐宋时期,共四个时间段。

到了20世纪70年代时北大历史系教授宿白先生,带领考察队,成员有许宛音、晁华山、马世长、丁明夷等几位学者,这次对于克孜尔石窟的考察历时两个多月,采集了部分洞窟的样品，作为^{14}C标本。在考察之后宿白先生撰写了《克孜尔部分洞窟阶段划分与年代问题的初步探索》，文中将克孜尔石窟划定为三个时期，即第一阶段大约为公元310±80～公元350±60年，洞窟为38、13、47、6、80窟；第二阶段为大约公元395±65～公元465±65年以迄6世纪之前，洞窟为171、104、17、77、139、119、92、118、39、49、14、172、2、103～105、40、222～224、96～98、99～101、34、198、135、76窟；第三阶段大约为公元545±75～公元685±65年及其以后，洞窟为180、107B、197、8、107A、201、70、148、234、189、190、187、185、182、183、181窟。宿白先生认为，第一、二时期为繁盛时期，高峰期大约在公元4世纪后期到公元5世纪，他还认为在第一期阶段之前还应该有一个时期为初期阶段，第三阶段已经渐近衰落。

通过梳理以上学者的研究成果，笔者认为宿白先生的研究结论更加科学，也更具说服力。首先，宿白先生依据壁画的风格、洞窟的形制等的组合关系，系统详细地研究了克孜尔石窟并将其分为三个主要阶段：第一阶段，从形制上看这一阶段石窟之间的组合关系不明显，其中僧房窟较多，其余是大像窟、中心柱窟；第二阶段，方形窟是在这个阶段发展最快的，窟与窟的组合也有了明显发展；第三阶段，该阶段中石窟形制和绘塑内容都有了明显的简单处理方式，有少部分的大型窟和小型窟出现。

其次，北大考察组用^{14}C同位素测定技术，将克孜尔洞窟墙壁层中的一些麦秆进行检测，得出了与宿白先生相同的研究成果。之后学者们为了更好地验证^{14}C同位素测定技术和这次探测成果的可信度，他们用相同的方法对库木吐拉中典型唐代风格的14窟进行了测定，其结果与库木吐拉14窟年代相近，更加印证了宿白先生对于克孜尔石窟的分析论断是正确的。

第二章
克孜尔石窟
历史变迁

位于新疆维吾尔自治区拜城县的克孜尔石窟，是我国年代最早、地域方位最西边的佛教石窟寺。克孜尔石窟寺的建筑、壁画、雕塑对于我国佛教艺术的影响极为深远，从我国的莫高窟、天梯山石窟、云冈石窟、龙门石窟都可以看到诸多建筑形制和艺术造诣上的相通之处，足见克孜尔石窟在我国传统艺术、佛教文化等领域占据重要的历史地位。

第一节 克孜尔石窟的发展始末

新疆佛教艺术的发展是沿着塔里木盆地两缘逐渐向东渗透蔓延的，在公元3世纪左右，由于受到域外古印度西北部犍陀罗地区佛教艺术发展的影响，从而开启了龟兹地区克孜尔石窟寺的建造。

一、佛教东渐与克孜尔石窟的肇始

佛教发源自古代印度，其开创者是乔达摩，由于他的族姓被称之为"释迦"，故人们尊称他为"释迦牟尼"，意为释迦族的圣人。释迦牟尼出生于公元前565年，相传他是古印度北部一个国家的太子，他在成长过程中看到了世间的生、老、病、死等现象，使他感到众生皆苦。于是他在29岁时萌生了出家苦修的念头，想通过苦修寻找到解脱轮回的路径，通过了无数的艰难苦修，终于证得了无上正等正觉。

汉文称佛陀为佛，佛教的基础教义为"四谛""五蕴""八正道"等，佛教的一切学说也都依照上述内容为核心展开，并产生生发与创新。佛教共有四个发展阶段，第一阶段被称为"原始佛教"时期，该阶段是指释迦牟尼去世百年之间，教派内部的人大多都仍然遵循佛陀在世时的规则，按照之前惯例去解释教义，安排团体生活以及修行事宜；第二阶段，被称为"上座部与大众部的部派时期"，这一阶段是指佛陀去世百年之后，佛教内部分裂为上座部和大众部，其中上座部大多是教派的长老，他们主张严格遵守原始教派时期的教义和戒律规则，而大众部是举行结集时的人，人数较多，两个部派对于教内经典的解释差别很大，并且各自发展出自己的经典教义；第三阶段是指"大乘佛教"，这是创新于公元1世纪的佛教新学说，大乘，其意为能够像一支大船一样，搭乘众生达到解脱，他们称原始教派为"小乘佛教"；第四个阶段被称作"密教"，这一阶段大约出现在公元7世纪左右，这时的佛教在印度已经逐渐衰落，佛教开始吸收印度教的某些形式来维持自身的存在，密教基本上就是佛教与印度教的综合。

佛教开始向外传播应该始于孔雀王朝时期，也就是公元前3世纪左右，在阿育王的支持与推动下佛教经过印度北部越过葱岭进入西域，之后沿着塔里木盆地的南北缘形成了新疆境内的南北两大佛教中心，于阗和龟兹，这两个地区一个位于今天的新疆维吾尔自治区的和田一带，另一个位于今天的新疆维吾尔自治区的库车地区一带。然后再向东传至我国内地，再到朝鲜、日本、越南等国，这一路的传播被称为"北传佛教"。在后期北传佛教又传入了我国西藏、内蒙古等地区，被称之为北传佛教中的藏传佛教。而南传佛教，是从印度的中部传播到东南亚一带以及我国的傣族地区的佛教。

关于北传佛教进入西域的时间基本上被固定在公元1世纪前后，但是克孜尔石窟的开凿时间仍然不是太明确，目前被大多数学者普遍认可的时间是公元3世纪下半叶左右。就此问题学者张爱红、史小明先生在他们的《克孜尔石窟壁画装饰图案》的前言部分就提出了质疑，"现在对克孜尔石窟开凿年代的大致看法是公元3~4世纪，主要依据是汉文史料以及洞窟^{14}C同位素的测定作参考。这种意见与印度本土佛教大规模向外传播以及于阗（今和田）佛教传入的时间（公元前1世纪）比较而言，似乎有些偏晚。"[①] 这段话的疑问在笔者看来是合理的，从佛教传入该地区的时间到石窟开凿的时间明显有些过于漫长，因为在当时域外佛教重镇的犍陀罗地区的人种已经频繁在本地活动了，起码是在公元3世纪左右已经较为普遍地来往

---

① 张爱红，史晓明. 克孜尔壁画装饰图案［M］. 成都：四川美术出版社，1996：6.

于两地之间了，应该对于本地佛教的发展有着很大的影响，不至于从传入石窟开凿会延续200~300年的时间。还有宿白团队考察研究的多是中心柱窟与方形窟，涉略的僧房窟却不多，实际上目前还有很多僧房、异形窟、小型窟还未得到挖掘，所以这个考察数据也未必就准确地说明石窟的开凿时间，因此克孜尔石窟上限问题，仍然存在较多的疑团，还有待后来学者的确定。

但是在公元3世纪龟兹佛教的鼎盛状况是许多古文献资料均可证明的，如《开元释教录》卷第2中记载："沙门白延，西域人也，才明盖世，深解逾伦，以高贵乡公甘露三年（公元258年）戊寅，游化洛阳，止白马寺，出无量清净等经五部。"在《晋书，四夷传》中记载：龟兹"俗有城郭，其城三重，中有佛塔庙千所。"还有资料记载，这一时期的古龟兹国布道传经的佛门人员同中原内地的往来频繁，这其中有僧众、有佛门信徒还有许多王亲贵族，可见当时佛门之繁荣。

克孜尔石窟的开凿是佛教发展的必然，是世界文明交融的成果，从石窟的壁画、雕塑、建筑中反映了希腊、波斯文化，龟兹、中原等地区的多元文化。由于地质条件的原因，现在还能够看到的最多、保存最好、面积最大的当属克孜尔石窟一万多平方米的壁画，这是当代研究克孜尔石窟艺术文化最为直观宝贵的资料。

在当时著名的丝路佛教中心龟兹古国，佛教是当时举国推崇，王室与百姓奉行不疑的，为了能够更好地参拜和礼佛，是克孜尔石窟开凿的主要原因之一；第二个原因就是要为当时传教的僧侣团体修建一些必要修行的地方，那么石窟或者寺院的开凿建立就是非常必要的基础设施建设，克孜尔石窟是源于对印度佛教建筑形制的一种学习与模仿，相传佛陀释迦牟尼，就曾近在古印度摩揭陀国首都附近的灵鹫山峰之上的石窟中布道讲法；第三个原因是石窟为开凿在山体上的，其选址均为人迹罕至且依山傍水之地，这样不会占用城市土地，也省去购买建筑构件费用，而且稳固坚实，是当时最为理想的佛教建筑模式；第四个原因是在当时人们的思想中认为弘扬佛法是一种为来世聚集善业的举动，将来会得到佛祖保佑，会在下一世轮回中得到善果，尤其在当时的大漠腹地的西域，虽然丝路贸易繁盛，但是盗贼也是猖獗彪悍的，野兽频出，商人们的每一次出行都是一次生死未卜的旅程，所以有很多商旅们也非常愿意资助佛教事业和石窟寺的修建，希望自己的贸易生涯能够得到佛祖的庇佑，逢凶化吉，生意兴隆。

二、克孜尔石窟的发展与衰落

当我国中原内地正处于魏晋时期，克孜尔石窟开始了建设开凿，早期克孜尔石窟，被称为达慕兰，之后又称为前践寺，在《出三藏记集》卷十一中记载："构夷国，寺甚多，修饰至丽，王宫雕镂立佛形象与寺无异"，书中还记载了"达慕兰，百七十僧"等信息，从中我们可以得知该寺不仅开凿时间早而且规模宏伟、建制较大。克孜尔石窟是我国境内最接近佛教发源地的石窟寺，而且克孜尔石窟基本上是以尊奉小乘佛教为主的，其中的壁画、雕塑极其丰富而且精致艳丽。

大约在公元4世纪~7世纪是克孜尔石窟的繁盛期，这一时期由于当时古国的富强以及政府的大力扶持，使得克孜尔石窟艺术的水平和开窟的数量都得以提升。约公元8世纪时，克孜尔石窟开凿和绘塑便开始慢慢衰落了。

克孜尔石窟走向衰落的论断较多，其中一种论断是因为大乘佛教的兴起而引起了龟兹王室的更多兴趣，致使当时克孜尔石窟第三阶段的绘塑内容改成千佛形式，在宿白先生的《调查新疆佛教遗迹应该予注意的几个问题》写道："龟兹都城即今天库车附近，包括石窟在内的佛教寺院日益繁荣，恐怕是克孜尔石窟逐渐衰落的更重要原因。"[①]

还有一种论断认为克孜尔石窟衰败的主要原因应该是同社会局势动荡有关，他们认为西域龟兹古国曾有一段盛况，是因为本地自然气候极佳、水草丰美，又处于丝路贸易要道，社会稳定，国力强盛。但是在公元5世纪时出现了一支生活在中亚

---

① 宿白. 调查新疆佛教遗迹应该予注意的几个问题[J]. 新疆史学, 1980.（01）.

的游牧民族"嚈哒",史学家称这一民族为"白匈奴",他们不信佛教。他们四处征战,击败了印度、阿富汗等地并延伸打击到塔里木盆地的大部分地区,严重打击了龟兹地区,致使佛教发展也遭到了重创。

之后,到了公元7世纪中期,突厥开始走向衰败,而在西域西南部的吐蕃开始壮大,并公然进犯西域于阗附近的区域。到了公元662年吐蕃与大唐展开了战斗,公元670年时西域被占领,龟兹等地落入了吐蕃管辖。西域在吐蕃的统治下,遭受到了严重的迫害,吐蕃将占领区的人民作为奴隶一样对待,榨取财富,使得整个龟兹动荡不安,佛教也同样没有幸免于难,克孜尔石窟亦然衰败。

第二节 克孜尔石窟艺术形成的生态环境

在公元前1世纪左右,佛教传入我国新疆境内,主要以南、北两条古道向东传播,南道产生的佛教重镇是于阗,其佛教建筑形制主要呈现为地上寺庙建筑;北道产生的是佛教中心为龟兹、高昌等地区,该区域的佛教建筑形制主要以石窟寺为主。克孜尔石窟是龟兹石窟寺中保存最多、最为丰富的石窟遗址,因为自然地质环境的影响,这里的佛教艺术壁画和泥塑居多。为了方便全文论述的展开,在此要对克孜尔石窟的自然环境、人种、艺术文化同克孜尔石窟的产生关联在一起进行分析阐释。

一、克孜尔石窟艺术与自然环境

1. 河流分布情况

在我国古文献中,记载着龟兹地区有三条大的河流:第一条河流被称之为北河，也就是今天的塔里木河；第二条河流被称之为东川水，也就是今天的库车河；第三条河流被称之为西川水，也就是今天的渭干河，克孜尔石窟就位于渭干河上部的明屋依塔格山的南麓，约2公里的断壁峭崖之间。龟兹的这些河流还分出许多支流，足见龟兹地域水资源丰沛。龟兹地处天山南部，塔克拉玛干沙漠的北部，该地区昼夜温差大，常年降水量低于100毫米，但是由于紧靠天山，山中每年融化的雪水使得整个地区水量充足，河流充盈，水草丰美，农牧业发达，在《旧唐书·西戎传》中就有记载"耕田畜牧为业"。

2. 地理环境

古代龟兹，是丝绸之路的要塞，是世界四大文明的交汇之地，古龟兹的地理位置位于新疆版图的中心地带，虽然天山横亘在它的北部，但是从这里却可以通往北方高原地带，是因为山脉中有几处隘口。这也使得北方的匈奴、突厥等游牧民族有进入龟兹的可能，龟兹区域的一些岩画验证了游牧文化的浸透，另外，从克孜尔石窟的佛教艺术中也同样反映出游牧文化的痕迹。

3. 克孜尔石窟群地质环境

克孜尔石窟，隶属于古代龟兹国，这里的山体地质特征是砂质的沉积岩，颜色为黄灰色，岩石结构松散。由于地质条件的限制，克孜尔石窟是不适宜开凿大型石窟以及进行精细雕刻的，所以在克孜尔石窟现存较多的还是壁画和泥塑艺术品。

克孜尔石窟群根据山体走势划分了四个区，其中谷西区分布有洞窟92个，谷内区分布洞窟84个，谷东区分布洞窟70个，在亦狭克沟的西面分布有5个石窟，克孜尔石窟整体蔚然壮观，横亘于天地之间。

二、族群情况与文化艺术

龟兹古国在当时的西域众多国家中属于经济和文化以及宗教艺术方面都较为强盛的国家，从我国古代文献中所表述的情况来看，龟兹是一个具有高度文明的、富裕的农牧业社会，但是实际上农牧业并非是龟兹唯一的生产部门，它的贸易经济很有可能才是龟兹最为重要的支柱产业，龟兹的产业结构应该是一个以农业为根本，以商贸为主干的繁荣的经济体。这也就促进了各国经贸人士的来往、定居的可能性，再加上此地还是北传佛文化的交流重镇，各国和中原内地的僧侣也源源不断地穿梭于该地区。

龟兹古国人种到底有多少类别，要完全理清还是比较困难的，但是在学界公认的一种学说是古代龟兹的语言是吐火罗语B，该语系属于印欧语系，中国主流学界认为，西域在史前的人种有：欧罗巴人种、蒙古利亚人种、混合型人种，而且欧罗巴人种居多。

另外在20世纪90年代初期，在克孜尔乡吐尔村进行的挖掘活动，收获了许多考古材料和人体骨骼等，学者们将克孜尔地区发现的头骨与蒙古人、尼格罗人的头骨进行了对比，发现它们之间有着明显区别。克孜尔地区的人头骨有着显著的地中海类型欧洲人种的特征。而国外学者，法国人伯希和则将龟兹人归纳为两类：伊兰人、吐火罗人，这里的伊兰人是欧洲人种的一支脉，语系也是印欧语系。

龟兹人种的论断中，还有一种学说认为曾经的"月氏"人种中的一个分支就是龟兹人。而且在学术界有一种共识，均认为"月氏人"的语言属于印欧语系，人种应该是欧洲人种。据记载"月氏人"是生活在祁连山一代的游牧民族，匈奴在西汉初年统一北方的过程中将"月氏人"驱赶至葱岭以西的阿富汗区域，从此"月氏人"开始定居于此，开始了农耕文明的时代。大约在公元1世纪时由"月氏人"建立起来的贵霜王朝开始崛起，其势力强大，版图延伸至印度的中部一带。考古挖掘发现，在贵霜王朝遗址中发现的钱币头像具有印欧人种的特征，文字有波斯文和佉卢文等，均属印欧语系。综上所述，龟兹本地人种应该可以定性为讲印欧语系语言的欧洲人种。

另外，在历史上因为战争、商业贸易、传教等因素造成移民迁徙到龟兹的民族种群有汉族人、波斯人、粟特人、康居人、大宛人、罽宾人、塞人、月氏人、乌孙人、焉耆人、疏勒人、于阗人，等等。这些不同人种的到来，逐渐同当地人通婚繁衍，充盈了龟兹的人口，他们之间相互交流融通，丰富了龟兹地区的文化。

古代龟兹国的文化是多彩的、独具特色的，因为这里地处欧亚大陆的交通要冲，是丝绸之路上的重要节点，外来文化影响繁多，诸如古希腊文化、古印度文化、波斯文化，以及我国内陆地区的中原文化等，都对于地处亚洲内陆腹地的龟兹地区有过诸多影响。但是龟兹古国对于外来文化却有着极强的容纳能力，并且还具有将各种外来文化进行改造创新成为适合己用的改进能力，表现出强大的文化生命力。古代龟兹文化内容丰富，准确界定这里的文化内容还是较为困难的，但是可以从古代龟兹较为典型的几个文化部分作为观察对象，如龟兹音乐、龟兹舞蹈、文学艺术的角度来认知古代龟兹文化内容的特点，从而达到窥一斑而知全豹的效果。

首先是著名的龟兹音乐，在隋唐时期龟兹音乐在中原内地得到广泛的传播，因为其风格优美，感染力强，善于抒发人们内心情感而受到人们喜爱。据《隋书·音乐志》记载，中原在隋朝初期时，曾经流行着三种龟兹音乐：西国龟兹、齐朝龟兹、土龟兹，据推测可能是指主旋律的不同。时至唐代，内地人民将三种合为一种，称之为龟兹乐。

曾经在龟兹国流行的乐器，大概有24种之多，有琵琶、竖箜篌、阮咸、筝、唢呐等。这些乐器或独奏或合奏或两者兼用，它们也是吸收了诸多外来因素又在本土文化影响的基础上形成了自身独有的配器组合。运用于王宫贵族和市井街巷之中，受到广大人民的普遍喜爱，是我国音乐史上的瑰宝。

其次，龟兹的舞蹈也在我国舞蹈史上有着浓重的一笔，龟兹人民善于歌舞，《新唐书·西域传》中记载："（龟兹国）俗善乐舞"。龟兹人通常把舞蹈、舞剧、舞曲混用，其中比较有名的有苏莫遮、胡腾舞、胡旋舞、婆罗遮等。关于《苏莫遮》的介绍在唐代慧琳的《一切经音义》中记载到，此剧源于西域龟兹古国，之后流行于中原等地。此剧的演员是戴上野兽或鬼神的假面具去表演。演出苏莫遮的时间一般在每年的7月初开始，一演就是七天的日夜欢腾，中原地区的演出与龟兹的相差不大。

胡旋舞，又名"团乱旋"或"团圆旋"等，胡旋舞的节奏欢快，以不停地旋转为特点，在《新唐书·西域传》中记载到此种舞蹈是中亚康国所创造，流传至龟兹后，龟兹国人非常钟爱，并将此种舞剧又进行了创新发扬。之后，此种舞蹈又流传到中原内地，为宫廷贵族所喜爱。

龟兹舞蹈，规模可大可小，既能适应上流社会的大规模的演绎也可利用简易道具，进行民间演出，活跃气氛。龟兹舞蹈中的舞技、服饰、道具对于西域和中原以及中亚的舞蹈发展都有深远的影响。

再次，就是龟兹的文学艺术。在汉唐时期我国内地的文学艺术的种类已经非常多样了，包含了神话、仙话、鬼话，以及诗歌、辞赋等。但是龟兹的文学艺术中却并不复杂，据现有史料可知，龟兹的文学艺术基本上就是佛教故事和神话故事两大类。

在龟兹的佛教故事中，大多是通过口头表达的形式来表现的，属于语言文学类别。这些佛教故事多为印度和中亚传入，主要是指佛本生故事、佛传故事、因缘故事、供养故事四种类型。佛本生故事，从其字面意思就可知晓，是讲述释迦牟尼在成佛之前诸世轮回的种种事迹。据现存巴利文撰写的《佛本生故事》中记载就有547个故事，诸如：舍生饲虎、密室藏父、须大拿本生、仙人本生、大光明本生、燃灯本生、鹿王本生、猴王本生、象王本生，等等。最初，佛本生故事的由来是源自于民间的传说、谚语、寓言故事等，由于这些故事在民间深受人们喜爱，有很好的民间基础，受到了印度很多宗教门派的重视。佛教也不例外，将其收为己用，为佛教的传播做好了铺垫。

佛传故事，主要是讲佛陀在现世的故事，在克孜尔石窟中关于佛传故事大概有60多个，诸如出游四门、宫中嬉戏、逾城出家、入山修道、降服魔君、降服六师外道，等等。

因缘故事，主要是讲述佛陀具有的神奇法力，佛陀的伟大神通和信徒们对于佛陀的供养。神话色彩浓重，颇具戏剧性，在龟兹壁画中约有40多种，如萨埵那舍身饲虎、尸毗王割肉救鸽、九色鹿舍己救人、须阇提割肉奉亲等。

还有一些佛教故事是源自龟兹本土人民自主的创造，其中一则比较典型的故事记载于《大方广佛华严经感应传》，是一则称颂大乘佛教的故事，故事内容大致为：在盛唐时期小乘佛教在龟兹复兴，而大乘佛教受排挤，据说有一位来自印度的高僧，本想到龟兹弘扬大乘，看到此种情形，深感痛苦，决然离开。留下了一本梵文撰写的《华严经》，龟兹僧人将其丢入井里，到了晚上，大家发现井里大放光明，不知是何物，遂下井打捞，发现原来就是白天丢弃的那部《华严经》，从此便不敢将此书随意丢弃了。于是僧人们只好将其放入藏经室，由于僧众们对于大乘佛教还是存在不屑的态度，便将其放在所有经书的最底部，次日却发现此经竟然自己跳跃到了所有经书的最顶部。寺里僧人责问放经僧人。放经僧人说不是自己所为，便又将经书压在所有经书的最底层。又过一日，众人再次发现《华严经》又一次在众经书的最顶部。大家都非常震惊，从此后众僧皆改信大乘佛教。此故事反映了当时龟兹地区大小乘佛教争斗的一个缩影。

神话故事是人类认知世界的初级阶段，世界上各个民族都有自身的传统神话故事，在龟兹也同样如此。其中有一则故事记载在《大唐西域记》之中，其大概内容为：在古代龟兹国的东部有一个大湖，湖中住着许多龙，日久之后逐渐能够幻化为人形。有一年大旱，城里的古井都已干涸，城里妇女就来到湖边取水，湖中之龙难耐寂寞，便纷纷化作美男子，与取水妇女相会。之后这些妇女怀孕，生出的龙子，身材伟岸，力大无比，奔走如风，不理会龟兹王所颁布的法度，对于王命屡屡违抗不从，龟兹诸王都不敢与之对抗。直到金花王时期，金花王勇猛无比，智慧过人，联合突厥之力，将龙人所灭。这样的故事是对于统治者的称赞，并神化了敌手的强大，借此夸耀王族的威猛。

以上所述，虽然不能完全代表古代龟兹文化的发展状况，但也从侧面让我们感受到了龟兹文化的基本特征。

第三节 克孜尔石窟壁画艺术中的多元性

古西域一带是东西方文明交流、佛教传播以及发展的重要地区，著名的克孜尔石窟就是在如此背景中成长起来的佛教艺术殿堂。在克孜尔石窟艺术中，以洞窟建筑、泥塑、壁画三大艺术品类为主的石窟艺术中，并不仅仅反映的是单纯的佛教内容，其中的艺术形式、文化表达以及色彩传递都反映了丰富繁杂的多元文化因素。

一、西来佛教艺术与本土文化的融会

印度是南亚次大陆上的古老国度，有着古老又优秀的文化底蕴，尤其是在哲学和艺术方面的创作能力和发展程度都达到了极高的水平。佛教的产生与发展就是其中重要的文化艺术成果，该宗教吸收了印度的婆罗门教与耆那教的宗旨综合而形成。佛教主张：众生皆苦，人的灵魂不灭，将永世轮回，不停地受苦。要想脱离这无尽的循环，唯一的办法就是多行善事，安贫乐道，忍受现在所有的现状，而且要做到无欲、无念、无贪的修为。

佛教的主张受到了高级种姓刹帝利阶层的欢迎并大力支持佛教的发展，劳苦大众也从宗教中看到了解脱的希望，所以也愿意接受佛教，在这样有利条件的发展下，佛教迅速在印度发展壮大。当马其顿统治者亚历山大在公元前334年开始向外扩张，征服了埃及、巴勒斯坦、叙利亚、伊拉克、土耳其、伊朗、阿富汗，以及中亚的巴克特里亚等地区。当大军入侵印度时，印度军民在孔雀王朝的带领下，推翻了当时的难陀王朝，并组织起来北

伐，而这时亚历山大已经去世，其军团内部开始分裂，孔雀王朝夺得了旁遮普、犍陀罗等地。为了巩固征服得来的地域，阿育王大力扶持佛教，推动佛教从印度向外传播。

但是到了公元前185年，在阿育王去世不久，孔雀王朝的最后一任君主，哈德拉塔被自己军队的军官亚米多罗·巽伽杀害，并篡夺了王位建立巽伽王朝。其统治者信奉婆罗门教，对于佛教采取打压的态势，在文献《毗婆沙论》中记载，亚米多罗王在迦湿弥罗国边境附近毁掉佛寺500余所，佛经中称之为"毁佛之王"。但是实际情况并不像佛经中讲的那么严重，在巽伽时代，佛教应该是已经不受统治阶级保护和扶持了，发展上可能比以前显得慢了一些，但是实际上这时候的印度佛教艺术在发展上，还是有着相当成就的，比如著名的巴尔胡特大塔的塔门以及围栏中精密繁华的雕刻艺术就是这一时代的产物。

基本上在巽伽王朝的建国初期，在中亚匈奴开始攻打大月氏，据说大月氏开始败退到伊犁河流域，之后在迁徙的过程中一路攻占大夏、索格底亚纳、巴克特里亚、犍陀罗等地，由于大月氏人在此阶段并不在意宗教的信奉与传播，使得佛教在此阶段得到较好的发展。当公元1世纪左右贵霜王朝建立的时候，罽宾、白沙瓦一带、犍陀罗等地已经发展成了佛教繁盛的重镇了。

在公元前138年时张骞出使西域，从此打开中西方交往的大门，中原同西域有了直接的对话，这是一次破冰之旅，史称"凿空西域"，从此以后东西方的交往络绎不绝，当然也为佛教的传入铺平了道路。在当时西域周边已经皈依佛教的国家如大月氏、康居等国的僧侣们已经将注意力集中在了葱岭以东的广袤区域了。

在当时的西域充斥着战乱、掠夺，这里的人民终日不得安宁。随着中西交通的大开发，使得文化交流日趋繁盛，各种外来思潮与宗教观念影响着这里的人们。本土思想意识与宗教信仰已然不再适合这个日新月异而又动荡不安的社会了，而在这时佛教带着对一切的安慰和救赎走进了西域的社会文化。

佛教进入西域的路线主要分为南道和北道两条线路并进行传播，所谓南道就是以塔里木盆地南沿的莎车、皮山、于阗、拘弥、精绝、且末为一线，所谓北道就是以塔里木盆地北沿的尉头、温宿、姑墨、龟兹、车师为一线，在南线上于阗的人口众多、经济繁荣，就形成了南道佛教中心，而在北线上龟兹古国则是经贸发展的昌隆地区，各地人口聚集，自然也成了僧侣们传道诵经的中心地域了。从此佛教的思想在西域发展蔓延，佛教的传入意义重大，因为佛教并不是单纯宗教上的传递，其在传播的过程中还同时传递了文字、文学、音乐、美术等。而克孜尔石窟的开凿与发展就是以这些西来的文化艺术结合本土的审美传统，相互交融，传承创新，成就了东西方文化的融会贯通。比如：①本土服饰在佛教壁画中的装饰表现，在克孜尔石窟佛教壁画中，有许多的武士、护法神人等着装是一种当时在龟兹军队使用的一种具有抵御性的服装——"锁子甲"，其中在克孜尔第8窟后室前壁的壁画八王分舍利中的将军以及金刚力士就穿着此类战甲等；②在克孜尔石窟中有的壁画为了表现佛教故事中"轮回"的故事题材，克孜尔石窟中的175窟东甬道内侧壁的壁画中绘制出了本土农民形象，人们使用的是当时农民使用的农具坎土曼，还绘制出了两头牛同抬一杠子在犁地的农民劳作场面，这些景象均反映了西来佛教文化与本土艺术的完美结合。

二、中原佛教艺术文化的回流

当唐王朝崛起之时，经济文化异常繁荣之际，佛教艺术也基本上从外来文化转型为了本土化、中国化的佛教艺术形式，各类宗派创立。当唐帝国在公元648年统一了西域，并将安西都护府搬迁至龟兹，稳定了龟兹社会，同时也带来了大量的内地官员、士兵以及内地的僧侣，促进了经济文化的繁荣，产生了汉地佛教艺术文化的回流现象。

虽然汉风回流，对于克孜尔石窟的影响并不多，但还是可以观察到一些明显的变化。

（1）窟内佛龛的增多：在这一时段内，克孜尔有些洞窟进行了重建，并增加了佛龛的开凿，更多的佛龛代表着更多佛像的存在，意味着石窟寺所遵循的主要教义由小乘已经转向为中原内地回传的大乘佛教了。

（2）壁画经营即内容变化，在克孜尔石窟的123窟内是以一朵大莲花绘制于拱形的穹窿顶内，以大莲花为中心辐射出八幅画面，每幅画面中都绘制有立佛和菩萨的画像，该图案也属于回传中大乘佛教形式的反映，其中佛像和菩萨的形象、布局样式以及着色均表现出了较高的艺术水准。

（3）壁画中的佛像增多：还有就是在洞窟内部增加了许多佛像和菩萨像的绘制，比如在克孜尔石窟内的100窟主室的侧壁或是甬道侧壁就连续性地绘制了以方形为框架的大量佛像。

克孜尔石窟属于年代较早的、形制规模较大的并且是以小乘佛教为主要遵循路线的艺术文化遗址，虽然在此地出现的汉风较少但是其中表现出来的异样反差，也颇具特色。

第三章 克孜尔石窟的形制与壁画的布局

当佛教传入我国之后，僧众逐渐增多。大型的寺院和石窟的修建成了必不可少的佛教发展场所。克孜尔石窟一直是以小乘佛教信仰为主的，其中最为注重"四谛、八正道"的修行，"戒、定、慧"是达到成功的修行方法。要想达到八正道第一正见，禅定是最为重要的修行途径。禅定就是集中精神，通过冥想而得到解脱；对于尘世的否定，对于出世的向往。而禅定则需要一方安静之所，对于其中修建与绘塑以及众多僧众的衣食住行，也需要一定财力物力支撑方可实现。这些条件在当时举国信奉佛教，皇家大力支持佛教、经贸繁荣、社会生产力发达的古龟兹国是完全具备的，为成就举世闻名的克孜尔石窟寺奠定了基础。僧人们的选址通常会选择人迹罕至、依山傍水的幽谷山林，因为这样的地方有利于坐禅冥想而不被打扰，选择依山傍水处则有助于僧人们的起居生活。

在石窟内进行绘塑是因为自佛教诞生至约公元1世纪以前都是"不立文字和不拜偶像的"，而在约公元1世纪以后，逐渐演化成为偶像崇拜和以像传教的信仰模式。在我国古代又把佛教称为"像教"，这就是西域诸多石窟寺庙绘制壁画和塑像的重要原因。在克孜尔壁画中的动物图案，往往占据除主体以外的大部分内容，这些图案存在是因为：①这些动物图案的有一大部分是佛教三大故事的主要角色，情节和场景包含着丰富的佛教内涵和大量文化因子。②还有一些动物图案属于独立性题材（即仅仅是动物图案自身形象，存在于画面中，没有特定的意义或装饰功用）或属于纯装饰目的的动物图案，它们的存在起到了烘托画面主体的作用以及美化画面空白的效果。

第一节 克孜尔石窟的形制结构

佛教的逐渐兴盛，石窟的种类以及形制也得到了日趋成熟的发展，在克孜尔，每一种石窟都有不同的实际用途，根据佛寺修建的相关仪式和规范，可将其分为两大部分，第一部分主要为进行佛事活动所用的窟形，第二部分为生活部分所用的窟形。第一部分所用窟形主要有两种：①中心柱窟又被称为支提窟，主要用于僧众们礼拜而使用，大像窟也属于中心柱窟形式的一种；②方形窟，主要用于僧众们用来上日课讲经所用，也有少部分用于礼拜。第二部分为生活所用窟形，也有两种：①僧房窟，又被称作毗诃罗窟，主要用于僧人们居住所用；②小型窟和异形窟，主要用于起居生活与杂物储藏。

一、中心柱窟

中心柱窟是僧众礼拜所用窟形最多的一种，它主要是吸收了印度中心柱窟的建造模式，工匠们根据当地的地质条件作出了相应的改造而形成的具有自身典型特征的石窟，因此不妨把它称之为"龟兹样式"，以地区划分，则称"克孜尔风格"或"克孜尔样式"。[1]

---

[1] 吴焯. 库木吐拉石窟壁画风格演变与古代龟兹的历史兴衰[M]//新疆龟兹石窟研究所编. 龟兹佛教文化论集. 乌鲁木齐：新疆美术摄影出版社，1993：333.

1. 中心柱窟的形制

专家们通过对克孜尔当地的窟体地址分析测定:"其中的岩体成分为砂岩和泥岩,岩体结构稳定性差,经过实验分析岩体成分砂岩占70%、泥岩占30%"。[①] 此外,新疆还是地震多发区域,处于喜马拉雅地中海地震带上,又被称为"欧亚地震带",因此在这种地质条件和环境的影响下,洞窟的纵深和跨度不适合过大,而应该以中小型石窟开凿为宜,并且最好增加相应的承重结构。这也是克孜尔石窟中最大的特征所在,克孜尔中心柱窟的建造,通常是在石窟的中央凿出一面方形柱体,从洞窟的顶部直通到地面,这一方形柱体又被称之为塔柱,是佛塔的象征。它既可以承接洞窟顶部的重量,而且又将洞窟分为主室和后室。中心柱窟通常是由前室或前廊、主室和后室三部分构成。中心柱窟的前室多为竖着的长方形或者横着的长方形,但是由于岁月久远,损毁严重,完整的前室并不多见。主室的形制大多为长方形,顶为纵券顶,在它的正壁上都开凿有两个孔洞,形成左右甬道,是主室同后室连接的通道,顶一般也是纵券顶,在主室正壁上一般都凿有佛龛。后室的形制多为横着的长方形,顶部多为横券顶,在后室的后壁上,有些窟会开凿出一个台面,塑造出涅槃的佛像。

这种洞窟形制的设计,不仅科学地避免了洞窟的坍塌,同时也将人流进窟礼佛的顺序按照佛教仪规排列了出来:首先进窟经过前室或前廊;第二步是入主室观正壁佛陀尊像并施礼,然后仰视观券顶天象图以及左右本生故事壁画和因缘故事壁画;第三步以右旋通过右甬道进入后室,观释迦涅槃像进行礼拜,进而依旧右旋,步入左甬道绕行中心柱三周施礼,继而由左甬道出,再入主室面对主室前壁观上方未来佛弥勒并施礼。

佛教的日渐传播和当地信仰的不断兴盛,中心柱窟的形制也逐渐随之有所演变。由于僧众们的增多或是礼拜的人流量增大,导致主室日渐加宽,慢慢发展到主

---

① 李瑞哲,兰立志,陆清友. 克孜尔石窟谷内区、后山区维修保护[J]. 敦煌研究,2003(5).

室宽于后室或者后面的行道。与此同时，洞窟的装饰感愈加增强了，比如券顶与侧壁连接处使用了叠涩线或枭混的建筑装饰手法，洞窟的顶部也逐渐出现了一面坡、套斗顶、穹隆顶、平棊顶等，甬道口的上部也相应增加了圆拱式门楣装饰。尤其在克孜尔发展到中后期，洞窟中大大小小的佛龛数量也逐渐增多，甚至在甬道的左右两壁面也有开凿。

2．中心柱窟的阶段性演化与顶部变化分类

克孜尔石窟从本身的改建和相互的关系以及窟室顶部的变化，可以比较明显地划分成三个阶段。在克孜尔漫长的发展过程中，顶部的纷繁变化也是研究克孜尔石窟图案的重要依据和线索。

（1）中心柱窟的阶段性演化

中心柱窟的形制主要是由甬道、主室和后室通过横向或纵向的连接，组合而成的。同样在克孜尔发展的过程中，这些形制空间也是重要的演绎变化的对象。

第一阶段：主室与后室通常一样宽或者主室窄于后室，洞窟券顶部分比较平缓。后室比较窄，两侧的甬道口部分没有什么装饰。中心柱正中开凿出一个较大的佛龛，基本形制为方形。

第二阶段：前室因年代久远，大部分已经毁坏。主室部分，当石窟发展到这一阶段时，主室的形制多宽于后室，而且窟内装饰得到了重视，尤其在石窟顶部与周围的侧壁连接处有叠涩线或是枭混线装饰，窟内的券顶凸起。后室的券顶与侧壁连接处同样叠涩线或是枭混线装饰。中心柱正中开凿有较大的佛龛，整体呈扇面方形。

第三阶段：主室在洞窟顶部与侧壁连接处，用较为简单的叠涩线装饰，用叠涩线装饰加上枭混线装饰的也有但不多，顶部仍然以券顶为主。后室洞窟顶部与侧壁连接处装饰手法同主室基本相同。中心柱两侧的甬道口没有装饰，中心柱的整体呈扁方形，正壁中间开佛龛。

（2）中心柱窟的顶部变化

克孜尔中心柱窟因其独特的地理位置影响，这里的石窟受到了来自中原内地和中亚以及西方等多种文明形式的影响，在石窟顶部的变化上也呈现出了多元化的风采。

纵券顶：克孜尔中心柱窟中的纵券顶形制是最常见的一种中心柱窟顶部形制。这种顶部形制在克孜尔石窟中共有38处之多，占克孜尔中心柱窟总数的绝大部分。纵券顶形制是一种较为古老的顶部建筑形制，多用于洞窟的开凿和墓室的挖掘，其顶部呈倒"U"状，这种顶部形制的优点是不仅具有良好的承重作用，而且可以起到一定的装饰作用。

穹隆顶：在克孜尔中心柱窟中穹隆顶形制是并不多见的，其形制是从顶部开凿出半圆形的凸进空间，很像欧洲的一些古老的穹隆顶教堂，穹隆的底边与墙壁交接处绘塑有突起圆棱形台檐。台檐底部与侧立面的可视部分都绘塑有装饰图案的枭混线，如克孜尔石窟的123、160窟。

套斗顶：克孜尔中心柱窟中的套斗顶就如同一些新疆民居建筑中的菱形套方的四层套斗结构藻井，整个套斗具体形制如此：首先由石窟墙壁的顶端开凿出方形的平顶台檐，这样就限定出了顶部的基本形制。然后，套斗内开凿的四个长条棱边在方形的平顶四条檐边的1/2处相连接，就形成了一个菱形。再如上法，在菱形的内部又向深一层再套一个方形，方形的四边又与菱形的四条边的1/2处相交，如法依次再向上套入一个菱形，然后在石窟最顶部又套一个方形，这样就形成了中心主窟的套斗顶，如克孜尔石窟中的207窟，现在进入窟中观察虽然整体已经漫漶不清，但是顶部的基本结构还是依稀可辨的。

一面坡顶：中心柱窟一面坡顶形制也是比较少见的，克孜尔石窟中心柱窟中是此形制的只有99窟，这种形制基本上是依据木结构建筑顶面演化而来的，它的顶部前端向下倾斜与后部顶端形成了一个坡度，因此而得名"一面坡顶"。在颇顶上方开凿出纵向排列的仿木椽子，直到坡的前端，后部与中心柱顶相连接，柱体上开凿出枋头来承接上面的重力，属于一种视觉的模仿。

平棊顶：所谓平棊顶是指天花板，又被称为"承尘"，这种形制是指在屋顶搭建相同制式的方形木格网，然后在上面放置同等形制的木板，并附以彩绘。其建筑功用：可以遮挡屋顶的梁、枋、檩等建筑构件；具有调节室内空间高度的作用；有保持室内温度的功效。中心柱窟的平棊顶完全是对人们日常民居的模仿，窟顶开凿出横向或纵向的棱条围合出若干行、列的方格，在方格内施以彩绘，通常是水涡纹之类的图案，在棱条上绘制莲纹或云头纹等装饰图案。

覆斗顶：覆斗顶又名倒斗顶，这也是石窟顶部形制的一种，具体是在石窟顶部开凿出向上深凹的方形孔，四周每个面均为坡面，每个坡面均下倾与侧壁相交，其形状类似翻转过来的斗，在克孜尔117窟的后室顶部就是这种类型。

（3）大像窟的形制

大像窟按其形制来讲，应该也属于中心柱窟的范畴，通常在中心柱正壁前塑一尊大像，因此得名大像窟。由于克孜尔地质条件限制，大像窟在克孜尔并不多见，现发现石窟中总共八个洞窟，谷东区有三个洞窟分别是136、139、148窟，谷西区有五个洞窟分别是47、48、60、70、77窟。如今大像窟中的塑像早已荡然无存，现仅有残破的壁画与壁面上的一些孔洞，这些应该是曾经固定大像留下的痕迹。

大像窟因其有较大的塑像，通常该类窟型的主室与后室都比较高，一般都在5米以上，最高的塑像有16.5米之高，面积也比较大。后室通道低于主室小于主室，并且有较大的涅槃台和列像台，从克孜尔洞窟发展的三个阶段来看，大像窟的装饰感愈发增强了，比如券顶与侧壁连接处使用了叠涩线装饰和枭混线装饰的手法。洞窟顶部也逐渐出现了穹隆顶、一面坡、套斗顶、平棊顶等。甬道上增加了圆拱形门楣装饰，尤其在克孜尔发展的中后期，洞窟的大小佛龛数量明显增多，甚至在甬道的左右两壁面也有开凿。

从克孜尔洞窟发展的三个阶段来看大像窟，第一阶段无前室，主室有用于固定大像留下来的孔洞，顶部为纵券顶，中心柱壁前端砌有半弧状塑像台，左右两侧砌有列像台。后室多为横券顶，两侧甬道口没有装饰，正壁砌有涅槃台，台上侧残存壁画，上方有孔洞，中心柱的位置比没有大像的石窟略靠前一些，正壁没有开凿佛龛，左右两侧以及中心柱后壁，开凿有大的佛像龛，壁面上有孔洞；第二阶段主室正壁壁前有立像痕迹，主室长度比第一阶段缩小并且比后室窄，大像全部毁坏，从谷西区的77库来看后室又宽又高，顶部为长方形且两侧呈斜坡延伸至侧壁叠涩处，有壁画装饰，整体看顶部呈梯形，中心柱呈方形，四壁均为开凿佛龛；第三阶段，主室毁坏程度较大，主室的纵深长度比第二阶段更为缩短。后室的顶部仍然为券顶，整个后室空间较低，顶部与周围侧壁连接处仍有装饰，大像处已没有大像，仅存上部的孔洞。

（4）大像窟产生的原因

大像窟的形成是多种原因综合所致的结果，最为重要的是：来自信众文化水平的影响、域外教派之争的影响、王权思想的体现、物质基础的影响四部分。

第一，来自信众文化水平的影响。由于当时西方传过来的经文大多是吐火罗文或者是梵文，对于大多数僧众和信徒来讲是无法看懂的，况且还有许多一知半解的解读，甚至是错误的解读，会让大部分僧众和信徒对于教义的解读和理解失去信心。这样就导致他们更愿意看到佛的形象，用自身的感观去体会佛的真谛，与那些烦琐又看不懂的文字和深奥的教理相比，这些实际存在的佛像则更加真实和直观。

第二，域外教派之争的影响。克孜尔石窟的开凿是具有一定的模仿性和原型支撑的，在克孜尔以西的犍陀罗地区因历史原因，该地区深受希腊和罗马艺术形式的熏陶，与此同时这里又是大乘佛教主要的发源地，这里的佛教造像艺术是非常发达的，开凿的大佛主要寓意就是要与当时的小乘佛教进行分庭抗礼。由于上座部小乘佛教主要推崇以理性思维的方式去认知佛教教义，重视人们通过理性和义理去体会佛法，从而达到良好的修行境界。而大乘佛教则是注重开悟，认为一切生物皆有悟性，每个人都有成佛做祖的可能，开悟过程并不需要太多的理论修行，最重要的是以身践行，对于佛像的建造和礼拜就是实际上的践行，这种思想意识以及艺术形式在克孜尔石窟的发展过程中得到了较好的吸收和体现。

第三，王权思想的体现。大像窟的开凿并不限于龟兹，沿着丝绸之路，自西向东仅我国境内就有敦煌、云冈、龙门等多处大像窟的开凿，而且多为弥勒造像。在当时皇室政权为了巩固自身的统治需要得到宗教的辅助，佛教同时为了更好地宣传自己的教义以及开窟造像和寺庙的修建所需的财力、物力也需要王权支持。弥勒信仰恰好是两者达成合作的契合点，因为弥勒在天国是兜率宫天主，而转入凡间则是转轮王是世俗社会君主，弥勒又是释迦的继任者，转入世间必将拯救众生于水火，这就造成了帝王与世尊形象有了一种合二为一的朦胧感。僧众和信徒们会将侍奉佛法的帝王作为崇拜的偶像与佛教释尊的崇拜紧密地结合起来，形成了政教合一的思想体系。

第四，物质基础的影响。大像窟的开凿不是一项简单的工程，它包括大像窟的选址、大像的建造设计、雕琢、绘塑等诸多事项。如果没有雄厚的财力物力支撑是不可能做到的，而当时克孜尔石窟所属的龟兹地区，正处于东西方交互的中枢，经贸频繁，物资丰盛。龟兹当地也是土地肥沃，农业发达，矿产丰富，绿洲纵横，这就为大像窟的产生提供了充足有利的经济基础。

二、方形窟

据龟兹研究所出版的《克孜尔石窟志》中考证："方形窟仅出现于第二阶段"[①]，方形窟是僧众们主要用于禅修和讲经的地方。

1. 方形窟的形制

在克孜尔石窟发展的过程中，方形窟通常是有前室的，因岁月久远现在基本上已经损毁殆尽。方形窟的主室基本上是呈方形或者矩形，窟前正中开门，也有的在侧面开门，还有的窟在门的两边各开一窗，窟室内部顶与侧壁连接处装饰有出檐曲线或更加纷繁装饰。方形窟从形制上可以分出两种类型：一种是有佛坛的，一种是没有佛坛的。有佛坛的方形洞窟，主要是用于礼拜，这点与中心柱窟类似，其中有76、81、117、149A窟，而没有佛坛的方形洞窟，它的用途主要是说法、讲经、坐禅，其中有3、14、85、110、116、138、161、166、167、168、177、182、183、185、187、210窟。

---

① 龟兹石窟研究所. 克孜尔石窟志 [M]. 上海：上海人民美术出版社，1993：15.

2．方形窟主室顶部变化的分类

克孜尔方形窟的顶部变化也同样比较丰富，有些与中心柱窟的顶部较为相似。

纵券顶：克孜尔方形窟中的纵券顶与中心柱窟的这种顶基本相似，也就是我们通常所说的倒"U"形顶，在克孜尔方形窟中顶部为纵券顶的有3、14、85、110、116、138、161、166、167、168、177、182、183、185、187、210等窟。

横券顶：克孜尔方形窟中的横券顶基本上没有什么绘塑，其形制顾名思义即横放的倒"U"形顶，在克孜尔方形窟中，顶部为横券顶的有11、18、31、59、62、63、89、105、118、124、143、144、147、153、173、177等窟。

套斗顶：方形窟的套斗顶与中心柱窟的套斗结构基本相似，不同之处就是中心柱窟的套斗顶的基底呈长方形，而方形窟套斗顶的基底更接近正方形，呈现出这种顶部形制的方形窟有131、132、165、166、167、233等窟。

穹隆顶：方形穹隆顶通常也是在窟顶中间开凿一个向上凸进的半圆空间，穹隆顶底部与墙壁相交接处，一般呈三至四层叠涩线装饰，叠涩线上绘制有建筑装饰图案或动物、植物装饰图案，呈现出这种顶部形制的方形窟有9、33、39、67、76、83、84、135、153、161、189等窟。

方形平顶：其意就是基本上没有什么建筑装饰，就是比较平的一个顶面，呈现出这种顶部形制的方形窟有41、56、53、54、59、137、152、202、213、220等窟。

覆斗顶：克孜尔方形石窟覆斗顶，基本上与中心柱窟的覆斗顶相似，呈现出这种顶部形制的方形窟有28、95、117等窟。

3．方形窟的组合关系

克孜尔早期开凿方形窟主要是为了满足当时还为数不太多的僧侣在修行过程中的修习和坐禅需求，通常形制为前室略宽于主室。但在当时没有意识到，随着佛教的不断发展，僧徒和信众们越来越多，各种佛教事宜和集中修行、礼拜变得日益频繁，尤其是在僧徒和信众较多的环境下显现出了空间上的窘境。

因为发展的需求再加上工匠们的智慧，将原有的石窟进行关联配置，这样充足的空间和完备的区域职能就随着各种窟形的组合演化而成。这些组合中有的是单个方形窟与一个或多个中心柱窟再加上僧房窟形成了集修行、观禅、礼拜、坐禅等为一体的公共职能空间组合；有的组合是多个方形窟和一个中心柱窟再加上僧房窟就又形成了另外一种集修行、观禅、礼拜、坐禅等为一体的公共职能空间组合，如克孜尔石窟的38、39、40窟，在这里的中心柱窟38窟，就是这三个窟中主要用于礼拜的场所，那么方形窟则履行着修习、禅修的功能，起居生活自然就是僧房窟的功用。这种窟型的组合关联，既方便僧众的各种佛事活动，又满足了他们之间的修习交流和生活起居需求。

三、僧房窟

僧房窟也叫毗诃罗窟，僧房窟主要是用于僧众们起居生活，类似于我们今天所讲的宿舍。据统计在克孜尔共有62个僧房窟，占克孜尔石窟总数的近1/4，可见当时僧众之多，佛教发展之繁荣。僧房窟通常面积不大，其内部形制一般都是为了生活方便而设置的，主要是由门道、主室、甬道、耳室四部分构成。

从克孜尔石窟发展的三个阶段来看僧房窟的发展情况：

第一阶段：从方形窟门进入石窟，一般有一段窄而长的门道，顶部呈券顶或是平顶。由此走向尽头一般开凿有略呈方形的小室，应该是用来存放生活用品和杂物的储物间，门口在使用时期应该安装有木门。在小室的左侧或者是右侧开凿有较短的甬道直通主室，顶部纵券顶。主室一般是长方形，顶部为券顶与侧壁连接处，有简单的出檐的曲线装饰。在主室入口附近，一般有灶坑，上部壁面向内凹形成火塘，可以用于取暖。主室前壁通常开窗与甬道口相对一侧开凿或砌有与壁面平行且较为低矮的禅床。主室和甬道壁面还开有小龛，是用来放置灯具以及小型物件的小型空间，整个僧房窟大多壁面没有装饰和壁画。第二阶段：这一阶段的僧房窟有不少开凿出前室，而曾在门道后壁的耳室减少了，石窟的顶部和侧壁的装饰感加强了，这一阶段还出现了一些较大的僧房窟和两层的僧房窟。第三阶段：僧房窟的顶部与侧壁的装饰明显减弱了，有门道的僧房窟也减少了，石窟只剩下一个主室，石窟顶部形制出现了平顶和少数纵券顶。

四、小型窟和异形窟

小型窟与异形窟的编号与确认是比较困难的，因为大多数石窟损坏得比较严重，有的主室还经过改造，有的还没有开凿完成。其主要功能是用于僧人们起居生活与杂物储藏所用。

小型窟：这种石窟面积不大，有的窟只能容下一个人，有的窟类似方形窟，其中有谷西区的21窟，谷内区的120、183、185、187窟，这些窟除了183窟是穹隆顶，其余窟皆为纵券顶。

异形窟：异形窟的形制没有什么规律可循，通常面积较小，结构较为复杂，克孜尔石窟中的异形窟，大多数都有烟熏过的迹象，顶部有横券顶也有纵券顶，其中横券顶有65、66、127窟，纵券顶有一个是71窟。

第二节 石窟壁画题材的分布模式

在古代丝绸之路中枢上的龟兹，经贸繁荣、文明汇聚，造就了集建筑、雕塑、壁画为一体的佛国石窟文化。龟兹地区的石窟遗迹非常丰富，虽然这些石窟经历了岁月的侵蚀，饱受了盗贼和战乱的破坏，但是这些残存的艺术文化，仍然能够显露出它的无穷魅力和曾经的金碧辉煌。如今我们在当地，依然可见的石窟遗址仍有十几处之多，石窟数量达到了600多窟，其中重要的石窟有库木吐拉石窟、克孜尔石窟、克孜尔尕哈石窟、森木赛姆石窟、台台尔石窟、温巴什石窟、苏巴什石窟、玛扎伯赫石窟、托乎拉克艾肯石窟、阿艾石窟等。在这些石窟中,保存相对完整、规模最大的当属于克孜尔石窟,这里现有编号的石窟就有246个洞窟,壁画遗留面积达一万多平方米。克孜尔石窟壁画中的独特风格、典型的内容和题材以及独特的中心柱窟形制,相对于其他地方的佛教艺术形式,表现出明显的自身特点,被学界称之为"龟兹样式"[①],克孜尔石窟从开凿到衰落延续了近乎千年,对于石窟一万多平方米的壁画进行深入研究,将非常有利于我们揭示佛教艺术传播的轨迹和动物图案演化的特点,甚至对于整个中亚和东亚的历史文化挖掘都有着重要的意义。

一、克孜尔石窟壁画的题材背景

在古代龟兹地区的主流文化是佛教,从现存于当地各种佛教遗迹和艺术形式的规模,完全可以证明这一点。同时根据多种史料文献记载,当时龟兹地区的寺院林立,僧众繁多,国家支持,以至于在周边地区的王室贵族妇女也多来到龟兹修学佛法出家为尼,发展得非常繁荣。克孜尔石窟是龟兹地区壁画保存最多、规模最大的石窟群,是龟兹佛教文化的地标性遗址。

因为地域所属的重要性,佛教传入此地较早,到公元3世纪左右,佛教在此地已经形成了相当的规模,当时此地最早流行的是小乘佛教中的"阿含学"和"法藏部",随之与犍陀罗地区的交流来往的过程中发源于罽宾地区的小乘说一切有部逐渐传入龟兹并成为龟兹地区主流学派。虽然佛教文化在龟兹地区的发展过程中也曾

---

① 吴焯. 库木吐拉石窟壁画风格演变与古代龟兹的历史兴衰 [M] //新疆龟兹石窟研究所编. 龟兹佛教文化论集. 乌鲁木齐:新疆美术摄影出版社,1993:333.

出现过大乘学派，但是一直没有能在龟兹地区占据主流学派的位置。例如，公元4世纪时，由小乘学派改宗大乘学派的鸠摩罗什以及来自南印度的僧人达摩笈多等大乘学者，他们曾经对龟兹地区的大乘佛教发展产生过一定的影响。克孜尔石窟中开凿的大像窟就是大乘佛教曾经存在并产生过影响的重要例证，但是因为他们的活动范围有限，活动时间较短并没有撼动小乘说一切有部在龟兹的主流地位。

在公元1世纪时，大月氏在中亚地区建立了强大的贵霜帝国，控制着印度北部和西北部地区，贵霜帝国的第三代君主迦腻色迦推崇佛法，在他的帮助下佛教在罽宾地区开展了第四次结集，主持者是说一切有部的论师胁尊者，自此犍陀罗地区成了说一切有部的重要发源地之一，而龟兹小乘佛教的艺术文化从它的形式以及题材内容来看与此地必然形成了一种承接关系。

小乘佛教承认在佛陀释迦之前有过去六位佛，并且认为当世的世尊是释迦牟尼佛，未来佛是现今的弥勒菩萨。小乘佛教特别注重累世修行，他们认为只有不断地修行才是达到无上正觉的途径。因为现世世尊释迦牟尼佛曾经也是肉身凡胎，曾经也有无限的烦恼，也经过了生老病死的人世间过程。但是因为他以坚韧不拔的毅力去不断地修行而达到超凡入圣的境界，所以我们看到克孜尔石窟壁画其实就像一幅幅佛门教科书，释迦牟尼的前世今生种种行为均是一课又一课成道的步骤与经典。在克孜尔石窟壁画中，把这些用吐火罗文或梵文写成的晦涩难懂的佛经，以壁画的形式表现出来可以让更多的信众比较轻松地接受佛门教义和其中内涵，对于修行的僧人来说，则是一步步制约自身的律己法则，更是精进学习的楷模。

二、克孜尔石窟壁画佛经故事内容与分布

克孜尔石窟壁画内容丰富、形式鲜明，是我国佛教艺术中最为优秀的成就之一。在克孜尔有四种形制的石窟，其中方形窟、中心柱窟和大像窟多绘有壁画。所绘题材主要是表现小乘佛教说一切有部的教义和内容，这些内容的主要功能：宣传

行禅和因缘的业力,并突出涅槃境界;这些壁画所反映的内容均可归为律藏部,有较强的戒律性,可以促进僧众通过禅观来修善本性、达到正觉的目标。对于本书来说研究这些画面的分布和题材内容,可以从学理上更好地推断画面中动物装饰图案在不同历史时期、不同题材中的演化和背后蕴藏的文化内涵。

佛经故事画占据着克孜尔石窟的大部分画面,其主要就是将佛教经典和教义所阐发的故事性内容进行图绘而成。虽然很多画面已经遭到损坏和残蚀,但是仍然无法掩饰其精美绝伦的动物形象、色彩斑斓的艺术表现形式、笔触技法的匠心独运,并且画幅总数可观,是我国佛教艺术上不可多得的瑰宝。

1. 本生故事题材的布局与演化

本生故事是由许多印度民间故事改编而来的,佛教僧徒们为了更好地宣传和推广佛教,便将这些故事从民间采集过来进行改编,主要就是将故事中的某某神仙或动物与佛陀的前生对应起来。这样做的好处就是这些民间故事本身就有巨大的民间基础,为人们所普遍接受,如果将佛陀的前生与故事里面的主角相对应,将非常有利于广大普通群众去接受这个新的故事,并且能够产生对佛陀的崇拜情绪,从而达到更好地推广宣传佛教的目的。

本生故事题材在克孜尔有百余种,现已被释读出来的就有72种。据统计,在克孜尔除了僧房窟以外的中心柱窟、方形窟、大像窟有36个石窟绘制约有340幅本生画面,根据其内容反映可分为:

关于因果报应的本生故事画: 在佛教中认为一切灵魂中的"我"都是通过不同形式为介质(或是人或是动物等)存在于世上,这种介质所存在的状态皆取决于因果法则而定。例如,"兔焚身施仙人"本生故事画,该画讲的是从前在山林间有一只兔王,它与这里的一位仙人特别友好,有一年山中大旱,这里的植被已经枯死,树上的果子和山间能够充饥的食物已经无法找到了,于是仙人决定到人间去乞食充饥。兔子不舍仙人离去,为了挽留仙人,兔子于是捡拾了一些柴火,然后将其点燃,随即自己纵身一跃,跳入火中将自己点燃,决心用自己肉作为食物奉养仙人,神仙伸手欲救但为时已晚。故事的尾声是佛陀告知众比丘，这只兔子就是佛陀自己的前世，因为看到仙人饥饿难耐，便作此大善，后世得到果报修身成佛。这幅画面绘制于克孜尔第14窟窟顶的菱格内，整个画面左边有一位白发苍苍老人交脚坐于席座之上，伸出两臂呈欲救兔子状，右侧则是一团竖起的桃形火焰，火焰中间是一只兔子。

关于舍生求死的本生故事画：小乘佛教认为众生皆苦，执迷于追求出世境界，崇尚通过修行而脱离时间，崇尚涅槃而达到永生，这种宣扬舍生求死的悲观思想，同样也反映在本生壁画中，如克孜尔114窟、157窟的"摩诃萨埵太子舍身饲虎本生故事"。该故事讲述的是从前有位国王名叫大车，他有三个儿子，老大摩诃波罗、老二摩诃提婆、老三摩诃萨埵。一日国王带着三个儿子去山林游玩，国王等在休息期间，三子自行游玩时发现在山崖下有一只产仔的母虎快要饿死，他们知道只要母虎饿死、幼崽也肯定无法生存。摩诃萨埵看到此景不忍，于是让两个哥哥先回去，说他马上回来。当哥哥们走远时，他便脱下衣服，跳下山崖，来到老虎所在的地方。因为老虎已经无力进食，他就用山竹刺破自己的喉咙饲虎，此时大地震动，诸天皆赞。故事结尾时，佛陀告诉大家摩诃萨埵太子不是别人，就是佛陀自己的前世。此故事在克孜尔壁画中通常被绘制为摩诃萨埵太子纵身跃下悬崖，横躺在三只老虎面前，一只大虎两只幼虎啃噬着他的身体，也有的画面就是一只大虎或者是一大一小两只虎的场景。

关于弃恶扬善的本生故事画：佛教指出只有弃恶从善才能解脱自身，脱离恶世。因为他们认为世界是不善的，人类是既自私又贪婪的，会因为仇恨和利益而道德沦丧，无恶不作。比如在佛经故事中，有一位摩羯陀国的国王叫频毗沙罗王是被他的儿子阿阇世国王所杀害，而阿阇世国王又是被自己的儿子邬达衍波达王所杀害，最后邬达衍波达王又是被他的儿子阿奴达家所谋害的。另外还有一例是"母鹿舍身不失信"的本生故事画，绘制于克孜尔224窟，此故事大意是：在森林中有一只产子不久的母鹿在独行，被猎人发现，欲猎杀母鹿。母鹿察觉后便恳请猎人让它回去看一下自己的幼鹿最后一眼并发誓看完即回，不会欺骗猎人。猎人存疑，但还是同意了母鹿的要求,母鹿回去便把它的幼崽指引到水草丰美的地方并即刻起身返回,幼崽不肯随即跟来。猎人看到此场景心生怜悯,于是放弃了猎杀母鹿的念头。故事的尾声便是佛陀告诉诸位比丘,这猎人就是阿难的前身,母鹿则是佛陀自己的前生,整个故事非常感人,令人难忘。在克孜尔224窟壁画中绘制的正是小鹿依恋地吃着母乳,而母鹿也难过地舔舐着自己幼崽的场景。

关于济世救众的本生故事画:佛教认为一切有情生物皆有佛性,富人穷人、禽兽牲畜等都具备成佛的潜质。在佛教经典中,不仅仅是把不杀生作为一条重要的戒律,而且还将施恩救众也作为成道修行的必要课程之一。例如克孜尔14窟的券顶西侧壁中绘制的本生故事画"马王渡商客出海",讲的是从前有500商客渡海寻宝。在途中遭遇到狂风大浪,商船被击坏,这群人被迫流落到罗刹国,到了此国受到罗刹女的诱惑便与罗刹女纵情欢乐,养儿育女,不思故乡了。一日商主见一铁城,于是上树观望城内,发现罗刹女是一群专门诱食商客的恶魔。于是他同商客谋划逃跑,他们乘着一匹神马穿越大海,就在这时罗刹女怀抱儿女们跑来,在下方哭诉夫妻之情,其中只要有人心生爱意就会掉入海里,被罗刹女吃掉,商主忍住情感,得以渡海保命。整个画面构图于菱格之内,有两人着龟兹服饰同骑一匹骏马,疾驰在水面之中。

关于宣扬智慧精进的本生故事:小乘佛将"戒、定、慧"列为三学,尤其特别强调"慧"的修行,认为"慧"是断"痴"的重要途径。他们指出人一旦有了智慧,便会体悟到世界仅仅是各种物质元素暂时的组合而已,是虚空的过眼的烟云,从此心智将不再受到任何世间表象所迷惑。例如,在克孜尔新1窟甬道中有一幅猕猴本生故事画,故事讲的是一只大虬,因为妻子怀孕想以猕猴的心为食。于是大虬游出海面来到岸上,看到一只猕猴在优昙波罗树上吃果子,于是便对猕猴说:"这果树上的果实比较少,我可以背你到海的彼岸,那里丛林丰饶,果实丰沛。"猕猴不假思索便下了树,骑到了大虬的背上,大虬一进入海里便淹没在水的深处,猕猴大惊失色,这时大虬说自己的妻子因为有了身孕,想吃猴心,所以才将他骗到水中。猕猴逐渐也冷静了下来,突然心生一计,便说:"不好,我下来得匆忙，我把心放到了树上，你让我回去从树上给你取下来"，大虬信以为真，便驮着猕猴又回到岸上，猕猴一上岸便纵身上树，再也不肯下来了。故事结尾时，佛陀告诉诸位比丘，猕猴其实是佛陀本身，而大虬便是魔王波旬。在实际画面中，两只动物身形大小差不多一样，猕猴的形象显得睿智灵巧，两只动物似乎正在对话，趣味十足。

本生故事大多绘制于中心柱窟的券顶部两侧的菱格中，也有一部分绘制于方形窟的两侧，还有极少部分绘制于后室两壁之上。其主要构图形式为克孜尔特有的菱格形式构图、连环画形式构图、方形构图。

2．因缘故事题材的分布模式

学者任继愈对因缘说曾作过如下解释："所谓缘起说可以概括为，'依此故彼，此生故彼生'，也就是要求从普遍联系中的互为条件，相互制约的关系方面理解事物存在。"在佛教教义中通常是将事物相互关联起来，借以阐释他们产生出来的现象与结果，佛教将事物产生和毁灭所形成的条件称之为"因"，把形成这些条件的辅助原因称之为"缘"。佛教认为在这个世界上每一个人的祸、福、贫、贵，皆是由自己前世所作所为导致了今世今生的因果报应。他们是用一种心理意识去影响人们思维的，让人们相信在人间自身所受到的一切灾难迫害均是因果所致与社会制度和所处的时代并无关联。佛教的这种因缘学说的主要内容就是"十二因缘"学说，又被称为"十二缘生"。这十二因缘是：无明、行、识、名色、六处、触、受、爱、取、有、生、老死。依据对这十二因缘的释义，教育每个人应该多做善事与佛结缘，争取修得一个好的后世果报。在十二因缘中有几个因缘在龟兹地区是被着重强调的：

关于"无明"的因缘故事画：在十二因缘中"无明"占据排名第一，"无明"在佛教中主要含义是指没有智慧，尤其是不懂佛法。单从它的排名我们也可以了解到佛教对于智慧的重视程度。例如，克孜尔第34、69、224窟均绘制有"六种众生因缘画"，整幅画面有一佛，交脚赤足坐于画面正中呈讲授课业姿态，在画面的右侧上方有一只猕猴正在向上攀缘树干,下方是一比丘双手合十面向佛陀呈聆听教诲状,画面的右侧是一只野牛,而在佛座的正下方是一只狗与一条蛇。

关于"行"的因缘故事画: 在十二因缘中的第二因缘就是"行",即指人生的各种活动行为,以及心中所念等,均是未来果报的前提。例如,因缘故事"跋提施樵木"贫人跋提肩担着砍来的柴火,准备进城去卖,但是途中遇到了佛,于是心生欢喜,上前礼佛足,并将自己上山砍的柴火奉献给了佛祖。这幅图是在克孜尔205窟中的一幅壁画,佛在整幅画面的左侧坐于佛塔前面,画面的右侧是一樵夫,双手持木棍站立,呈现出恭敬的姿态。

关于"爱"的因缘故事画: 在十二因缘中"爱"排名第八,其含义为因贪恋事物或情欲而导致的种种果报。例如,在克孜尔第8窟券顶前部侧壁中菱形构图的一幅壁画"女人系小儿入井"。因缘故事,其内容主要是讲,一位妇女一手抱着孩子,一手还拿着一个汲水瓶走到井边,正欲从井中取水,忽然看到一名英俊的男子,不由心生爱慕,神情恍惚,却将孩子扔进井里,以为扔的是汲水瓶,待她发现时为时已晚。

关于"取"的因缘故事画: "取"在十二因缘中排名第七,主要是指过于执着世俗追求而造成不良的未来果报。例如,克孜尔第8窟有一幅壁画画于菱格之内,画面的左侧是一个水池,池中伸出一个蛇头和半个身子,右侧是一位贤面的长者,坐于台座之上,因为吝啬于施舍,导致被毒蛇致死。

关于"有"的因缘故事画: 在十二因缘中排名第十的是"有","有"的主要含义是指每种果报之前的所有作为及思想活动的汇总。这种表现"有"的因缘故事画在克孜尔石窟也有不少。例如,在克孜尔188窟中的"无恼指鬘"因缘故事画,其主要内容是讲在舍卫国有一位丞相非常富有,生一子名为无恼,勇猛过人,拜一名婆罗门为师,学业精进。被其师母爱恋并多次诱惑,均被无恼拒绝,于是师母自毁面容,告发无恼奸污她,师傅得知后,非常气愤,便罚他七天内杀千人并斩千人的手指为鬘。于是无恼开始杀人,待他杀到了999人时,大街上已经无人敢出门了。他的母亲怕他饿,专门来给他送饭,杀红眼的无恼却想把自己的母亲杀掉。这时佛陀现身，他又想杀佛，于是佛为其说法，最终度化无恼成为比丘。在整幅画面的左侧是佛赤足坐于方坐上，后面的塔为背景，呈现为说法状，右侧是无恼，手持一把宝剑，高举过头，欲向佛挥去。

佛教中因缘故事是较多的，在克孜尔壁画中，因缘故事占据的数量也很大，约有70余种，这里的因缘故事种类与数量在世界石窟壁画中都不多见。克孜尔因缘故事的构图与分布与本生故事相似，它们之间的异同区分起来较为困难。通常比较概括的区分方法是这样：①不同之处，在于两种故事画中主要角色的定位，在因缘故事画面中主要角色是佛陀本身，而在本生故事画里面的主要角色则是菩萨、人、动物等；②相同之处，两种故事画的相同之处在于它们的画面构图与石窟内分布情况都非常相似，同样都是整个画面有一个主角正坐或者侧坐于画面之中，占有较大的画面篇幅，侧面则是故事的主要执行者，是人或者动物等。

3．佛传故事题材的分布与典型性

佛传故事又被称为本行故事，此部分内容大概被分为两类：第一类是根据佛陀平生真实事迹所撰写，除个别内容，此部分讲述大多比较可信；第二类内容主要是依据一些神幻传闻所编写，虽然不真实但是对于佛教徒以及信众的影响很大。下面较为概括地介绍一下这两类佛传故事。

第一类，佛陀原名悉达多，乔达摩相当于他的姓，是他的族名。人们对于他的尊称是"佛陀"，其含义为得到正觉的"觉者"，"释迦牟尼"是梵文经典里对他的尊称，这个称谓的意思为"释迦族的圣人"。

释迦牟尼是古印度一个小国的王子，这个国家位于尼泊尔与印度北方之间，此国都城是迦毗罗卫。佛陀在尼泊尔以南的一个被称为兰毗尼园的地方出生，其母亲是摩耶夫人，在佛陀出生七天以后，摩耶夫人去世。佛陀自幼生活富足，在宫中长大，较为年轻的时候就已娶妻生子，可谓生活美满。但是佛陀自小就想弃家出走，向往一种毫无牵绊和拘束的圣洁生活。每当一想到人的一生都要经过生老病死，就觉得痛苦和恐惧，为了解脱这种困境，佛陀在29岁那年毅然舍弃宫中生活，从此开启了佛陀求法生涯。佛陀求法的过程基本上可分为三个阶段：

投师：佛陀离家之后曾师从过阿罗逻·迦罗摩与优陀迦罗摩子，在他们那里学习了禅定和毗奈耶，但他逐渐发现自己对于这些教育并不能接受，便告别辞行另寻他径。

苦行：佛陀选择了一处水草丰美之境，决心在此进行苦修，试图达到正觉。他安坐不动，并逐渐减少食物的摄入量，最后达到几乎绝食的状态，他也不洗澡，整个人枯瘦如柴。在这期间，有五个僧人在照顾他，希望他得到正觉之后能传授于他们。当佛陀进行了如此苦行之后，他认为自己已经达到了苦修极限，却发现仍未得到正觉，便觉得此种方法不对，应该再寻找另一种方法修行。因此佛陀开始进食，这时照顾他的五名僧人意识到他并未达到正觉，也就离他而去了。

悟道：当佛陀开始进食之后，便进入了沉思状态，然后又经历了四个阶段的禅定过程，终于修得正觉成道。在成道之后佛陀坐于菩提树下七日不动，参悟到"十二因缘"之法。当佛陀得道之后，就决心布道说法，他首先想到的是先前的几位导师，但是当得知导师们均已去世，他又想向曾经在他苦行之时照顾过他的五位僧人说法。于是他来到了鹿野苑，开始了他的传教，此举在佛教史上被称为"初转法轮"。此后，佛陀经常在摩羯陀、鸯迦、拘萨罗等国布道、访问时间长达45年左右。佛陀在80岁时身患痢疾，一天在前往拘尸那的途中，腹痛难忍无法前行，便躺在拘尸那的一片树林中的两棵娑罗树之间，拘尸那的人们都前来拜望他，时至深夜佛陀离开人世。

第二类，这部分佛传故事主要依据一些传闻所编写，充满了幻想与传奇色彩，丰富而又精彩。其主要内容是：佛陀在天空中是菩萨，自身化为一只白象，进入佛母摩耶夫人胎中。临近产期，摩耶夫人在回娘家的路上手扶树枝，佛陀自其腋下诞生，天神将其接住，佛陀脚一沾地便向大地的四个方向各行走了七步，每一步移出之后地面上都会生出一朵莲花，然后佛陀手指天地说道"天上地下，唯我独尊。"仙人阿私陀预言他将出家并舍弃人世生活。净饭王害怕此事发生，便尽力让他享受人间快乐，并在他16岁时为其完婚，娶妻耶输陀罗。一日他在驾车出游时，天神向其展示了一位老人、一位病人、一具尸体和送葬的队伍，还展示了一位满面笑容的僧人，这一信息促使了佛陀决意放弃世俗生活，离开家庭寻求解脱。为了不惊动父王和家人，佛陀选择半夜骑马出城，这时天神和车匿伴随其左右，四天神拖住马足，佛陀与马腾空而起，越城而出。佛陀出城之后遇到了魔王前来阻碍，魔王承诺给他一个国家，让他放弃修行，但佛陀拒绝了。到了黎明时分，佛陀来到一棵树下，少女苏哲罗和他的侍从用金钵盛米饭和牛奶供佛陀食用。时至傍晚，佛陀走到菩提树前，一位割草的平民用自己割的草为他铺垫了座席。佛陀坐定之后便发誓，如不成佛宁可身体腐烂也绝不起身。这时魔王又带着魔军与美女来诱惑他，设法阻止他得道，均被佛陀一一击败，并在满月升起的三更时分证得了觉悟。

通常我们看到佛传故事都是以这些神奇并具有幻想色彩的故事为母本，而记载这些佛陀事迹的经典主要有《佛本行集经》《普曜经》《方广大庄严经》《太子瑞应本起经》《根本说一切有部邮奈耶破僧事》《修行本起经》等。佛传故事通常绘制方式有两种，一种是根据佛陀一生事迹中的某几个关键点来表现，如"四相图"就是将佛陀诞生、成道、初转法轮、涅槃等四件事迹绘制出来，还有八相图、十二相图也就是在佛陀一生化迹的基础上加以丰富；另一种画法就是比较详细地按照佛陀一生所发生的事迹表现出来，主要内容是从"凡志燃灯"故事画起直到"八王分舍利"的故事画结束。

佛传故事画主要绘制在方形窟主室的四面墙壁上，以连环画的形式表现出来，如克孜尔110窟的佛传故事画的布局设置，这种布局方式是比较罕见的，也是比较有特色的。还有的佛传故事是在中心柱窟和方形窟两侧面的墙壁上分隔排列，也有整面墙绘制的。尤其是在表现佛陀布道的故事画面上端，通常绘制有乐舞或天宫伎乐形象，画面非常优雅。佛陀降魔和鹿野苑布道通常绘制在中心柱窟主室大门正上部和方形窟正壁的部位。涅槃故事画一般都绘制在中心柱窟和大象窟甬道左右或者是后室的部位。另外，表现弥勒菩萨在兜率天宫说法的画面，通常都布置在中心柱窟主室的正门上方恰好与前壁佛龛中的佛陀像正对面。

4. 供养故事题材的构图与分布

所谓"供养"属于佛教僧众实践修行的内容之一，通常有"财供养"和"法供养"两种，主要就是以香花、灯明、饭食作为贡品。供养香花、饭食称为财供养，以修行服务众生被称为法供养。佛教经典中讲到在这世上乞丐和穷人之所以处于如此境地，就是因为他们前世前生吝啬于施舍，不愿意为佛门布施，以至于今生今世得到如此果报。佛教如此注重供养的宣扬，其主要目的就是为了保障其教内的僧众生活起居和教派的发展传播。如果单从供养故事的佛教义理来看，供养故事应该被归纳到因缘故事中，但是从供养故事所着重强调的布施行为来观察，又可以将其单列出来作为一类故事形式。

在克孜尔供养故事画中，可以按主要角色的不同将其区分为人物供养的故事画和动物供养的故事画。以人物为布施主角的供养画较多，且种类丰富。例如"牧羊子以乳供养佛"绘制在克孜尔110窟中的主室右券顶下面的一幅方形构图壁画内，画面右侧是一个牧童将乳汁盛入佛手中的托钵内，另一侧有两位女子，一位站立，另外一位跪地双手托钵，此为乳女奉糜供养；以动物供养的故事画较为少见，例如"师质子摩头罗瑟质缘品"绘制于克孜尔227窟主室券顶下侧的一幅菱格形式构图的壁画内，画面中间绘制着佛陀，在他的旁边则是一只猴子跪着托着一个钵盂奉于佛陀的面前。

供养故事画的分布多与因缘故事画相互穿插，因为总体来说它也属于因缘故事画的一种，通常也是以菱格构图为主进行绘制而成的。

三、克孜尔石窟壁画的整体布局规律

克孜尔石窟形制丰富，壁画种类繁多，石窟总量大，这在世界石窟史上都是较为罕见的。在一万多平方米的壁画绘制内容里，必然是有一定的宏观布置规律作为支撑的，否则将会陷入一片混乱之中。在克孜尔石窟中绘制有壁画的主要是中心柱

窟、方形窟和大像窟。在上文中已经阐述过，大像窟和中心柱窟的形制基本相同，大像窟属于中心柱窟的一种，所以我们主要依据中心柱窟和方形窟这两种石窟的建筑形制对于克孜尔石窟壁画分布的总体规律进行梳理。

克孜尔石窟壁画究其总体分布规律，我们可以概括地从以下两个大方面去阐述：

1．克孜尔石窟均衡性的总体布局

纵观克孜尔石窟壁画，我们可以看到这些画面布局的最大特点就是依据石窟的形制来追求整体的均衡性。这种布局的均衡性给人带来的是肃穆与庄严、平静与安详之感受。首先，以中心柱窟的建筑形制为例来观察其均衡的布局形式。通常我们从一个中心柱窟主室的壁画布局来看，它的画面设置都是从主室的券顶天像图为中轴线将整个石窟分割为左右两部分，天像图左右的券腹部分均为菱格构图的佛经故事画，每幅画面都节选自故事中最为典型的图像情节并加以设计描绘的。所以看似两侧一样的菱格画面，但因为里面的内容不同、造型不同，表现出来的颜色也不同，整个窟室顶部给人的感觉是既肃穆又有律动，不呆板僵硬。

再从券腹部分往下的主室两侧壁上的画面观察，基本上也是为了均衡地布局而设置的，但是画面布局并非以绝对均衡的布局形式来表现的，通常是以人物集群的团块方式为组合，不设界限，如克孜尔石窟114、8、179、186窟等，均是在主室两侧壁各绘制几组佛传故事画相互对应，每组人物集群团块的模式相类似，都是以世尊为主体，巨大的头光和背光拉开了与周围人物形象的距离。每组人物的形象各异，姿态丰富、肤色有变化，但大多数人物的视觉方向和面部朝向均一致地朝向世尊，形成以世尊为中心的一个团块。相邻的人物集群团块则是以两组相邻边界的人物朝向的向背趋势而自然区分开来，这样的画面布局给人的感觉是既有灵动活泼的韵味，又有规整庄严的均衡。

石窟的左右甬道内的布局通常与主室相似，因为中心柱窟甬道的形制大多也是纵券顶形式，壁画布局也是以券顶中心为分割线，但是有天像图的甬道不多。券顶与侧壁衔接处的处理方式一般有两种，一种是衔接处有简单的叠涩线装饰，叠涩面上绘制有装饰图案,还有一种是没有叠涩装饰的甬道,在这里工匠们是通过两片区域不同的壁画形式和色彩进行区分的,也有绘制简单装饰带的。再往下是甬道侧壁上的绘画题材,种类较为多样,如克孜尔第8窟甬道内绘制的是供养人列像,17窟甬道绘制的是塔与僧众的列像,13窟甬道绘制的是"度善爱乾达婆"故事画,199窟甬道绘制的是本生画,等等,虽然画面种类繁多,但也同样遵循着视觉或内容上的均衡原则。甬道侧壁与地面的衔接处的装饰带通常与壁画上端的装饰类似并形成对应关系,如克孜尔第38窟的甬道下端壁画与地面衔接处的装饰带与顶部和侧壁衔接处的装饰带形式近似,主要的视觉感受均为一明一暗的二方连续色块装饰。整体观察甬道内部,结构均衡清晰,大方明快。

中心柱窟后室通常布置为"涅槃"画面,这是佛陀在人世的最后一个阶段。以克孜尔17窟为例,在其后室正壁绘制有一尊大型的卧佛横贯正壁左右,视觉的体量非常庞大,在卧佛的上面和周围分布着一些天人和佛陀的弟子,面容悲伤、画面人物密集,整体气氛沉重。而在后室正壁的对面的后室前壁则是佛传故事中的"八王争舍利",此幅画面依然是人物繁多,画面人物角色密集,画面内容可分为天人部分和人间部分,在画面的上部是天人部分,是一群带有头光的天人和神仙,他们眼睛凝视着下方的人间,而画面的底部则是两组全幅铠甲的武装人马呈开战的姿态,气氛非常紧张。两组位置相对的画面在视觉分量上和情绪上都比较强烈,一组是强烈的哀悼情绪,一组是紧张的战争场面;一组哀悼的人物众多,另一组战争场面宏大,这两幅壁画画面同样形成了情绪上的均衡和视觉上的对称。

其次,以克孜尔方形窟为例来观察克孜尔石窟壁画的均衡布局情况。克孜尔方形窟主要用于讲经说法,所以其形制不像中心柱窟的那么复杂,其中窟与窟之间最大的变化也就是在于顶部形制和主室有无坛基的差异。在此本书主要是以方形窟中的纵券顶形式的110窟和覆斗顶形式的117窟作为分析对象来梳理方形窟的均衡布局模式。选择110窟是因为该窟的佛传故事保存较为完备,并且内容丰富。选择117窟是因为117窟不仅有独特覆斗形式的窟顶,而且该窟有坛基,也就是说该窟属于方形窟中的礼拜形石窟,所以两者在方形窟中均比较典型。

（1）纵券顶形式的110窟

此窟的最初是由主室和前室组成的，如今前室已经塌毁，而它的主室顶部的壁画布局形式同中心柱窟非常相似，同样是以纵券顶的天像图为中轴线将石窟均分为两部分，两侧券腹均为菱格形式的佛经故事画，再往下则是侧壁与券腹的交汇处，同样是以叠涩线的形式处理，在叠涩线绘制着一排菱形装饰图案和一排卷草装饰图案，在两者之间的叠涩面上绘有圆形构图的莲花图案。但是其下部侧壁的壁画形式却与中心柱窟不同，而是以连环画形式出现的系列佛传故事。

从券腹往下的左右两侧壁和主室的正壁共三面墙壁，绘制有壁画。左右两侧壁每壁分三栏，每栏七幅壁画，栏与栏之间用一条略宽的白色装饰带进行分割，但不贯穿于下一幅壁画的上下端，列与列之间的分隔却是用一条略窄于栏与栏分割装饰带的淡绿色色带并有白色点状花纹装饰。从侧壁上端叠涩线处纵向贯彻到壁画最下端，将整壁画面进行了整体性的分隔。两侧壁绘制内容不同，但形式相同，呈现左右对称的均衡画面配置。而在主室正壁的壁画同样是连环画形式的方形构图，共分三栏，但是每栏是六幅壁画，比两侧墙壁少一列，画面分隔方式与两侧相同。在正壁的上方半圆端还绘制有一幅以世尊为中心，周围布满姿态各异的人物角色的佛传故事画"降魔成道"，此幅画面体量很大、人物众多，与主室前壁上方半圆端的同样是人物众多、画面饱满的"释迦菩萨兜率天宫说法图"相对，再加上前壁下方的门道给人的视觉分量，前后壁同样也形成了均衡的呼应关系。

（2）覆斗顶形式的117窟

该窟形制异常独特，由前室和主室构成，前室两室中间由一条门道相连接，前室比主室要宽，而主室地面高度却高于前室1米左右，要借助梯子才能进入主室，似乎在形制上要体现出一种不对称的均衡。在两室相连接的门道口却较为低矮，仅够一人低头进入，右壁有佛龛，应该是重新修补时开凿的。主室地表略低于门道地表高度，空间呈平面方形，顶部中间向上凸起开凿以正方形，向下凿刻出四坡面，上端与正方形四条底边相接，形成覆斗形顶部。在覆斗顶的正下方有一个方形的坛基，正好同窟顶坡面上方开凿的正方形凸起空间形成了建筑形制上的均衡。117窟从前室到门道再到主室，壁画绘制丰富且有多重壁画绘制的现象，但是因为人为因素和自然灾害，导致大多壁画很难辨析其整体形象。117窟的前室有一半已经坍塌，所以剩余空间可以照射到明亮的外部彩光，颜色亮丽，漫漶破落的壁画残迹清晰可见并露出底层绘制图像，但是图案无法呈现出主要面貌，尤其是前室正壁壁画脱落损毁严重，唯有门道口中间部分上尚存残留壁画，其他部分墙体剥落严重，前室斜坡顶部的竖梁分隔的方形空间内也残存有部分壁画，纵观前室壁画的布局面较为均匀对称。

门道的顶部壁画较为清晰，两侧壁也均绘制有壁画，除了底部部分剥落外，基本完好，门道右侧的佛龛内部有划痕，整体布局也是以门道中线为轴平均分为两部分对称绘制。

进入主室，因为室内没有窗户，门道低矮狭窄，光线较难进入，室内昏暗，且烟熏痕迹严重，应该是在克孜尔石窟无人看管时期，牧民在此做饭、取暖所致。在主室正壁上方的两栏壁画明显残缺，而且墙面有刻凿痕迹，这两栏壁画是德国探险队切割偷运回柏林的部分，其绘制内容上栏是一些手持鲜花和乐器的神人图像，下栏是佛或菩萨的坐像，再往下方三栏、四栏脱落严重，仅仅能看出一丝环状光环和人物形象残迹。窟室左壁上两栏有壁画，三栏、四栏已经脱落，壁面上存在刻凿的痕迹，有被切割偷运的可能。窟室右壁壁画底部两栏脱落严重，同样存在刻凿的痕迹，有被切割偷运的可能，主室后壁的壁画上两栏尚存，下两栏有壁画脱落。主室顶部向上凸起开凿的正方形内部四边壁画剥落，覆斗的四个坡面上的壁画，除了正壁上端部分有脱落外基本上保存较好。覆斗的每个坡面由六根适合坡面长度绘制出来的木梁分隔开来，每对木梁中间都隐约可见佛像或是天人像的痕迹，因为光线弱和烟迹的原因，已经无法看清内部具体形象。每根木梁既是壁画之间的隔断，同时又是装饰条带，上面也应该绘有大量的装饰图案，但是其中图案也已经无法辨析。总之117窟主室的每一面墙壁包括顶部均绘制有壁画，布局对称饱满。从德国盗取的主室正壁上两栏的壁画部分可以清楚地看到，栏与栏之间的干阑式建筑装饰图案、箭头图案和类似绳纹的图案。虽然117窟大部分壁画很难清晰辨认，但是从此处也可以推断出壁画栏与栏之间的装饰条带空间内，应该绘制有诸多克孜尔石窟装饰性图案。

从整体来看117窟的壁画，无论是前室、门道还是主室，甚至包括其建筑形制，是完全遵循着对称均衡的布局原则的。

2．各种壁画题材程式化的分布模式

克孜尔石窟的工匠与僧众们利用自己的智慧结合石窟的结构，构建出了一套符合信众心理趋势的题材布局模式，这种模式是依据建筑特点形成的，在方形窟和中心柱窟相同。例如在克孜尔纵券顶形制石窟的主室壁画布局中，表现佛国天部的就是利用窟顶部最为正中的券顶部分，以天像图作为布置题材，其内容主要是日天、月天、风神、龙（就像蛇的形状）、立佛、金翅鸟。通常天像图的排列顺序是从主室入口到主室正壁一端，纵贯主室前后，通常的排列顺序为日天在最前端窟门的入口处，而月天作为主室后壁端收尾，例如34、38、97、98、126、171等窟。但是这种排列顺序也有例外，如克孜尔第8窟却是以月天为主室入口处的天像，而日天却在主室正壁一端。在所有窟形天像图里，其中日天和月天都是必不可少的，只是中间部分的天像在不同窟形中或多或少地出现。窟顶券腹的菱格图案多为佛经故事中本生故事画或是因缘故事画，通常都是歌颂世尊前世的功业和行迹的典型案例，具有鼓励并且戒律僧众和信徒的作用，所以放在至高的位置上。

再往下来观察石窟前后室壁画题材的程式化分布，因为前室离窟室门口近，光照明度较高，多以佛传故事画布置于此，主要表现的是世尊曾经以同样的血肉之躯，在人世间经过重重磨难与苦修才得到正觉的故事画面。鼓励僧众信徒应该依照此画面，对照自身，自我反省，自我觉悟，观察自己与佛陀之间的差距，当然这些画面内容同样也是僧众信徒们修行的动力和榜样。而石窟后室，离光源较远，较为昏暗，通常在此绘制着佛陀"涅槃"的故事画，画面中信徒和仙人均表现出了对世尊的哀悼和思念，整个布局合乎情理，符合人的心理感受和视觉气氛，充分体现了这些工匠和僧徒们的智慧与高超的艺术表现。

第四章 克孜尔石窟佛教艺术
——陆栖类动物故事与图案

在早期人类发展阶段，生产能力低下，繁殖成活率堪忧，一边与大自然对抗，一边为了食物和安全担心，人类不断地承受着来自自然界的各种威胁。所以总在同各类野兽搏斗甚至产生了对于某些动物所具有的特殊功能的崇拜（比如山羊的抵抗能力、雄狮的狂暴力量），幻想着自己也是这一类型物种中的一只或是被此类动物的神灵所庇佑。由此在人类的漫长发展过程中，动物的图案成为人类图案发展史上较早出现的一种。因为人类生存的所处环境决定了大部分人类更多的是与陆地栖息动物进行着频繁的接触或共存，所以在人类早期艺术表现内容中留下了大量的陆栖息类动物图案，其中不同的表现形式和表现手法也代表人类发展的不同时代。当宗教开始出现的时候，陆栖类动物图案也同时被吸收到了各类宗教中，并代表着不同寓意和象征。克孜尔石窟壁画中众多动物图案的内容是来自佛教动物故事中的，其中动物图案的内化含义必定要与佛教意境达成统一。但是壁画中有非常多的动物形象以及动物的动势、形态应该是来自我国新疆本土自然界的动物原形或是具有当地生活文化中约定俗成的属性。

第一节 陆栖动物故事的类别

在佛教中认为动物和人从根本上来讲是同一属性的,每个动物虽然都有着自己独立的生命和命运,但是均有佛性与参悟修行的悟性,只要经过努力修行就有可能证得无上正觉。在释迦过去修行的时候,通常都是以各种动物出现,行菩萨道,救助众生。而当佛或者菩萨证得正果时,又经常以动物的形象入世救人,普度众生。所以佛教中将这些动物看作可以共同修持、共同进步的朋友,动物的形象和图案同样也是佛教艺术中非常注重的一部分。

在克孜尔石窟壁画中大部分的动物图案都源自本生、因缘和佛传题材的佛教故事,在这些故事中陆栖类动物故事较为多样,其中知名的动物故事有"摩诃萨埵太子舍身饲虎""鹿王本生""猴王舍命救群猴"等。下面本书就将克孜尔石窟壁画中关于陆栖类的各种动物故事按照其中动物习性、体型以及生活环境的不同分为三类:具有一定攻击性的动物故事(老虎、狮子、熊、大象、狼、豺、狐狸);温顺动物的故事(羊、马、水牛、牛、驴、猪、骆驼、狗、猴子、猫、老鼠、鹿、蝙蝠、兔子);两栖动物和小微动物的故事(蛇、乌龟、鳖、鳄鱼、蜥蜴、蝎子、蚊子、蛤蟆、虱子)。

一、具有一定攻击性的动物故事

(老虎、狮子、熊、大象、狼、豺、狐狸)

1. 老虎

老虎属于大型的猫科动物,《说文解字·虎部》记载:"虎,山兽之君也"[①]。我国是老虎的故乡,最早时期老虎生活在亚洲的东北区域距今200万年以前,老虎可以在很多环境下生存,有巴厘虎、里海虎等等,都慢慢地在近代消亡。如今在我国境内分布的有东北虎,该虎体形庞大,斑纹较舒缓,体毛较长,常活动于东北小兴安岭、长白山以及境外西伯利亚地区;华南虎,该虎品种在我国分布区域较为广泛,主要生活在我国的南部地区和东部地区,该类虎体量小于东北虎,色泽靠近橘黄,斑纹深而密;印支虎:该种虎分布于我国、马来西亚、泰国等地区,该种虎的体量略小于华南虎,体毛短,斑纹黑且窄;孟加拉虎,在我国也有分布,但更多的是分布于印度半岛。老虎通常是不会主动攻击人的,除非是食物极缺的情况下,才会发生,老虎一般是单独活动,夜晚觅食,啸声传播长远。

佛教中的老虎: 老虎在佛教中的文献和经变画以及寺庙景点的名称中都出现过多次。比如,在我国的佛教中就有虎溪三笑的经典故事流传,据传闻在我国东晋大儒陶渊明和得道高人陆静修时常相伴同去看望好友慧远和尚,每次高论阔谈之后,慧远和尚都要送两位贤达,但是每次送行都不会超过寺前的虎溪。有一次,慧远和尚谈性尚浓却忘了送行的路程,当脚步刚跨出虎溪时,就听山中之虎长啸一声,三人相互对视,会心大笑。

还有,伏虎罗汉的传说,该故事讲的是十八罗汉中的宝头卢尊者,据说尊者常在寺庙的门外听到旷野中饿虎长啸,于是就经常将自己的食物分给老虎一部分,时日长久之后,尊者收服了老虎,被尊称为伏虎罗汉。

伏虎寺,坐落在我国四川峨眉山上的伏虎寺,在报国寺西边1公里左右处,该寺据传原名为"神龙堂",因为附近山中的虎患肆虐,还有传说因为后山有似虎状山石而得名。

另外,在佛教文献中的老虎,其中最为著名的就是佛教本生故事中的"摩诃萨埵太子舍身饲虎",该故事讲的是佛陀在舍卫国带着阿难去祈求施舍的时候,在大

---

① 王平,李建廷. 说文解字讲[M]. 上海:上海书店出版社,2016:123.

街上碰到了一位母亲，带着两个儿子向他下跪求助。原来是她这两个儿子终日游手好闲，偷鸡摸狗，被官府逮住了，判决为死刑，即将执行，这时他们看到了姗姗走来的佛陀便赶紧上前跪倒，希望佛陀能为他们说些好话。佛陀见状心生慈悲，便派阿难到国王处求情，国王便答应放了他们。母子三人十分感激佛陀，不久之后便来聆听佛法，皈依佛门了。而当时佛陀身旁的阿难就赞叹道，这母子三人怎么这么幸运，怎么会在这样危难的时刻刚好就会遇到佛陀呢？佛陀告诉阿难说他们不仅仅是这一世被佛陀所救，而且在曾经过往的很多世以前，佛陀也救过他们。佛陀说在很久以前，有一个国家的国王是摩诃罗檀囊，他有三个儿子，老大叫摩诃富那宁、老二叫摩诃提婆、老三叫摩诃萨埵，一日国王带着家人到山林中打猎，在中途国王与其他家人休息时分，三个太子一起跑到了一个悬崖边上玩耍。当他们走到山崖边上时却看到山崖下面有一只母老虎产下两个幼崽，但是母老虎已经饿得奄奄一息了，这时候它想把两只幼崽吃掉充饥，三个太子在崖上看得很清楚。这时三太子摩诃萨埵就问自己的哥哥们，这时候该怎么办才能阻止母老虎吃掉自己的幼崽，哥哥们说如果现在有带血的生肉就可以喂饱母老虎，它就不会再吃掉两个幼崽了。当他们开始回程的时候，三太子摩诃萨埵就想用自己的肉身去喂饱母老虎，来换取两只幼崽的性命，于是他告诉正在回程的两个哥哥，说自己有东西落在崖边，要回去取，马上便回来。两个哥哥没有过多思量，便允许弟弟回去了。三太子摩诃萨埵来到崖边纵身跃下悬崖，来到老虎身旁，但这时的老虎已经饿得连吃他的力气都没有了，于是三太子摩诃萨埵用木锥将自己的颈部割伤，用流出的鲜血喂食母老虎，最终老虎有了气力，便将他吞食了。这时等在路上的两位哥哥见弟弟还没来，便回头来找，却发现弟弟已经被吃掉，二人痛哭晕厥。而在营地休息的王后突然梦到了一支鹰在追赶三只小鸽子，最后吃掉了一只小鸽子，当她惊醒时赶紧把这一梦境告诉了国王，国王马上明白他最喜爱的三太子摩诃萨埵可能出事了，于是马上派人四处寻找，终于在悬崖下找到了三太子摩诃萨埵的尸骨和悲痛万分的两位太子。由于三太子摩诃萨埵的善举行为，他死后便生往兜率天，为了安慰正在哭泣悲伤的父母，他从天空中现身，安慰父母，并叮嘱他们多做善事。父母也感悟到了他的教诲，便掩埋了他的躯体，立塔于他的墓前。讲到此处，佛陀便说故事里的国王就是他今生的父亲阅头檀，王后就是他今生的母亲摩耶夫人，当时的大太子就是现世的弥勒佛，二太子就是婆修密多罗，而三太子摩诃萨埵就是佛陀自己。那只母老虎就是今天的老妇人，那两只幼崽便是妇人的两个儿子。

2．狮子

狮子同老虎一样也是大型猫科动物，其体形庞大，形象威武，一幅王者尊荣，是"百兽之王"，在《汉书·西域传》中写道："狮子似虎，正黄，有鬣须，尾端茸毛大如斗。"但是狮子的故乡却是遥远的非洲，大约在两万一千年前的时候，狮子进入了中亚、西亚及印度，被称为亚洲狮子。该类狮子与非洲狮子相比体量偏小，尾巴略粗。狮子通常黄昏觅食，黎明时分大吼，被称作"狮子吼"。狮子在许多宗教中的身份都是很高贵的，如狮子是祆教中的圣物，狮子还是佛教中的护法。当这些宗教逐渐传入我国之后，狮子图案和艺术形式也悄然地走进了中国人民的文化生活。

佛教中的狮子：在佛教中狮子有着众多含义，狮子是佛陀相的三十二种相之一，同时也是佛陀的象征，意味着佛陀是人中的狮子，犹如狮子在百兽之中的地位，无畏于三界之中、自在于三界之中，《长阿含经》载："所谓师子者，是如来、至真、等正觉，如来于大众中广说法时，自在无畏，故号师子。"[①] 佛陀说法的声音犹如洪钟，中气十足，通常把佛陀说法也称为"狮子吼"，《略出经》中讲道：于菩提树下，获得最胜无相一切智，勇猛狮子。佛陀的座位被称为"狮子座"，佛陀涅槃时的姿态，被称之为"狮子卧法"。在佛教世界狮子的形象还与文殊菩萨有着重要的配合，青色狮子是文殊菩萨的坐骑，菩萨手持智慧之剑，示意砍断世间一切烦恼，而狮子坐骑则表示佛法威猛，可收服一切恶魔外道。佛教中还将震慑教化众

---

① ［南北朝］佛陀耶舍、竺佛念译．长阿含经卷16［M］．大正藏 第1册：104．

生的法门也称之为"狮子法门"。

在佛教文献中关于狮子的各类故事较多，其中有"坚誓狮子""生长在羊群里的狮子""狮子发愿成佛""变化为狮子的忉利天帝"等。

坚誓狮子： 该故事讲述的是提婆达多暗中拉拢阿阇世王，让其杀了自己的父亲，这样阿阇世就可以称王了，而且提婆达多也可以趁机代替释迦成佛了，于是阿阇世就杀了自己的父王，称王了。这件事情逐渐被全城人民所知晓，大家都产生了厌恶与不满。比丘们告诉了佛陀事情的原委，佛陀说这些人这样做是对于三世佛门众人的恶意，这将会得到很严重的报应，佛陀说自己就是因为尊重穿着袈裟的人，才得到了今天的正果。佛陀讲到曾在过去的几世之前，有个国王提毗，在他的统治下有八万四千个小国，世间还没有佛法出现，在丛林中有一只狮子叫查迦罗毗，它全身毛发金光闪闪，样貌伟岸，但是它以草和果子为食物，从不伤害其他动物。有一天一位剃去头发身披袈裟的猎人来到山林，这时狮子正在休憩，突然感到危险，马上想扑上去吃掉猎人。但是他突然发现猎人居然穿着袈裟，而且样貌堂堂，它就开始思量这样的人一定是前世有德之人，后世必将得到解脱，所以就隐忍着没有伤害猎人。这时猎人的箭头上占满了毒液，已经发射出来，猎人想着光凭着这身狮子皮毛就能到国王那里领到不少赏钱，这时箭已经没入了狮子的肌肤，狮子知道自己要死了，便念了偈语"耶罗罗、婆奢沙、娑呵"，这时大地震动，天人们开始洒下天雨花供养狮子的尸骸。猎人则高兴地割下狮子的皮拿到王宫，国王提毗知道拥有这样金色皮毛的动物一定是菩萨大士下凡。所以想到不能与这个猎人一样，于是他就问狮子在死之前说了什么没有，猎人将狮子临死之前念的偈语念给了国王听。这时天空中电闪雷鸣，大雨倾盆，国王更加坚信自己的想法了。于是随便给了猎人一点钱币，将他打发走，便开始用金子为狮子打造了一口棺材，把狮子的金色皮毛装入棺椁并立塔供养。而这位立塔供养狮子的国王就是弥勒菩萨，那些前来供养狮子的百姓到了来世都生入天法界得到福报，而那只狮子就是佛陀本尊。

生长在羊群里的狮子： 这是一则记录在《杂宝藏经》中的本生故事，该故事讲了一位猎人在山林狩猎时发现了一只小幼狮在一个空荡荡的山洞里，于是他便将这只小幼狮抱回家，同家里的小羊在一起喂养。小狮子来到这个充满小羊的大家庭里生活得非常自在，因为它太小根本想不起来自己的母亲是谁，所以就认为这里的大羊们就是它的父母，小羊们就是它的兄弟姐妹。就这样它慢慢和大家一起成长着，一日他们来到河边嬉戏，它感到口渴便俯下身子到小河里喝水，当它刚要喝水时却发现水里有一只巨大的狮子似乎要来吃了它，它吓得连忙后退并对着水中发出了一声巨吼。这一声巨吼震动了山野，吓坏了百兽，它身边的小羊被吓得瑟瑟发抖，这时他才意识到刚才的吼声居然是自己发出的，这时在山野丛林一直在寻找幼崽的狮子母亲听到了这吼声，于是赶快向这边飞奔而来。而小狮子这时候才明白，要认清自己必须要经过清净的河水映照才可以，其寓意就是要告知人们应该通过修行，才能认识自己本性，体悟佛法。

狮子发愿成佛： 这也是一则本生故事，讲的是曾经有一支商队在海外漂泊经商返回，行至一处山野荒村，突然被一条巨蟒层层围住。众人恐慌至极，眼看巨蟒就要给他们致命一击之时，一只狮子和一只大象从前方赶来，只见狮子一个蹿越就奔至巨蟒头部然后猛然一踩，将巨蟒头部踩碎，而大象也跑来为商人们解围，就在巨蟒临死的一刻突然口吐一口毒烟，将大象和狮子毒倒。眼看着两只救命的神兽就要咽气，商人们潸然泪下，于是商人们就问狮子："你在临终前还有什么遗言或者愿望？你救了我们大家，我们会尽全力帮助你完成你的愿望。"这时狮子就抬起头来说道，自己想尽快跳出这三界之外，尽快成为佛，好能为更多需要帮助的人伸出援手，众人听到都摇头叹息，这件事情他们无法满足狮子，但是他们希望狮子如果哪天得道成佛之后，能够为他们讲经说法，让他们也能早日脱离这苦海。在这个故事里的狮子就是佛陀，而大象就是舍利弗的过往前世。

变化为狮子的忉利天帝： 该故事讲的是佛陀的弟子迦叶，曾在往世是忉利天上的帝君，当他看到人间的人们烧杀抢掠、无恶不作时，感到非常震惊。他决定带领天上的众神下到凡间，要对如此乱象进行整治教育，避免更多的人走上罪恶的道路，犯下不可饶恕的罪业，将来落入恶道永世不得托生于人间。当他们落入凡间之后，天下开始出现了很多狮子，人间的百姓都非常害怕，所以就定时为这些狮子送上一些活人当祭品，供它们吃。但是时间一长人们发现，并不是送去的所有人都被吃掉了，而是有一部分被放了回来，他们最后总结出经验，被放回来的人都是善良的人，而被吃掉的都是凶残暴虐的人。于是人们就开始相传开来，大家都不再去做为非作歹的事情，更多地去为别人着想，互相帮助，共度生活中的难关。这样时间久了人们才发现，这些狮子不知道什么时候已经不见了。这些狮子其实就是迦叶和天上众神们下凡来到世间为了教化人类所变化的。

3. 熊

熊是一种体型较大的哺乳动物，属于食肉目，杂食性动物，较为凶猛，有许多熊爱吃蜂蜜、浆果等。熊在冬季会长期蛰伏，熊的寿命可达到三十年之久，它的四肢极为有力，熊的掌部均为五指，前肢长于后肢，熊的毛通常浓密而且色彩基本上一致，嗅觉、听觉灵敏，视觉欠佳，行动不太敏锐，可以上树和游水。

佛教中的熊： 在佛教本生故事中有几则关于熊的故事，如"忘恩负义的猎人""被困住的人"等。

忘恩负义的猎人： 该故事是关于熊菩萨在其过往的几世中发生的事情，故事的起因是在野外的山林中，有一个小伙子进山砍柴，为了多砍一些柴他便向山的深处多走了一会儿。这时天色已暗，太阳马上就要下山了，他开始着急想要出山但是他却在山中背着柴火乱闯，最终迷路了。这时天上开始下起瓢泼大雨，他在大雨里没有方向地乱闯，突然看到前方有一个山洞便赶紧跑了进去躲雨，当他进去的时候才发现居然山洞里有一只熊在睡觉，他特别害怕但又无处藏身。只好忍着躲过了一夜，待到第二天醒来后，他才发现熊竟然给他准备了很多水果和食物当早餐，而且并没有要伤害他的企图。就这样雨一直下了好几天，在这几天里熊一直都会外出给他拿来很多食物，他也非常感动，等到天晴之后，熊便告诉他怎么走出山林，并交代给他说："一定不要告诉别人我的山洞位置，否则就会有杀身之祸。"小伙子说"你对我那么好，我一定不会说出去的。"于是他便按照熊的指引，找到了出山的路，待他快走出山口的时候，突然碰见了一个要进山打猎的猎人。猎人就问他有没有碰到什么野兽,他掂量再三,觉得熊对他那么好,不应该出卖熊。这时猎人好像看出了他的心思,便对他说"打下来猎物,分你一半。他们是动物,咱们是人,咱们应该一条心"。在猎人提出的条件下,砍柴的小伙子说出了熊所在的山洞位置,等到猎人上山杀死熊之后,将熊肉分给他时,小伙子的手突然毁坏。受到惊吓的猎人也不知所措,问道怎么会这样,小伙子说这应该是自己出卖恩人的报应,吓得猎人也不敢吃熊肉了,他将熊的尸体拿到佛门静地,请求宽恕,并给熊立了一座塔,供养了起来,这只熊就是熊菩萨,是以后的佛陀。

被困住的人: 该故事讲的是一位老太太,一日正在坐在一株大树下乘凉,一只大熊突然从树后蹿出,想要吃掉老太太,老太太没处躲藏,只得绕着大树转着圈跑。大熊追了半天也没追到,于是就一手抓着树一边,伸出另一只手绕着树来抓老太太。就在这时老太太灵机一动,向后一转身将大熊的两只手紧紧按在了树上,大熊抱着树动弹不得,正好有一路人走过,于是老太太赶紧喊住路人,说:"你帮我把大熊按住,我去找人杀了大熊,我们一起分肉吃。"这人听到以后觉得还有这样的好事,不费吹灰之力,就能分到一顿熊肉吃,真是再好不过了。于是马上就跑了过来,替老太太按住熊,让老太太去找人。当老太太脱手之后便悄然离去了,这个路人却依然在那里傻等着。这个故事是佛陀用来教诲弟子们,做事要周密,一定要三思而后行,以免成了别人的笑柄。

4. 大象

大象是世界最大的陆地哺乳动物,世界上大象有两大类,非洲象和亚洲象,主要以水果、树叶,以及野草为食物,虽然大象不是肉食动物,但凭借着它高大的体形、长而有力的鼻子、长长的獠牙,在动物世界里是真正的无敌王者。大象生活多以群居为主,偶尔也会有独居的大象,多为雄性。大象的象牙是珍贵的雕刻材质,这是大象遭到人类扑杀的重要原因。

佛教中的大象: 大象与佛教有着许多不解之缘,是重要的佛教动物之一,佛陀一生最为重要的四个阶段就是诞生、降魔成道、初转法轮、涅槃,其中的诞生图像多以白象入胎的图像形式作为诞生的前奏来示意,象是有大法力的,可以堪负大任。在佛教中,普贤菩萨的坐骑也是大象,名为六牙白象,这白象同时也意味着普贤菩萨的大功德。在克孜尔224窟的佛教壁画本生故事中"须摩提女请佛"题材的壁画中有目犍连骑五百六牙象的图像。另外,须大拏太子的本生故事中也有一个场景是太子施象,这些都是佛教艺术中比较经典的壁画题材。

在佛门还有一种象炉,是一种在道场灌顶之后,用香象来熏身体,去除污秽的一种仪式。

在佛教故事中有着许多与大象有关的故事,而且有不少都含有寓教于乐的教化意义,其中较为典型的有"提婆达多害佛""盲人摸象""象护的故事""象王的施舍""宝象的故事"等。

提婆达多害佛: 曾经佛陀与弟子们在城中化缘的时候,提婆达多就主使当年还未开化的阿阇世王,偷偷放出一头凶猛残暴的醉象,当醉象出笼以后,横冲直撞,无人可挡,伤害无数路人,直向佛陀冲了过来。佛陀的弟子和周围的人早已吓得魂飞魄散,提婆达多在一旁偷笑观望,窃喜这次他一定能够得逞。但是佛陀发现醉象向他猛扑过来时却是气定神闲,只见他将手指内旋一下向外伸出,就看到五只猛狮旋即蹿出,醉象看到如此情形已被吓得魂不附体,马上跪倒在佛陀的脚下,顺服地礼拜佛陀。

盲人摸象: 这个故事在我们国家早已家喻户晓,故事讲的是有五个盲人都想知道象长得是什么样子,于是他们就叫人将他们带到大象面前,有一个人用手摸到了大象的肚子,有一个人用手摸到了大象的耳朵,有一个人用手摸到了大象的脚,有一个人用手摸到了大象的鼻子,有一个人用手摸到了大象的尾巴。当他们摸完大象以后都很高兴,满足地回去了,然后有人问他们,大象到底长得什么样子,这时摸到大象肚子的人说,大象就像是一面墙,又大又厚实;而那位摸到大象耳朵的人一听就急了,说:"你说的不对,大象实际上就像一个特别大的大簸箕一样";这时那位摸着大象鼻子的人就说:"大象其实像一条蛇,还有个钩子";而那位摸到大象尾巴的人说:"你们说的都不对,大象就像一根绳子";这时那位摸着大象脚的盲人说："你们说的才不对，大象其实就像一根大圆柱子一样，高高圆圆的"。这个故事看似很有趣，但是却从侧面告诉人们学习和认识世界，应该整体全面地观察，不能只靠单一狭窄的视角去辨别事物。

象护的故事： 曾经在摩羯国有一家生小孩，连同小孩子一起出生的还有一只金象，当时人们都特别惊奇。这个小孩子慢慢长大，金象也慢慢长大，小孩子会走路了，金象也会走路了，于是家人就为小孩子起名叫象护。当象护与金象的名声越来越大的时候，他带有金象的消息便传入了当时国王的耳朵里，于是国王就想要金象，国王命令大臣将象护一家请来一起聊天，待到天色已晚时，就送他们回去，但是国王要求把金象留下，于是象护便答应了，但是等到象护一离开王宫，金象也随着就消失了，并且又回到了象护身边。这时象护就和家里人商量说，他想出家追随佛陀，如果他要不离开家的话国王肯定会迫害他们全家的，于是他的家人答应了他的请求。当他来到佛陀面前讲明了自身想要学法的缘由，佛陀便收留了他并为他讲法，很快象护证得了罗汉果。他经常与其他僧侣一起修行，但是由于金象老在他身边会引来很多人围观，打扰了众僧们的清修，于是他问佛陀该怎么让金象离去，佛陀告诉象护说，你只要对着金象说，你如今尘缘已了，不需要它来保护了，说三遍金象便会退去。象护回去以后遵照佛陀所说，果然金象逐渐隐身而去了。众比丘们见象护有这样的福报肯定是在前世做了什么善事，于是就前来问佛陀，佛陀告诉大家说："在过往的很多世以前，人们为了供奉那迦叶佛，造了许多的塔，在他身上还绘制了很多壁画，其中有一幅壁画上画的是一只大象，但大象的色彩因为年代久远稍有脱落了，这时有人正在围塔礼拜时发现了这残破现象。于是此人就赶紧找来画匠，自己出资将其修补了起来。从此这个人每一世都出生在富贵人家享有福报，这个人就是今天的象护。"大家听到这里赞叹不已，决心好好修行，并对佛陀行礼而后退去。

象王的施舍： 该故事讲的是一位大菩萨投胎象群之中，生出的大象洁白如玉，目如点漆，形体伟岸，长大成熟以后便得到了山中动物的爱戴，所以被称为象王。象王为了更好地修行，便离开动物们独自隐居于更高的雪山上，在这时有一位住在森林附近的年轻人为了生计也来到雪山。在茫茫的群山之中他迷了路，开始四处乱跑，疯狂喊叫求援，这时正在山中修行的象王听到了呼救，于是象王向他奔来。他看到象王，起初还有点害怕，但是又感到象王好像带有善意，于是他就向象王求助，象王听到后，就将他带回了自己的家，给他提供了食品和住宿，让他在那里住了几天。待他感到体力恢复的时候，象王就决定送他下山，并叮嘱他不要告诉任何人自己住的地方。此人听到后表示一定不会透露象王的信息，并带着无比的感激下山了，但是在途中他却偷偷记下了象王的山洞位置和下山的路线，当他依照象王指引来到山下时，在路旁看到了一家象牙店，他一问象牙可以卖上大价钱，他的心中便升起歹意。于是第二天他赶忙带上切割工具顺着他昨天下山的路线跑到了象王的山洞，告诉象王他想要象牙，因为家里实在需要钱度日，象王又心生怜悯并让他爬上自己的身体，忍痛让他锯下了一对大半截象牙。他便拿着象牙换得了很多钱，但是没过多久好吃懒做的他便又跑来了，说家里又没钱了，希望象王能把剩下的一对半截象牙也让他锯走，象王便又允许了，这次他换的钱花得特别快。所以没过多久，他又厚着脸皮来到象王的山洞，对象王说："你把象牙根也给我吧。我家里又没钱了。"于是象王又让他爬到了自己的背上，开始了残忍地切割。就在这时大地突然震动，此人因为已经恶贯满盈，突然就被拖入了无间地狱，这是地狱中最可怕的地方，来到这里的人都是犯了重罪，要永远受到最重的惩罚。

宝象的故事： 该故事讲的是在过往很多世以前，一个国王在他的宫廷附近养了一只大象，这只大象性情和缓，非常可爱，人们都很愿意和它亲近。但是有一天晚上，一群盗匪想要抢劫附近的居民，便在此地密谋如何下手和抢劫。只听匪首在给底下的盗匪们讲，抢劫时下手一定要狠，一定要杀人，否则别人就不害怕，反倒会影响抢劫的顺利进行。这时在不远处的宝象全部听到了，就认为这些人说的话是在教化它，从此以后这只大象开始变得性格暴躁，并把接触他的人摔伤、杀死。国王闻讯后就马上派了一位大臣前去调查此事，这位大臣就是佛陀的前世，大臣来到象舍看到大象确实是无比躁动，就问饲养者最近大象是不是和什么人接触过，可是饲养者说没有其他闲人与大象接触过。但是饲养者知道有一群盗贼常常在象舍附近密谋作案计划,他就把这件事告诉了大臣,大臣一听心中一下就明了了。于是他找来了一些有德高僧在此谈论佛法,教诲弟子,这时大象听到这些人在讲授不应杀生、不应伤害他人、应该一心向善,它认为这些人又是在教导它,于是它的脾气又逐渐变得温顺可爱了。

5. 狼

狼,属于犬科类,哺乳动物,食肉。狼的体形属于中等但四肢细长,善于奔跑。狼的面部较长,耳朵竖立,听觉和嗅觉都很发达,牙齿锐利强劲。狼的毛粗且长,尾巴上的毛浓密,狼从色彩上来看有灰狼,还有纯色的白狼、黑狼以及棕狼等。

狼喜欢群居,基本上栖息在山地、草原、沙漠、森林等地,狼在全世界的分布非常广泛,通常在夜间活动,白天的时候多为单独或一对在窝里俯卧。狼的耐力很好,能够对猎物展开时速50多公里的快速攻击,同样也可以长期尾随跟踪猎物达两周之久。狼的食量很大,一次能进食10~15公斤的食物。因为狼的这些特性,所以狼可以捕猎羊、兔子、鹿以及一些家畜等。

佛教中的狼:狼在佛教中多数情况下是贪婪的象征,文辞中多为贬义或恐怖之意,如在佛经中记载,恶魔会以不同的形式出现,然后侵扰人修行的定力,扰乱人的心性,遮蔽人的眼睛,让人害怕。还有一种魔罗鬼,以意念思维控制人的行为从而夺人性命,它主要以显示可怕的罗刹以及老虎、恶狼、狮子等相来吓人,或是展示美艳动人的身姿来迷惑人,使人乱了梵心,禅心不能安定。

狼还在《楞严经》中有提到,如果人生前作业太多,死后将会有来自四面八方的山向他逼合过来,然后会看到大大的铁城以及专职实施刑罚的狼、狮子、老虎、火蛇、火狗等。

在佛教经典《大智度论》中讲到人身的诸多痛苦中主要有内在痛苦和外在痛苦两种。内在痛苦,在肉体方面主要就是讲人身的生老病死,从精神方面则是内心对于他人的嫉妒、羡慕以及自我内心的苦闷;外在痛苦则表现为来自客观世界、风雨灾害方面的迫害,人世间的盗贼与恶棍欺凌,以及动物中虎狼等害畜对于生命的威胁。

在佛教故事中单独讲狼的故事并不是太多，其中有一则较为知名的故事叫"仇恨中的狼"，该故事讲的是在一个古老的村落里，有一天大家都在干着农活，突然不知道从哪里跑来了一只野狼，顿时得到大家的注意，这只野狼怎么会跑到有着许多人的村落里来呢？在人们还没有反应过来这只野狼要干什么的时候，只见野狼已经奔向一户门口放着摇篮的人家。野狼非常迅速地走在摇篮前面将里面的婴儿叼在了嘴里，然后站在大众面前。村里的人也都十分惊愕，拿起武器或是农具准备驱赶野狼，但又害怕狼急了会伤害孩子，于是也都未向前靠近，静观狼要干什么。这时有一农户感到好奇，就问野狼："你为什么叼着别人的孩子，不吃也不跑？"野狼说："这孩子的妈妈在前五百世里杀了我的孩子，这一世我是来报仇的，我也要杀了她的孩子。但是如果她愿意从此以后放弃以往的恩怨，发誓在未来不再伤害我的孩子，我也就把这孩子还给她。"村民们听到野狼这样说，就劝慰孩子的妈妈，告诉她何必这样无止境地将恩怨耗下去呢，不如就此了解，对大家都好。小孩的妈妈虽然着急，但是听了大家的话，面色中露出了一丝不易察觉的仇恨，但嘴上却说："这样最好了，我们彼此不要再伤害了，求你把我的孩子放下吧。"但是野狼却观察到小孩妈妈脸上露出的那一丝不易察觉的仇恨，于是一口咬向了小孩的脖子，将小孩咬死。趁着大家都大叫和吃惊的时候，野狼一个箭步已经蹿出包围，逃往森林深处了。该故事教育了人们不应该将仇恨一直延续下去，而应该适时学会化解这些人世间的罪业，早日得到解脱。

6. 豺

豺，属于犬科，食肉哺乳动物，产于亚洲，主要分布在亚洲的东部、南部、东南部等地区。豺的头略宽但没有突出的额，耳朵呈圆形，嘴部较短，豺的体形比狼要小，比狐狸大，同狗的大小差不多，四肢比狼的短，尾巴却比狼的略长，毛比较蓬松。豺身体中的外轮廓部位的皮毛颜色多呈现棕褐色，而在其腹部与腿部内侧的毛色较浅。豺属于群居动物，但是不像狼的分布那样密集。豺多出没于山地与林间，不会自己开挖洞穴，多是栖息于天然的洞窟或草丛中。豺无法在荒凉大漠中生活，它善于攀岩、游泳，而且从其牙齿的结构来看，豺的食肉性超过了狼，捕杀多种动物，如鹿、羊等。

佛教中的豺：在人们的传统意识中豺属于生性残暴的动物，人们多将豺与狼搭配在一起来讲，在佛教中也是如此，如佛教中有"豺狼地狱"，属于十六小地狱中的一种，据说进入该地狱将受到万般啃噬，痛苦万分，只有经过无数次煎熬之后才能脱离此地狱，而后又将进入下一个叫"剑树"的地狱，再受万般苦难。

在南传佛教中有一则本生故事叫"豺王本生"，故事一开始是佛陀和众弟子在一起，然后有人开始议论说提婆达多要害佛，大家顿时紧张混乱，佛陀看到这样的情形就安慰大家说："不妨事，提婆达多想要害我可不是这一次两次的了。"然后佛陀就给大家讲起了在过去许多往世之前，佛陀在修行菩萨道时，就曾经投生于豺胎之中，后来因为累世的功德，他无比富有智慧和勇敢才被群豺推为豺王。这群豺和豺王穴居在一处墓地之中，这一天全国举行国家庆祝活动，四面八方来了很多人带着酒与肉，开始大口吃肉大口喝酒，人们高兴地一直将活动持续到了深夜。当大家渐渐散去的时候，有几个酒鬼和无赖将带着的肉吃完了，但是酒还有很多。这时他们就想到在附近的墓地住着一些豺，何不到墓地装成死人，把那里的豺引诱出来打死吃肉该多好啊。于是他们几个商量好，选出一个人装死，等豺过来拖他的时候其余的人就一起上，将豺杀死吃肉。这时其中的一位醉汉走到了一处离墓碑不远的地方躺倒了，恰好被一只豺看到了，刚想上去拖动，突然想起还是向豺王说一下为好，于是它就赶紧跑去找到豺王休息的墓室报告。等豺王听完后就说："你做得很对"。于是由这只小豺带着豺王来到了那个醉汉躺下的地方，豺王感受到事有蹊跷，就试探着先推动了一下醉汉，醉汉并没有动，于是他又凑近醉汉，深深地吸了一口气就辨识出，这不是死人的气味，于是他就明白了这个家伙的意图。这时豺王再一次凑近醉汉，咬住他手里的棍子往后就拖，可是当豺王拖得越厉害，醉汉就将手里的棍子抓得越紧。这时豺王突然一下跳开，哈哈大笑地说："你这人在这里装死人想来诱骗我，可是我越拖你的棍子你就抓得越紧，说明你没死，别想骗我了。"醉汉一看诡计被豺王识破，便气急败坏地把棍子对着豺王扔了过去却没砸到,周围埋伏的人也都翻身起来悻悻地离去了。佛陀说到这里便转身对大家说:"当年的那个醉汉就是提婆达多,而我就是那只豺王。"

7. 狐狸

狐狸同样也是哺乳动物,属于犬科,是食肉性动物,也吃水果。狐狸属于犬科动物中较小的一类,它的攻击能力和彪悍程度都不如豺和狼。狐狸的繁殖率很高,抗病能力强,易存活。狐狸在全世界分布广泛,主要地区有亚洲、北美洲、欧洲等地。狐狸通常是夜晚活动,主要栖息于半沙漠、草原以及丘陵地带。狐狸的面部凹陷,鼻子和嘴部凸出,面容清秀,往往有一种诱惑的魅影渗透在其中。

佛教中的狐狸: 在佛教中狐狸的名声也并不怎么好,不是太狡猾就是太妖媚,还有一些故事是讲狐狸幻化成一些精灵鬼怪,来欺瞒别人。

在佛教文献中有语汇为"野干"也是狐狸的一种,善于爬树登高,往往栖息于高崖之上,喜欢群居嚎叫的声音像是狼叫,体形比狐狸还略小。曾有经卷记载,有一只野干在森林中觅食,突然被早已埋伏很久的狮子狂追,野干无处可逃,掉下悬崖,在临咽气之前,向佛陀礼拜,念诵佛的法号。这一幕被帝释天王在天界看到,觉得野干绝非凡俗,于是就下界到凡间,将野干供奉起来,并悉心听野干讲法。

在佛经中关于狐狸的故事很多,其中较为著名的有"阿难本生""装死的野干""百丈野狐"等,皆为脍炙人口、寓教于乐的佛经故事。

阿难本生: 在曾经过往的许多往世以前,阿难尊者曾经化生为一只野狐狸栖息在一片大森林里,而森林中住着雄狮王带领着五百头雄狮,主导着森林的一切秩序,森林中所有的动物都很崇拜和敬仰狮王。但是岁月流逝,狮王逐渐衰老,它的双眼开始模糊,已经接近失明了,但是它仍然肩负着保卫森林和众动物不被欺负的使命,每天巡视森林。有一日狮王带领五百众狮子,巡视林地,突然掉入了一个深坑,然而众狮子看到后却无一愿意去伸手救援狮王,狮王在老眼昏花中拼死挣扎,但总是无法爬上来。而由阿难尊者化身的狐狸看到此场景后,想起了狮王对整个森林的贡献而如今却落得如此下场,于是动了恻隐之心。它看到在狮王掉入深坑的不远处正好有一条河流，于是它就开始挖洞，将河水引入了深坑，很快河水便溢满了深坑，狮王顺其自然浮出了深坑，被解救了出来。而当时被解救的狮王则是现如今的释尊，见狮王落难不救的则是现在追随释尊修行的五百比丘。

装死的野干： 该故事讲的是曾经有一只野干，在野外没找到东西吃于是趁着夜晚，偷偷摸入了村落，想在这里碰碰运气。结果找了好久什么也没吃上，已经累得不得了了，就睡着了。结果不知不觉已经到了黎明，早起的人们开始了一天的忙碌，突然有个人发现了睡着的野干，野干也意识到自己被发现了，但是跑已经来不及了，只好硬着头皮装死。围观过来的人们都来看，有人就说："我要这只野干的耳朵。"另外一个人听了，马上就说："我要野干的尾巴。"野干听后吓得也不敢出声，想着割掉尾巴和耳朵，保住一条命也划得来，于是忍着痛苦让围观的人割下了自己的耳朵和尾巴。但是万万没想到，突然有人说想要野干的牙齿。野干一听吓坏了，要了牙齿怎么吃饭，没牙齿不就要命了吗？说不定等会还有人想要它的头呢，于是野干噌地跳起来，一溜烟就跑了，围观的村民一下都愣住了。

百丈野狐： 该故事是非常有名的佛教故事之一，讲的是在古老的山林里有一位功力深厚的高僧在此修行，远道而来慕名学道的人非常多。一日来了一位远道的云游僧问高僧："在这个世界上所有人都会进入因果循环，那么有大修行且功力高深的人会不会也进入因果循环呢？"高僧的回答是"有大修行且功力高深的人不会进入因果循环。"这时那位云游僧转身就离开了，待到这位高僧就要寂灭的时候，他本以为自己就要托生西方极乐世界的莲花之中了，可是没想到自己却化生为一只狐狸，仍然栖息在此山中。也不知道过了多久，高僧一直在想为什么他会落入畜生道，而不是托生于西方极乐世界。他整日整夜思考，突然想起他曾对云游僧的回答。他想难道是回答错了，那么有大修行且功力高深的人是会落入因果循环的，他百思不得其解。他现在虽然托生于狐狸之身但是他的功力还在，就这样他一直在追寻问题的答案。在不知不觉中过去了五百年，人世间已经来到了唐朝，就在这个时代，有一位禅宗大师名为百丈，也来到了此山，开坛讲法，名闻四海，听他讲法的人也特别多。每次他讲法的时候都会有一位白胡子老人，前去听法。一日，百丈法师讲法完毕,大家都已经散去,但是这白胡子老人却依然在原地未动,百丈禅师就问:"你怎么不走呀?"这时这位白胡子老人说:"我有一个问题想要问您。"百丈禅师说:"你问吧。"白胡子老人说:"有大修行且功力高深的人会不会也进入因果循环呢?"百丈禅师说:"有大修行且功力高深的人不昧因果。"这时白胡子老人突然顿悟,便行跪拜礼,对百丈禅师说:"听了您的解释,我已经得到解脱,还要请求您到后山的一个洞窟中辛苦一趟,因为在洞窟里有一只狐狸的尸体,麻烦您把它像对待僧人一样火化掉,然后进行埋葬。"次日,百丈禅师带着众僧人,便依据白胡子老人所说的地方,找到了那个山洞,而且果真发现了一只往生的狐狸,百丈禅师与众位僧徒们便将狐狸进行了火化安葬。

二、温顺动物

(羊、马、水牛、牛、驴、猪、骆驼、狗、猴子、猫、老鼠、鹿、蝙蝠、兔子)

1. 羊

该类动物与牛的消化系统类似,属于四足反刍动物,通常头上长一对犄角,脾气温顺,自古以来就受到人类的喜爱,具有美好吉祥的寓意。所以人们经常将羊的图案绘制在众多的艺术题材中,其描绘的形式和技法也是层出不穷,这些精巧美妙的羊图案也让人们体会到了古人对于羊形象的热爱与追捧。

佛教中的羊: 在佛学大词典中,有一用语叫"触鼻羊",该词语在禅宗中表达了那些长着眼睛却无法识别事物本质的人,就像羊一样总是把碰到自己鼻子上的东西都当做食物,泛指那些不知佛法的昏庸之人。

在佛教密宗中还有一位大护法神,叫大黑天(当佛教在印度发展到较为晚期的时候出现了密宗,这是一种容纳了一些印度教元素的佛教发展阶段),据说此神长有八条胳膊、八只手,在其右侧第二只手拿的就是一只羊。大黑天是身负数责的神,他既是护法之神,还是厨房之神,在墓地也可以供养大黑天,而且大黑天还可以赐予人们财富,所以他还有财富之神的职责。

在佛教中还有一则关于羊的因缘故事:故事讲的是在古印度,有一名婆罗门在山中捕获了一只羊,于是就令自己家的奴仆将其拿到河边洗干净,打扮漂亮,然后将羊杀掉来祭祀自己家祖先。于是奴仆一路赶着羊向河边走去,走着走着羊突然大笑起来,过了一会儿羊又开始哭了起来,这时奴仆觉得很诧异,它到底是高兴还是不高兴,怎么一会儿笑,一会儿哭。羊说:"你只要把我带到你的主人那里,我就把事情的原因全部告诉你们。"于是,奴仆就把羊洗干净,打扮漂亮,带了回去,去见他的主人。当他们回来的时候,奴仆就当着主人的面问羊,为什么刚才一会儿哭、一会儿又笑,主人在一旁听得也感觉有点奇怪。羊这时开口对婆罗门说道:"我曾和你一样也是一位婆罗门,有着自己的大家庭,有一天我决定杀一只羊去祭奠家里的祖先,但是在去世以后的四百九十九世都投胎为羊然后被杀死。这一次你们又要把我当作祭祀品,我就已经满了五百世,从此以后我就要托生为人了,所以我才高兴地笑了。但是当我想到你从此以后就和我一样,要做五百世的羊,该有多痛苦,所以我刚才是想到你的痛苦,自己就哭了"。这位婆罗门听完之后大吃一惊,后悔自己不该有这种杀羊祭祀祖先的想法,于是马上就让奴仆把羊放了,从此不再杀羊祭祀祖先,羊说即使放了它,它今天也会死去,因为时间已经到了。当奴仆把羊放出去以后,只见这只羊慢慢爬到山坡上,这时突然一块山石滚落,将山羊的头给砸碎了。

2. 马

马属于哺乳动物,马的面部较长,耳朵竖起,眼睛较大,脖子长而且长有鬃毛,尾巴较长,四肢有力,善于奔跑。马是人类的朋友,马在人类社会发展中很多方面都发挥着重要作用,比如在早期军事战争中它就是军队在长距离快速作战的重要工具;在农业、牧业生产生活中,马也承担着大量重要的工作;还有人类早期邮递事业、交通托运、出行代步等处处都离不开马的身影。

佛教中的马： 在佛教中有一种以驾驭马的心得体会来解释悟道者的层次和差异的比喻：

第一类修行者：这一类修行者悟性层次很高，就像驾驭一匹宝马拉的车，马自己会用眼睛的余光和自身的感受力去体会驾驭者心思和想要达到的目的；第二类修行者：这一类修行者的悟性层次稍次于第一类，就如同驾驭着一匹有灵性的马，这匹马可以感受到驾驭者已经拿起来马鞭，而且能够感受到马鞭所在方向的用意；第三类修行者：这一类修行者的悟性就非常平庸了，就如同驾驭着一匹非常普通的马，这匹马无法感受到驾驭者的心思和意图，只有当驾驭者将马鞭抽打在其皮毛之上时，它才基本上能明白驾驭者的企图和用意；第四类修行者：这一类修行者的悟性属于极低的，就如同驾驭一匹驽马，这匹马只知道往前走，根本不知道驾驭者的心思和意图，而当驾驭者将马鞭抽打在其皮毛之上时，它甚至还意识不到驾驭者的企图，直到驾驭者将马刺刺入其股时才会领悟。

佛教中与"马"字相关的菩萨：在佛教中还有两位菩萨是以马字开头的，其一为马鸣菩萨，其二为马头观音，这两位菩萨在佛教中具有重要的地位：

马鸣菩萨： 该菩萨是大乘佛教的发起者之一，他同贵霜帝国的第三代国王迦腻色迦是好友，而且经常为其说法，使得国王迦腻色迦率领国家和臣民均信奉佛法，遵守佛教。他为了振兴佛法还到处寻找人才，想通过度化一些智慧超众的人才让他们皈依佛门，然后振兴佛门。所以他开始四方打听各地的高人，有一天他听说有一位外道，很有水平，成天叫嚣着说谁能够辩论过他，他就退出法界，再也不受人供奉。由于外道自持无人能够辩论过他，就把当地一所寺院占为己有，底下的沙弥都得听他指挥。于是马鸣菩萨就决定来会会此外道，同时也有意将其收为佛门弟子。这一天马鸣菩萨来到了外道所占据的寺庙，提出要与外道辩论。外道一看是一位瘦骨嶙峋的老人，就没把他放在眼里，就说："咱们选个好日子，把国王、大臣，还有这里的社会贤达都叫来。"于是两人就在商定好的日子里，在寺庙之中召开了辩论大会。当日人山人海，围观群众甚多，这时外道为了表现自己的大度，就说："你年纪大，又是远道而来，让你先提问。"马鸣菩萨没有推让，就提出了"如何让国家富强、人民富裕的问题",外道从未修习过此类问题,一时语塞答不出来,所有围观的群众也都起哄,外道不服,就说:"那你说该怎样做才能让国家富强、人民富裕呢?"马鸣菩萨说:"这问题很简单,就是要少收税、兴修水利、热爱人民就可以了。"这时外道气急之下,就说:"那也该我提问了。"马鸣菩萨对他问的问题对答如流,外道无奈只得承认自己输了,并愿意皈依佛门。国王也为马鸣菩萨的佛法所折服,便决定在近期再办一场马鸣菩萨的法会,让大家都来学习,让国民都有进步。他又想到万物既都有灵性,何不让马匹也来听法,看看它们有什么反应。到了法会开讲的日子,国王让卫兵在讲坛下拴了几匹好马,然后又给马槽里添了许多好的草料,等到法会讲完之后却看到马匹们都没有吃草料而是眼泪汪汪,因为深深地受到了佛法的感动,并且相继嘶鸣,国王也大受感动,这也是马鸣菩萨名称的真正由来。

马头观音: 马头观音又被称为马头明王、马头金刚等,是六道轮回,畜生道的护法。马头观音可以消除业障、苦痛等,在马头观音的发髻上有马头造型,具有保佑交通运输安全的法力。该明王全身是红色,三头八臂,三怒目圆睁,嘴角有獠牙,要打垮一切阻碍法界发展的恶魔。

在佛教故事中关于马的故事有很多,其中较为典型的有"育马与育人""永守法心"等。

育马与育人: 在佛教文献中有这样一则故事,讲的是一位村落首领,前来拜访佛陀,佛陀便问他:"你们村落里是如何培育马的?"这位村落首领说:"马通常有三种,一种是吃软不吃硬的,一种是吃硬不吃软的,还有一种是软硬都不吃的,所以对付吃软不吃硬的马就用好的草料作为诱饵慢慢培养它、引导它;对于吃硬不吃软的马就使用鞭子抽打,让它按照主人的意图发展;而对于第三种软硬不吃的马就直接杀掉。"佛陀听完点了点头。这时村落首领就问佛陀:"您在育人方面是怎样做的呢?"佛陀说:"人通常有三种,一种是吃软不吃硬的,一种是吃硬不吃软的,还有一种是软硬都不吃的,所以对付吃软不吃硬的人就用好的食物或利益作为诱饵慢慢培养他、引导他;对于吃硬不吃软的人就使用严厉的批评教育他,让他能够遵循佛法，良好发展；而对于第三种软硬不吃的人就直接杀掉。"村落首领一听便慌了，就说："您不是要求人不要伤害生灵吗？怎么还要杀人？"佛陀说："我说的杀掉就是将这个人放弃掉，这不就等同于杀了他吗。"村落首领听后深深地感到佛陀的伟大，便皈依了佛门。

永守法心：该故事出自佛教文献《众经撰杂譬喻》中，故事开始讲的就是一位国王想要增强自己国家的国力，于是派人在其他国家花费了巨额资金买了很多战马，品种极其优良，训练有素，他非常高兴。可是时间一久，国家也没有什么战争，但是马匹的养护和训练要花去大量的人力物力，他觉得这样不行，太花钱了。于是他想了一个办法就是让军队把这些马用来做农活，尤其是拉磨，这样这些马既干了活又创造了价值，到了打仗的时候再让它们奔赴战场，岂不是两全其美的事情吗？！于是他就让部队把买来的战马分发到农场里去干农活，但是没过多久邻国大军开到边境要来进军该国，国王马上叫将士们把战马从农场中召回开赴前线，当战鼓擂动的时候这边军队的战马却一点都不想去冲杀，而是原地打转，像开始拉磨的样子。这时敌国将军发现该国军队根本没有战斗力，就下令一举攻下国家城池。该故事告知学习佛法的人们，无论什么时候都应该时常将佛法挂在心间，而不是到用的时候才想起来，那时就已经晚了。

3．水牛

水牛属于偶蹄目，属于大型食草动物，水牛体形粗壮，体毛较少，面部窄而长，耳朵较为短小，两只牛角细而长，四足、蹄子较大。由于水牛的汗腺不发达，而且皮层较厚，最好的降温办法就是在水中浸泡去暑，因此被称作水牛。水牛脾气通常比较温顺，以草叶、水中植物为食，广布于亚洲多地。

佛教中的水牛：佛教中的水牛通常是指印度国的水牛，因为在我国的佛教艺术和壁画的发展最盛的地方，大多还是出自北传佛教的艺术基因。在我国北方有水牛的地方不多，所以这些图案和故事多半是传自于印度，水牛在佛教中是高贵有德性的象征，本书摘取佛教文献中的两则故事来说明水牛在佛教中地位。

佛陀渡化凶猛水牛：据说在古印度时期佛陀要带领着众比丘到一处道场去，但是途中一片水洼沼泽之地，有一群水牛，其中的一只特别凶暴，经常在此伤人，人们劝佛陀不要从此通过，以免发生不测。佛陀对大家说："没事的，等到大水牛出来之时，我自有办法。"就在佛陀话音刚落之时，一只硕大的水牛突然冲出，直奔佛陀，只见佛陀右手向左旋转了一下就从指间生发出五只狮子前去迎战水牛，沿着佛陀一周的地方陷下去了十个火坑，水牛大惊，便一头扑在佛足之下。这时水牛感到了无比清凉，顺服地看着佛陀，于是佛陀就为他讲法，水牛意识到自己的罪孽深重愿意悔过。从此之后，水牛再也没有进食，渐渐饿死。当它死后便投身于忉利天，它在天宫知道自己是被佛陀渡化才托身于忉利天时，便下凡于人间来答谢佛陀，佛陀又为其讲法，使得水牛最后证得了须陀洹果。

宽厚的水牛：该故事出于佛教文献中的本生故事，讲的是一只大水牛生活在大森林里，对于周边的动物都特别友善，有一些淘气的动物经常拿它取乐，它也不会生气。这其中就有一只小猴子特别淘气，经常骑在大水牛的身上又跳又蹦的，根本不理会水牛的感受。甚至有时候就觉得水牛好欺负，还用石头丢打水牛。天上的天神有一天也看不下去了，就问："你为什么不去反击猴子呢？"水牛说："以我的实力，狮子和老虎也不是我的对手。我不去反击它，是因为它太弱小。我现在就应该多做善事，小猴子有一天受到了别人的攻击，必然会领悟到我的心意，到那时它一定会悔改的。"

4. 牛

牛是一种大型哺乳动物，主要以食草为主。牛的种类很多，在此我们并不细分牛的种类，本书在此主要泛指水牛以外的牛，将上文提到的水牛与现在要介绍的牛做一个界定。牛与人类的生活关系自古以来较为密切，它是人类最早驯服的动物之一。牛的体形虽然庞大，肌肉发达，四肢强健，但在大多数情况下，牛的性情较为温顺，是农牧区人民的好帮手。牛奶和牛也丰富了人类生活饮食的结构。牛在全世界分布广泛，在我国的养殖地点也遍布各省区，是人们普遍喜爱的家畜之一。

佛教中的牛：在佛教文化中牛的地位和威望是很高的，关于牛的故事和典故非常多，而且有很多故事里的牛都是指释迦牟尼在过去往世中轮回中的本生。在《瑜伽师地论》里如来也被称作"牛王"，在佛陀的八十种好的法相里评说："如来行步安平，犹如牛王"。另外在印度密教中认为牛粪是清洁之物，可以除去污秽，所以常在寺庙的地面铺洒牛粪会去除不净之物。

泥牛入海的故事：在佛教用语中有泥牛入海之语汇，出自宋代释普济的《五灯会元》："三脚驴儿跳上天；泥牛入海无踪迹。"也是我国语言文化中的成语，其中词义表示，用泥作的牛一旦落入海里，就再也无法找到了，也就是已经融化到海水里了。

牛头阿傍的故事：在佛教里有个知名度很高的地狱鬼卒，名叫牛头阿傍，据说该鬼卒具有翻江倒海之力，在地狱主要的工作就是吃掉那些犯有重罪的犯人。

欢喜满的故事：这是佛教因缘故事中一则较为知名的关于牛的故事，据说在佛陀的弟子们中间开始出现了拉帮结派、互相诋毁、互相攻击、互相侮辱、恶语相加的事件，佛陀知道以后非常气愤，并严厉地斥责了互相诋毁的两伙比丘。然后当着众比丘讲了一个生动的因缘故事，该故事发生在很久以前的一个古印度国中，当时一位菩萨投胎为牛，有一位婆罗门看到后觉得这只小牛非常可爱，便将它带回家收养并精心呵护，用最好的草料和食物喂养它，并给它起了个名字叫欢喜满。小牛在主人的爱抚中慢慢长大，因为怀着感激之情，所以总想要为主人做一点事情来报答婆罗门，于是有一天他心生一计，对主人说道："你去城里最有钱的婆罗门家里问'谁家的牛可以拉一百辆车，我有一头牛敢和他的牛比试一下。'"于是主人就照着欢喜满的话找到了城中最有钱的婆罗门就问："城里谁家的牛力气最大，可拉动一百辆车，我有一头牛敢和他的牛比试一下。"有钱的婆罗门听到这样的问话，就说了周围许多人家的牛都很有力气，但是说到最后还是觉得自己家的牛最有力气，于是就要和欢喜满的主人打赌一千个金币，来拉动一百辆车。于是主人回家给欢喜满好好地吃了一顿，并为它洗了澡，挂上了大红绸子，来到了有钱的婆罗门家里。主人给欢喜满套上了一百辆车，车里装满了砂石等货物，非常重，等到比赛的裁判喊开始的时候，欢喜满的主人就拿着鞭子抽打着它，大叫"欺骗者，快拉车！欺骗者，快走！"欢喜满一听到主人这样叫它，就不知所措地一动不动。而城里的婆罗门家里的牛也的确非常强健，套上了一百辆车并在车中装满了沙子，在富有婆罗门的指挥和皮鞭下艰难地前行了，结果裁判就判决城里富有的婆罗门赢了，而且欢喜满的主人必须赔付富有婆罗门一千个金币。欢喜满的主人赔付了一千金币以后只得带着欢喜满回到了家，一回家欢喜满的主人便倒头就睡，不思茶饭，过了很久之后，欢喜满跑来问主人为何这样悲伤，主人说："输了那么多钱，怎么能不悲伤呢？"欢喜满问主人为什么要叫自己是欺骗者呢，主人说自己也是随口乱说的，欢喜满说："你这样叫我，就是对我的恶语相加，可我不是这样的，所以我不喜欢，你下次不要这样叫我了。你明天再去和城里那位富有的婆罗门打赌，就说比拉两百辆车，然后以两千金币来打赌，城里富有的婆罗门肯定答应。"于是第二天，欢喜满的主人又带着欢喜满来到了城里富有婆罗门家里说了来意，城里富有婆罗门一听就喜出望外，高兴地说："那当然行"，于是欢喜满套上两百辆车的绳套，只听主人在一旁说"贤能者，加油呀！贤能者，拉呀！"欢喜满听主人这样叫它，心中充满欢喜，于是起劲开始发力，只见两百辆装满砂石的车子被缓缓拉动了。这下把城里富有的婆罗门看傻了眼，觉得不可思议，他知道他的牛不可能拉动这么重的车，但也没办法，只好让他的牛也套上绳套，只听裁判一喊开始，他便使劲用牛鞭抽打他的牛，牛也使劲向前拉，但是车子却纹丝不动，这时没有办法的富有婆罗门只得付给欢喜满主人两千金币。这里的欢喜满就是佛陀，而欢喜满的主人就是阿难。故事告诉人们就连动物也不喜欢别人对它恶语相加，何况人呢？

勿欺生灵：这也是一则关于牛的本生故事，讲的是在一处古老的村落，来了一位过路人，因天气原因没法前行了，就留宿在一位老妇人家中，这位老妇人对住宿者很好，但是住宿者却没有钱付住宿费用，老妇人并不在意，就说不需要，可是住宿者过意不去，就给老妇人留下了一只小黑牛作为资费。老妇人很喜爱这只小黑牛，就将其留了下来，用家里最好的粥米喂养它。小黑牛长得很快，脾气温顺，对待周围人和孩童都非常友善。小牛渐渐长大，总觉得应该为老妇人做些事情来报答她的养育之恩，它觉得她们家里家徒四壁，什么都没有，应该为老妇人多挣点钱，于是它就四处找寻赚钱的机会。有一天，远方来了一位富商，拉了五百辆车子要渡过村口的小河，但是河边的道路泥泞不平，给他们拉车的牛根本拉不动。于是这位富商就想找上一头好牛来拉他的车，这时小黑牛正好随着一位牛倌的牛群在吃草，它看出了富商的心思，而富商也从这群牛中感受到了只有小黑牛可以担负起这项重任。于是富商走上前去问牛倌说想让这头小黑牛为他拉车，牛倌说这不是他的牛并告诉他小黑牛是老妇人的牛，让他牵走用，用完了把钱挂在牛角上就好了。于是商人就来牵小黑牛，但是小黑牛却不走，商人看出了小黑牛是想先说定价格再走，商人便说："你给我把五百辆车拉完，总共给你一千个金币"。小黑牛听完后就开始随着商人来到了五百辆车旁并套上绳子开始往前拉，由于它体力强健，五百辆车的货物很快就被它拉过了河，拉完之后商人便在它的牛角上挂了五百个金币。这时小黑牛知道金币不够，于是就挡在车辆的前面不让车走。商人知道自己骗了小黑牛，可能被小黑牛发现了，于是又包了五百个金币挂在了小黑牛的另外一只牛角上，这时小黑牛才慢慢离开。等回到家里以后，老妇人看到了挂在牛角上的钱便立刻明白了怎么回事。老妇人心疼地对小黑牛说："我怎么样也用不着你去给我挣钱"，说着就赶紧给它准备了好多饭食并为它洗浴。这只小黑牛就是佛陀的前生，而老妇人就是莲花色比丘尼，这个故事告诫人们对于任何生灵都应该以礼相待，而不应该欺骗。

借牛喻人的故事：该故事出自《法句譬喻经》，讲的是佛陀与弟子们授法完毕后一同出行时，看到了一位牛倌正赶着一群牛从他们身边路过，这时佛陀便念了一句偈语。等牛倌赶着牛走过去以后，阿难就问佛陀那句偈语是什么意思，佛陀说这一家养牛的主人养了一千多头牛，每天都让牛倌赶着出去到河里洗澡，在岸边吃青草，但每天牛倌把牛放回来时，他都要选一头最壮的好牛杀了吃肉，到如今原本的一千多头牛只剩下了五百多头了。这些每天放养的牛却从来没有察觉到死亡随时随刻都会降临在自己头上，其实何况是牛，那些不懂佛法而又追逐欲望的人们不也和这些牛一样，最终被这虚幻的世间所抛弃，其他众弟子听后纷纷发奋修行去了。

5. 驴

驴属于哺乳动物，马科，驴比马小但与马的族源相同。驴也是人类较为早期驯服的动物之一，驴不如马奔跑的速度快，但是善于负重。在我国广大农牧业地区发挥着重要托运劳役作用，是人类的好伙伴、好朋友，其长相也同马较为相似，头大、长耳朵，四肢较为短小，驴的本身体质强健，耐严寒耐酷暑，性情温顺。

佛教中的驴： 在佛教中有一种比喻就是将驴拉的破车为坏乘，而将大白牛拉的车比作唯一的大乘妙法。通常在佛教中对于驴的评价或者是以驴来做比喻的故事通常都不是褒义的。

在佛教禅语中有驴鞍桥和驴前马后的典故。驴鞍桥是讲在驴的骨骼中有一组骨骼很像马鞍，但却非真实马鞍，往往隐喻那些不辨真伪、不识佛法之人。驴前马后，通常是指奔跑在驴马之间的奴隶，也指人的辛劳。但是禅宗中却是形容那些人云亦云，对于修行学习没有自己独立见解的人。

在佛教中也有不少与驴有关的故事，如"求乳于公驴""买驴的人""临危抱佛脚"等。

求乳于公驴： 该故事讲的是在很久以前有个遥远的国度，那里的人们从未听说过有驴这种动物，于是便有人谣传，驴奶是世界上最鲜美、最好喝的饮品。没过多久就有其他国家的越境者带着一头公驴来到这个国家，那些曾经听说驴奶有多美味的人就纷纷涌了上来寻找驴的乳头吸奶，有的抓住驴尾巴吸，有的抓住驴耳朵吸，还有的在驴头上乱找，最终谁也没有喝到驴奶。这是一则具有隐喻的佛教故事，主要是说那些根本不懂修行的人乱作为，最后终将自己葬送。

买驴的人： 这个故事出自《百喻经》，讲的是曾有一位婆罗门想要翻修自家的庭院，便打发自家的童子前往卖瓦器的集市买一些瓦器顺便请了个瓦器师傅，当童子走到离市场还有一半路的时候，却碰见了一位赶着驴哭泣的瓦器师傅。他就好奇地去问："你这是怎么了，这么伤心?"瓦器师傅看了看他，又大哭起来，然后就说，这一段时间他没有白天黑夜地加班烧瓦器就等着今天卖个好价钱，改善一下家里的生活。于是他今天早上就在车上装满瓦器套上驴，就赶紧向集市奔去，可是就在他走到一段凹凸不平的路段时这头驴子却不放慢速度，硬要快速向前拉，结果导致车子翻倒，瓦器都打坏了。童子一想，这头驴可真厉害，瓦器师傅几十天的辛勤劳动成果被驴子一下子就毁掉了，看来还是驴子厉害，于是就跟瓦器师傅说："你把你的驴子卖给我吧。"瓦器师傅正在生驴子的气，一听有人要买，马上就爽快答应。到了下午婆罗门还正在等童子买的瓦器和请来的瓦器师傅，可是最后盼来的却是童子骑着一头毛驴回来了，婆罗门就问这是怎么回事，小童子就将自己在路上的经历给主人说了一遍，然后说："主人，您看这驴子该有多么厉害，瞬间就将瓦器师傅做了几十天的瓦器给毁坏了。"主人一听被气得哭笑不得，就告诉童子，驴子可以瞬间就将瓦器师傅做了几十天的瓦器给毁坏，但是驴子好好干上一千年也不可能做出来一件瓦器。他又说在这世上很多人只是接受供养却丝毫没有回报的能力和想法，这是一种荒唐的行为。

临危抱佛脚：本故事讲的是一位天界的帝王，因为知道快要死去，而去世以后将要投胎到制陶匠人家的驴胎里，于是他就趁自己还未去世之前赶紧来到佛陀面前要求皈依佛门，当他正在礼拜佛祖的时候自己就倒下了，再也没有起来。这时在人间的制陶匠人家里的驴由于即将分娩，痛地踩坏了陶器，制陶匠人一气之下将驴打了一顿，导致驴胎死去，而这位天界的帝王，仍然回到天界作帝王，而且还得到了正果。

6. 猪

猪是哺乳动物，杂食性脊椎动物，猪大概可分为两种：一种是家庭畜养的猪，一种是野生猪，通常家庭畜养的猪獠牙较小，而野生猪则獠牙较长。猪的面孔长，鼻子圆而直，四肢短且小，身体圆而肥，体毛粗且硬，其体色多为黑色、粉色、黑白相间等。

佛教中的猪：猪在佛教中和世俗生活中通常都代表着一定的贬义，在我国民间通常将好吃懒做者与猪相比较，而在佛经中猪通常是痴与愚的代表。

在佛教中众位尊者中还有一位是以猪为坐骑的尊者，叫摩利支天。这是一位会隐形并且可以为众生消灾去难、播撒福音的女性尊者，其形象多为三头六臂或八臂，手中多为金刚杵、箭、斧等，脚下为一只样貌凶猛的猪。

在佛教中关于猪的故事也有不少，如"长生猪的故事""不智行禅女"等。

长生猪的故事：此故事记载的是一位老农，正在行路之时忽见一头猪，怒目嚎叫向他奔来，吓得他一个趔趄摔倒在地上，幸亏还有旁人将这只疯猪赶开，要不然后果不堪设想。老农爬起来一怒之下跑到那只猪的主人家，要把这头猪高价买下杀了炖肉吃，以解心头之恨。突然，他又转念一想这是不是就说佛门所讲的"宿怨"，于是他就去买下这头猪并将猪送到寺庙里作为"长生猪"，过了一段时间之后，老农又去寺庙里看望，却发现猪对他十分友好。

不智行禅女：该故事出自《杂譬喻经》，讲的是佛陀带领众弟子在舍卫国化缘时，他们看到一只大母猪和一窝小猪仔在路面的污泥水坑里打滚。于是佛陀就对众弟子讲了一个故事，据说在很久以前，有一位老者膝下只有一位掌上明珠，夫妇两人十分疼爱，女儿逐渐长大成人，有一日忽然问两位老者一句偈语："一切驶水流，世间苦乐事，本从何处出？"夫妇两人互相对望，觉得女儿不凡，但是两人谁也答不上来偈语所问，而他们的女儿得不到答案也是茶饭不思，两位老人看了十分苦恼。于是老者就在家里举办了大宴席，请来了众多名流学者前来，希望这些人中有能够解答女儿偈语的人，可是当老者女儿当众说出偈语时却无一人能答得出来。老者十分痛苦，随即又拿出了很多彩礼，说谁能答出小女的偈语就将这些彩礼赠送于他。这时有个贪恋钱财的小伙子站起来说他能够回答，老者女儿一听当即说出了偈语，而这个小伙子根本就不懂，就胡乱说了一句："此事均无所有也"，老者女儿稍加思索，便确定小伙子是大师，说得对。等老者女儿去世以后又经过了四十劫用尽了天寿，就下生到人间脱胎为猪，我们刚才见到那只老母猪就是当年老者的女儿。该女智慧不足又未遇名师，虽行禅定，但也还是落得个堕入畜生道的命运。

7. 骆驼

骆驼是偶蹄目的哺乳动物，是从北美洲的原柔蹄类进化而来的，这类属性的动物包括单峰驼和双峰驼，在我国主要以双峰驼为主，多分布于新疆、宁夏、青海、内蒙古等地。骆驼头小但脖子粗长，体形庞大，毛色呈棕褐，骆驼的驼峰存有脂肪，骆驼的皮毛非常保暖，可以抵抗沙漠中极寒的风雪沙暴，骆驼蹄子较大，有两趾善于奔走在沙漠地带。由于骆驼这些特殊的身体结构，我们的先祖在数千年前就开始驯养骆驼，骆驼可以以沙漠中许多耐盐植物为食物，甚至可在没有水的条件下生存一个星期以上，是古代丝路商人在戈壁、沙漠经贸运输的最好的工具，素有"沙漠之舟"之称。

佛教中的骆驼： 在佛教中关于骆驼的语汇有"骆驼坐"，这种坐姿就是双腿弯曲并立蹲坐，在佛教之中是不允许僧众以骆驼坐为坐姿的，否则将会受到斥责，而正确的坐法就是跏趺坐。

在佛教中，骆驼也代表着躁动的心性或是指心念之处追随着五趣，而不可安放。

在佛教《百喻经》中曾记载着这样一则故事，是讲以前有一位养骆驼的人在他家的大瓮中装了好多喂养骆驼的食物，于是他就让骆驼来吃，可是不巧，骆驼把头伸进瓮中之后却拔不出来了，这可急坏了养骆驼的人。就在这时旁边来了一位老者说"不要着急，我教你个办法，你就可以把骆驼头拿出来了。"养骆驼的人急忙问该如何去做，老者便说："你可以先把骆驼头砍下来，这样就可以把骆驼头拿出来了。"他什么也没想，就照着去做了。当他砍下骆驼头的时候，瓮也应声倒地摔碎了，骆驼也死了。这个故事旨在告诉僧众们，在追求修行的同时一定要谨记守住戒律，否则就会像这个养骆驼的人一样愚蠢，骆驼和器物两失。

8. 狗

狗，属于犬科哺乳动物，狗可能是人类驯化最早的动物，陪伴人类最久的朋友，几乎分布于全球各地。狗的智商较高，身体与腿都比较长，善于奔跑，食肉性。狗的鼻子与口唇发达，尤其是狗的嗅觉极其发达，发觉气味的能力是人的100万倍，狗可以全凭嗅觉不依赖眼睛而正常地生活。狗的听觉是人的16倍，可以判断来自32个方位的声音来源。狗的眼睛超过50米就看不清了，但是对于运动物体可以看到800多米,在黑暗处狗的视力要比人的好,并可以看到短波的颜色。

佛教中的狗:在佛教中往往将狗作为贪嗔的代表,甚至在佛经中有"行于狗法"之说,其意为佛教中的比丘们经常四处化缘,但是时间一久竟会认为总是会给予他们施舍的人家是自己独享的,就好像是自己的家,要是看到别的比丘来此化缘就会心生妒忌,甚至大打出手,所以佛陀认为这种行为就像狗,就叫行于狗法。

甚至,在佛经中还将狗的欲望和想法比作微小而又可怜奢望,得到满足之后的疯狂。但是狗到底有无佛性,在佛教禅宗中讲到一个公案,叫赵州狗子,该典故讲的是在很久以前,有一位著名的高僧叫赵州,一天一位僧人问赵州禅师,狗子有没有佛性,赵州禅师说没有,这位僧人不解地问佛教经典上说一切众生平等,一切众生皆有佛性,为什么说狗子没有?赵州禅师说:"因为伊有业识性在"。接着有一位僧人听到赵州禅师这样说,就特别懵,赶紧跑来问赵州禅师狗子到底有没有佛性。赵州禅师说当然有。僧人又问那既然狗子有佛性,为什么又会落入畜生道呢?赵州禅师又回答:"因为明知故犯"。该故事在禅宗中是一个公案,其中的禅意有人是这样解释的,即这个故事实际上是劝解僧众们不要太执着于有与无的执念之中。

另外在《大智度论》中有一语汇叫披着狮子皮的狗,其意可解释为愚蠢的人冒充智慧的人,其实最终是站不住脚的。

在佛教还有些关于狗的本生故事和典故,例如"急躁的狗""狗王救众狗""沙弥的讥笑""舍利弗度化均提"等。

急躁的狗:佛陀以前在舍卫国讲法、化缘、度化人间之时,有一天来到一户婆罗门家,这家的主人不在,出来了一只大狗对佛陀狂吠,佛陀训斥道:"前世就是因为你脾气暴躁、爱骂人,才遭此报应,现在你还这样子。"大狗听完之后埋头不叫,之后不吃也不喝了。当狗的主人回来后一看狗,就问邻居自己家的狗是怎么了,为什么成了这个样子。邻居就告诉他说佛陀刚才来过。于是他就跑去问佛陀:"我对这只狗就像对待家人一样,你对它说什么了,致使它现在不吃不喝的?"佛陀说:"这个狗原本就是你的亲生父亲,因为他爱骂人、脾气暴躁,所以脱胎于畜生道,你若不信可以回家问它,生前在哪间房子住,埋的财宝在哪里。"于是狗主人回家之后就以佛陀所说而问大狗,狗都一一给他指点了地址,结果狗主人果真挖到了一大笔财宝。他知道佛陀说的完全正确,就决定皈依佛门,想早日摆脱这无尽的轮回。

狗王救众狗: 该故事讲的是一则佛陀本生故事,在过去往世,佛陀曾托生为狗王,而在狗王所居住的这个国家的国王有一天在出巡完以后,将车停在了王宫里,但是到了第二天,车夫和宫廷里的人们发现马车上的皮带全被啃食坏了。宫中的人们一致认为是外面的野狗跑了进来啃食掉的,于是就赶紧禀告国王。国王知道此事后大怒,下令将城中的所有野狗杀掉,这一下子城中所有的狗都吓得不知所措,于是他们就想到了找狗王狗菩萨,这些狗在第二天的一大清早就跑到狗王的住处,去求狗王为他们做主。狗王听完众狗的诉说,当即判断此事绝不是城外的野狗所为,而是在宫廷内部的贵族狗所做。因为在城外的野狗根本就无法进入守备森严的王宫,只有贵族狗才可自由出入,所以狗王决定要救众狗,为众狗到国王那里讨个公道。到了黄昏狗王趁着夜色躲过了守卫队,跑进了王宫,并且一跃就跳到了国王座位下面,国王一看到这场景,知道狗王可能有事要说,就组织了要上前阻拦的守卫队。这时狗王突然开口说话了,狗王问国王:"是您下令要杀掉全城的野狗吗?"国王说:"是的",狗王说:"您为什么要杀掉城外的野狗呢?"国王说:"因为城外的野狗偷偷跑进王宫吃掉了我车上的皮带。"狗王就说:"那您看到城外的野狗吃您车上的皮带了吗?"国王说:"没看到,是底下人告诉我的"。狗王又问:"那您底下的人看到是城外的野狗吃掉了车上的皮带吗?"国王说:"没有,他们也是猜测的"。于是狗王就说:"国王这样武断地下结论并杀光城外所有的野狗,也太有失公道了,请国王三思。"国王说:"那你说该如何?"狗王说:"依我看,王宫守备森严,城外的野狗根本就进不来,我认为真正吃皮带的是宫中的贵族狗,如果不是,再杀城外的野狗也不迟。"国王一想也对,就说可以这样做,可是怎么测试是宫廷里的狗所做的呢?狗王让宫廷里的人拿了一些酪浆再配上吉祥草,让宫中的贵族狗喝下去,不一会儿,就见宫中的贵族犬开始呕吐,其中就有几只贵族狗吐出了皮带,国王一看就马上下令禁止杀狗,城外的野狗们因为狗王的冒死进谏而全部得救了。

沙弥的讥笑: 过去曾经在佛教中有一个小沙弥,嗓音洪亮。而在这些僧众中还有一位老僧人,声音非常沙哑,经常赞颂佛教中三宝,小沙弥听到他的声音后就很瞧不上,就嘲笑老和尚的声音就像狗叫一样难听,老和尚听后就说:"你知道我是谁吗?你为什么要辱骂我?"小沙弥说:"你不就是这里的一位老僧人吗?"这时老僧人说:"我已经是脱离生死的圣者了。"这时小沙弥才知道自己闯下大祸,侮辱了一位圣者,自此以后的500世里,便时常托生于狗道。

舍利弗度化均提: 在过去有一队商人出远门经商,其中有一位商人带了一条狗,通常在他们修行的时候为他们看护物品。有一日这队商人在一家旅社住下了,到了晚上,这只狗看主人们都睡下了,就跑出去偷肉吃,到了早上主人发现后就狠狠地将这只狗打了一顿,甚至将狗嘴都打坏了,然后将它丢下后就走了。这只狗只好拖着受伤的躯体流浪在荒野之中,又饿又渴,在天上的舍利弗看到此景,便化作化缘者,将别人施舍的饭菜给了这只狗,狗很感动,于是舍利弗为它讲法,讲完法之后狗就死去了。这只狗死去以后,托生于一户婆罗门家里,舍利弗一日化缘便来到这户婆罗门家里,婆罗门看到他就问:"这位尊者,怎么也没带个沙弥来伴随呢?"舍利弗说:"我没有沙弥,听说你府上有一男孩子,是否可以做我的沙弥呢?"婆罗门说:"我确实有一个小男孩叫均提,但是年龄太小,等长大些再随尊者学法吧。"于是等均提到了七岁那一年,舍利弗便上门将均提收为自己的徒弟,这个均提就是那只被打伤的狗。

9. 猴子

猴子是哺乳动物,是灵长目动物总称。猴子的分布区域比较广泛,在亚洲、欧洲、美洲、非洲都有分布。猴子有很多都生活在树上,它们的手脚都是既能握又能抓的结构,所以猴子基本上都是攀援健将、身手敏捷。猴子的颅骨具有较大的颅腔,脑容量较多,要比一般动物聪明,猴子的眼睛较大,两眼会形成重合视域,可以帮助猴子更加准确地判断树与树之间的距离。

佛教中的猴子：猴子的形象在佛教中出现的频率是非常高的，对于我国人民无人不知无人不晓的孙悟空就是猴子的样貌。它是明代小说家吴承恩创作的章回体神魔小说《西游记》中的主人公，是人人都喜爱的佛教故事中的大英雄。它的品质融入了中华民族优秀的传统文化，做事从一而终，从不半途而废，对待师傅和师弟无微不至，对待恶魔坏人决不手软。它是中国人民心中的偶像，是正义的化身，但是据考证吴承恩笔下的孙悟空其原型应该是古印度非常有名的史诗《罗摩衍那》里的主要角色之一的"哈努曼"。该角色在印度同样也是一位劫富济贫、保护人民的神猴，在印度神话中也被奉若神明。孙悟空的形象是头上戴着凤翅紫金冠，手拿如意金箍棒，脚踩祥云，身穿虎皮裙、藕丝步云履。而神猴哈努曼则显得更为粗犷野性一些，其脸面颜色通红，其毛发颜色金黄，与孙悟空一样也能腾飞上天，它的尾巴可以无限伸长，它的力量可以排山倒海，身形犹如巨峰。

在佛教经典中也有许多关于猴子的语汇而且都很有趣味，比如"鳖谋猴肝""猴子捞月""狝猴江"等。

鳖谋猴肝：该故事的叙事情节犹如童话一般，讲的是一只猴子和一只大鳖，在森林中是邻居而且还是非常好的朋友，两个小伙伴经常一同出去游玩，由于它们之间过为密切的往来，遭到了大鳖妻子的妒忌。有一天大鳖又要出去和猴子玩耍，大鳖的老婆就说自己生病了，很难受，大鳖很着急，就问那该怎么办，大鳖的妻子说，它的病必须要吃上一个猴子的肝脏才能好。大鳖一想正好它的好朋友是只猴子，也不顾往日较好的友情了，就说："那好吧，你等等我，我去给你取来。"于是它来到猴子住的大树底下，对猴子说："河对岸那边的水果和美食数不胜数，快要馋死人了。"猴子说："我又不会游泳，我怎么过去？"大鳖说："我是你的好朋友，你爬到我的背上，我带你过去。"猴子一想这是老朋友的一番厚意，就二话没说跳上了老鳖背。当老鳖快游到河水中间时突然向自己家的方向游去，猴子就问："你这是要到哪里去？"老鳖这时候就开口说："不瞒你说，老弟，我的妻子生了一种怪病，必须得吃猴子的肝脏才能治好。"猴子一下愣住了，这时它突然脑筋一转，就说："老鳖大哥，你看你不早说，我出门走得急，把我的肝脏落到家里了，你要不把我送到岸边,我去给你取来。"老鳖一听,觉得也好,于是就往猴子住的大树底下游去,还说:"你快一点,我老婆在家等着呢。"等快到岸边的时候,猴子一跃而起蹿上自己住的大树,就开始哈哈大笑地说:"你这个又蠢又毒的老鳖,我和你这么好,你却要害我,而且还蠢到竟然认为有人会把自己肝脏落到家里。"说完就飞蹿上了树,再也没有了踪迹。

猴子捞月: 在人民教育出版社出版的小学语文课本里有一篇课文就叫《捞月亮》,讲的就是猴子捞月的故事,另外在1981年由上海美术电影制片厂创作录制的优秀的国产动画片里《猴子捞月》也是当时脍炙人口、家喻户晓并且影响了我国几代人成长的好影片。猴子捞月对我们来讲并不陌生,但是这个故事最初源自于佛教故事可能有些人就不清楚了。该故事是出自《摩诃僧祇律》,其中有佛陀为众比丘讲述了一段故事,曾经在古老的波罗奈城有一片森林,里面住着几百只猴子。有一天夜晚月亮非常大而圆,而猴子们生活在树上,它们抬头却被上面更高的树梢挡住了视线,而一只猴子突然往下一看,在地下的水塘里出现了一个超大的月亮,这只猴子大惊失色,赶紧告诉所有的猴子,说月亮掉到水塘里了。它们商量之后认为,月亮如果淹死在水塘里,那今后的黑夜将是多么可怕,于是领头的大猴子就说:"我们必须得把月亮救上来。"这时有个猴子用竹竿够但是够不到,领头的猴子就说:"不如我们首尾相连,一个抓住一个,最后探身到水塘里把月亮打捞出来。"大家一听,这个办法太好了,于是就开始互相抓握连接,就在最后一只小猴子爬到池塘边的时候,大家抓的树枝断了,所有的猴子都掉进了池塘。佛陀最后告诉大家,当时的那个领头的猴子就是如今的提婆达多,而其他的那些猴子就是现如今的这些比丘。

猕猴江,是佛教用语,其意为古印度五大古老道场之一。

在佛教故事中还有许多关于猴子的本生故事以及经典和典故,如"猿王智斗水中罗刹""笨猿猴""奉蜜供养佛陀的猴子""猴王舍命救群猴"等。

猿王智斗水中罗刹: 在南传佛教的本生故事中曾流传着这样一则本生故事,其中叙述的是佛陀带着众比丘住在莲花池塘附近,一些比丘要洗澡,便让小沙弥用芦苇秆为他们制作沐浴设备，通常芦苇是多节的而且在每一结处都是堵死的，需要通开才可以制作成沐浴设备，但是这些沙弥发现这里的芦苇结处居然是空的，就觉得很奇怪。他们就跑到佛陀面前去问，佛陀便告诉众比丘在很久以前，这片莲花池塘住着一只凶猛的罗刹，经常会吃掉来这里的池塘喝水的动物或人。而在这附近有一只猿王，带领着几百只猿猴也在这里生活，猿王深知罗刹的厉害就告诉众猿猴，任何猿猴在此地喝水或是吃水果都必须向猿王汇报，猿王交代每一只猴子，一定要谨慎。一日当猿猴群的一小分队看到一片池塘便要下去喝水，这时它们突然想到猿王的话，没敢冒然进入水塘，就赶紧派小猿猴去找猿王来。当猿王来到后，经过仔细地观察，发现只有一些下池塘的脚印却没有上来的脚印，就断言这池塘里必然有罗刹，并告诉它们："你们幸亏报告了我，要不然必被罗刹吃掉。"而罗刹在水里观察了它们半天，不见它们下来，极其气恼，便露出了它的青面獠牙说："你们赶紧来喝水，要不然会被渴死的。"猿王冷笑一声，便让小猿猴们退后，自己抓起一只芦苇，用嘴吹了一口气便念起了咒语，顿时手里芦苇秆的每一处结节都通了，直接变成了一根吸水管，然后它又拿着手里的这根芦苇管围着池塘转了一周，这时池塘周围的芦苇管也全部都变成了空心芦苇管。所有的猿猴都没有下水，每人拿着一根空心芦苇管喝水，罗刹看着干着急。佛陀转身说就是这个原因，才致使这里的芦苇管都成了空心。

笨猿猴：南传佛教的本生故事中还有一则是讲一只笨猿猴的故事，相传佛陀带领群弟子在拘萨罗园化缘时，到了一位施主家中受到供养，施主把它们带到自己的园林处，佛陀便在一处打坐，其余比丘在院中散步，突然发现整个园林中到处都是树木森林，唯独中间一处是一片大空地，有位比丘就问施主其中原因。施主说道："曾经这片地方的树还是小苗的时候，浇水的村童就一根一根拔起来后再浇水，结果就成了这样子。"听完施主的话，比丘们就跑去告诉佛陀，佛陀听后说其实那个村童可不是第一次干这种笨事情了。在过往的几世以前，那个村童就是一只波罗奈城宫廷花园中的猴王，有一天城里组织了大型游乐活动，宫廷花园的值班人员也想去参加城里举办的游乐活动，但是他还没有给园中的树木花草浇水，于是他想了一个办法,就是让园中的猿猴去替他浇水。于是他找到了猿王,就说自己要去参加游乐活动并允许猿猴王的子弟们在园子里吃果实和草籽等食物,但是猿王得帮他把水给树木花草浇了,猿王立刻就答应了说:"你去吧,包在我身上。"猿王叫来自己手下的小猿猴说:"你们今天得把花园中所有的树木花草全部浇完,但是一定要节约用水。"接着它又讲该如何节约用水,只听它告诉手下的猿猴们说:"你们在浇水的时候,一定要把每一株植物拔起来看一看它们的根系的长短,根长的就多浇点水,根短的就少浇点水。"于是这帮小猿猴就开始动手了,正在一群猴子干得起劲的时候来了一位长者,看到它们的行为十分诧异,就问:"你们为什么要这样给植物浇水?"小猿猴们说:"这是猿王给它们吩咐的办法。"这位长者找到猿王将其训斥了一顿,然后佛陀说这位长者就是自己,而猿王就是那个村童。

奉蜜供养佛陀的猴子:这是一个关于供奉佛陀而得到福报的因缘故事,故事的开始是一位住在古印度舍卫城名叫师质的富人,师质已经年龄很大了,但是膝下还无一男半女,心中非常着急,四处求仙问卜,希望能够得到一个小孩,满足家族繁衍的愿望,可是很长时间一直未能如愿。于是他就想找佛陀来帮帮他。一天他就来到了邸园精舍,虔诚地礼拜了佛陀,并问佛陀为何自己到了现在还没有得到一男半女。佛陀说道:"你不要急,你会有一个聪明伶俐而且将来会有福气的男孩子的,不过等他长大后会回来皈依佛门的"。师质一听高兴极了,就邀请佛陀和众弟子们第二天到自己家接受供养,佛陀和众弟子们在接受完师质一家的供养之后,在往回走的路上突然来了一只猿猴,猿猴将佛陀的钵盂突然拿了过去,然后跑了出去。过了一会只见猿猴拿着一个装满蜂蜜的钵盂给了佛陀,佛陀享用了一些然后又传给他的弟子们,猿猴很高兴地离开了,过了不久猿猴就死了,投胎到富人师质家中。当这个小孩出生的时候,师质家里的所有器皿都盛满了蜂蜜。师质一家人又高兴又奇怪,于是师质给这个小孩子取名就叫"蜜盛"。十几年之后蜜盛果真提出要出家,父母也都很赞成,就让他追随佛陀,因为蜜盛的前世福德很多,很快蜜盛就证得了罗汉果。当蜜盛与众比丘出去化缘时大家都很渴,只见蜜盛将自己的钵盂向空中一扔,当落下的时候便是满满一碗蜜了,他就将蜜分给众比丘们。比丘们很高兴但也很奇怪，他们就去问佛陀，蜜盛在过往修行过什么福德，为什么在任何时间、任何地点都能获得蜂蜜，佛陀说："你们还记得那次我们从师质家里出来遇到了一只猿猴，猿猴到远处给我端来了一钵盂蜂蜜吗？"这就是他的福报所在，因为他心诚供佛，所以投胎为人，由于给佛陀供奉蜂蜜使得他在任何时间、任何地点都能获得蜂蜜的福报。这时一个比丘又问："那为什么蜜盛前世是一只猿猴呢？"佛陀又告诉众比丘，曾在迦叶如来在世时，有一位比丘见到另一位比丘在山间化缘时跳过水沟的样子很可笑，说那位比丘就像猿猴，侮辱人的比丘就是蜜盛的前世，因为他犯了罪业，所以才托生于猿猴。后来因为他肯悔过，修行福德较多，所以到今天可以得到罗汉果位。

猴王舍命救群猴：该故事出自《六度集经》中的佛陀本生故事，内容是在很久以前，有一只猴王带领着许多猴子生活在离王宫不远的森林里，终日猴群们快乐无忧，衣食不愁。但是有一年天下大旱，山里的水果草木枯死得很多，猴群们一下子没有了食物来源，都很着急。他们一同跑去找猴王，猴王知道现在只有国王的皇家园林里还是丰满茂盛的，而且国王的皇家园林离此地只隔一条小溪。于是猴王便带着一群十分饥饿的猴群偷偷闯入国王皇家园林，放开肚子大吃了一顿。由于猴群猴子太多，动静太大，一下子被国王的园丁发现，就将此事禀告给了国王，国王大怒，马上下令抓住这帮偷吃贼。猴王一看大事不好，赶紧率领大家往回跑，可是那条小溪对于大多数猴子来说太宽了，来的时候大家并不着急，一个帮着一个就过来了，可是现在大家在情急之下，有好多猴子就过不来。这时猴王很着急就找了一根不太长的藤条绑在了小溪两岸的大树上，可是长度还是差了一点，于是猴王就以自己的身体作为桥，让猴群们从身上赶紧跑过去逃生。可是到了最后，等猴子们从它身上逃完以后，它却失去了力气，掉到了小溪的岸边。国王的卫队看到后就将其抓了起来，但是国王看到了这样的场景，觉得一只动物能够如此宽厚仁意实属不易，这样舍己救人的事情就连大多数人也做不到。国王特别感动，就命令卫队给猴王松绑，给它一张床让它躺下，命人喂它粥米。等待猴王醒过来之后，国王就问猴王为何如此，猴王跪拜陛下，感谢陛下不杀之恩，然后又对国王说："是我不该带领猴群来偷盗，只是我犯的错，所以我必须要把猴群安全带回去。国王陛下要处罚就处罚我吧。"国王看到此景，就对园丁说开放园林，并对全国下令，允许猴子在任何山林吃食野果，不得阻拦。这时佛陀说当时的猴王就是自己，而那个国王就是阿难。

10. 猫

猫是猫科动物，猫虽然属于家养的动物，但是并不是完全听命于人的，猫具有一种我行我素的独立特质。家猫的驯养有可能最早是从埃及开始的，还有波斯猫，也是人类所钟爱的品种。猫的头部呈圆形，面部短小，眼睛大且具有夜视能力。猫的脑容量相对较大，所以猫比较聪明，猫的身体细长柔软，具有很强的伸缩性。猫前肢为五个趾，猫的后肢为四个趾，足底有厚厚的小肉垫，走起来轻巧无声息。猫的尾巴长而灵活，为猫的跳跃或攀援提供了平衡。猫喜欢吃老鼠和鱼，猫通常贪睡，喜欢清洁自己的毛和爪子，在高兴的时候会将自己的尾巴竖起来，但是生气的时候会摇尾巴。

佛教中的猫： 在佛教中通常将猫比作慧根较少、与佛缘分不大的痴人。在佛教《阿含词典—庄春江居士编》中有语汇叫"猫皮囊"，意思为用猫皮毛做成的袋子。另外在佛教禅宗公案中的一个故事叫"南泉斩猫"，该公案讲的是很久以前几位僧人在讨论猫是否有佛性。一方说猫是畜生，怎么能有佛性，而另一方说世间一切皆有佛性。两方争执不休、大吼大叫时，南泉禅师走了过来。这时大家都看向南泉禅师，只见南泉禅师左手抓猫，右手抓刀，问大家猫到底有没有佛性，如果你们答不出来我就把这只猫杀了。大家面面相觑，不知怎么办是好，突然南泉禅师手起刀落将猫给杀了，扔在了众人面前走了。后来众人将此事告诉了赵州禅师，就问赵州禅师："您说猫到底有没有佛性？"赵州禅师听后就将自己的鞋子扣在了自己的头上走了。大家都非常不理解，又将此事告诉了南泉禅师，南泉禅师大笑说："如果那天赵州禅师在，那只猫就不必杀了。"这一禅机的意思有人认为是南泉禅师有意教育大家不要总纠结于猫有无佛性，因为这和修禅礼佛的关系并不大，大家更不要胡思乱想一些无稽的事情而荒废了主要修行。

在佛教本生故事中也有一则是关于猫的故事叫"欺诈的比丘",该故事讲的是佛陀在邸园精舍时,带领众弟子修行,其中有一个比丘总是欺诈别的比丘,有人来告诉佛陀。佛陀就对众僧说这位比丘可不是第一次欺诈人了。佛陀说在很久以前佛陀本人曾托生于老鼠,在一片森林里带领了很多老鼠一起生活。一天森林来了一只大猫,这只猫看到了这么多老鼠,很是高兴,于是就想怎么样才能把这些老鼠一个一个吃掉还不被它们发现,如果被它们发现,老鼠们对自己就有了防备,森林这么大,再抓它们可就不好抓了。于是猫就关注老鼠们的行踪,记住了这群老鼠每次出行觅食后回来的路线,有一天猫就单腿站在老鼠们必经的道路上,老鼠们吓了一跳。这时鼠王菩萨一看就跑过来问:"你为什么一条腿站立在这里?"猫头也不回地说:"因为我要是四肢全落在大地上,大地就会被压垮。"鼠王菩萨又问:"那你为什么对着太阳站立?"猫说:"因为我在朝拜太阳。"鼠王菩萨又问:"那你的嘴张着干什么?"猫说:"我在喝风。"鼠王菩萨和老鼠们开始觉得这是一位大德之圣者,以后每天都应该朝拜它,从此以后鼠王菩萨和其他老鼠们每次出外觅食回来,都要先朝拜完猫以后再一起回窝。但是过了一段时间老鼠们发现自己生活的领地越来越宽松了,以前总是一堆老鼠挤来挤去的,现在老鼠好像少了很多。其实老鼠们不知道,当它们每次朝拜完猫以后,猫就把最后一个离开的老鼠偷偷吃掉了,大家还都蒙在鼓里。这时候当老鼠们向鼠王菩萨反映这个情况时,鼠王菩萨才发现猫可能有问题,于是在第二天它们觅食完以后又去朝拜猫的时候,鼠王菩萨就偷偷告诉其他老鼠快走,而自己则慢慢吞吞地走在最后。就在它看到所有老鼠们都已经离开的时候,它发现猫已经向它猛扑过来。鼠王因为早有防备,所以就及时地跳开了,猫扑了个空。鼠王就对猫说:"你这个借着修行而干坏事的猫会不得好报的。"于是闪身跑了。从此以后大家知道了猫的真面目后都防着它,猫再也吃不到森林的老鼠了。

11. 老鼠

鼠,属于鼠科,啮齿目,是一种较小的哺乳动物,鼠的种类庞杂,在地球上存在有上亿年的历史,在地球上分布的区域比较广泛。鼠大多数在夜间活动,家鼠通常栖息在厨房、牲畜的圈棚等地,野生鼠大多生活在田间地头或者丛林之中。鼠的孕期短,繁殖能力强,一次能产4~8只幼崽。鼠对于人类危害比较大,尤其是鼠类可以传播的疾病有30多种,如鼠疫以及出血热等疾病。另一方面老鼠对人类生活中的经济危害同样较大,如咬伤家禽、牲畜;咬坏电线、电缆,造成电力系统设施毁坏;咬坏家具、衣物导致人民家庭财产受损;咬坏图书、档案的文献资料,导致历史文化受损;甚至因为打洞作窝,对于水坝等水利设施也有着严重的危害。但是鼠类也有它重要用处,就是可以作为医学实验的实验动物,为人类医学发展作出一定的贡献。

佛教中的鼠:在佛教中的鼠常常同财富相联系,毗沙门天王的手中所持的法器就有吐宝鼠,是财富的象征,而毗沙门天王则是四大天王之一,又被称为北方多闻天王。在藏传密教中被视为财神,给人带来了无尽的财富,在我国、印度、日本等地多有供奉。

在佛教故事中就有一则故事专门是讲老鼠与财宝的,名字就叫**"老鼠太太"**。这个故事讲的是从前有一位富商,非常有钱,他就将他的钱藏在他的地下宝库中,而他的太太特别爱财,每天都要将家中宝库里的财物悉数清点一遍,才肯安心休息。过了不久富商去世,他的家人也在一段时间内相继离开了人世,而当富商太太就要离开人世的时候,最依依不舍的就是她家宝库中的财物,于是在她死后便投胎作了老鼠。而这位富商太太成了老鼠以后也是寸步不离宝藏,慢慢经过岁月侵蚀,她家的房屋也塌了,整个村落也都荒废了。这时此地来了一个手艺人,突然在她家宝库附近发现了一块宝石,于是就想把宝石制作成首饰,卖个好价钱。偷偷站在一旁的老鼠太太看到了这一切,于是她就想用自己的财宝从这个手艺人手里换点吃的,反正她现在这个样子也没法使用这些财宝。于是她每天就在嘴里叼上一枚金币,给这个手艺人,这个手艺人也明白她的意思,就每天给她一块肉吃,从此她因为有了肉吃很开心。可是没过多久一只猫发现了她,要吃她,她就央求猫说:"你如果不吃我,我就每天给你半块肉吃。"猫一听,心中想还有这样的好事情,当即就放了她，第二天她就给了猫一半的肉块，自己吃了一半。这样的日子过了一段时间，又被第二只猫发现了，她于是就像求第一只猫一样求第二只猫，并答应每天给第二只猫三分之一块肉，第二只猫也答应了。而在这之后，她碰到了第三只猫和第四只猫，她还是以同一种方法央求对方，并承诺给对方四分之一的肉块和五分之一的肉块。当第四只猫来了之后不久，她就感觉自己的营养很难支撑自己的身体了。该故事最后隐喻的即是"富贵虽好，但是一切都是无常，财富中的五只猫代表火灾、水灾、国王、盗贼以及恶子，这些财富是由这五家共同拥有的，所以财富也是非常让人劳心伤神的"。

在佛教还有一则著名的故事"二鼠啮藤"。该故事讲的是有一人在一片荒漠中独行，突然一只野象向他扑来，他在情急之下，只好抓住一根树藤藏入一口深井，但是就在他刚一入井的时候才发现树藤上正趴着黑白两只老鼠正在啃噬他抓着的树藤，而在他的脚下就是井里的恶龙，在井口的四周还爬着四条毒舌，向他吐着毒信。头顶上树上蜂巢内滴下来了几滴蜂蜜，他就想把蜂巢摇下来，可是蜂巢没摇下来，却引来了一群蜜蜂的叮咬，这时又不知从哪里来的野火又将树枝烧了起来。这个故事充满了隐喻，故事里的主角就是指普通凡人，野象的出没表示出人生的无常，他跳进井里抓住的树藤就好像人的生命，而黑白两只老鼠代表日月交替，一天天地减少。井里的恶龙代表死亡，滴下来的蜂蜜代表五欲之乐等。

12．鹿

鹿是偶蹄目的哺乳动物，属于鹿科，鹿科动物最大的特征就是雄鹿有鹿角且鹿角是实心的，而雌鹿没有鹿角。鹿的眼窝凹陷，鹿的身体匀称，四肢长而细，善于奔跑，通常栖息在高原、沙漠、沼泽等地区。鹿主要以嫩芽、树枝、草等为食物，初生的小鹿通常身上会有斑点。

鹿的分布比较广泛，在欧亚大陆、南美洲、非洲的北部都有生存，鹿属于保护动物，鹿茸是名贵的中药材，鹿的皮可以制作成皮革，而鹿的肉是上等佳肴。

佛教中的鹿： 在佛教中鹿的形象多为善良、仁义的佛或菩萨前世的化身，地位尊贵，影响较大。首先在佛教中有很多关于鹿的语汇，其中较有名的是"鹿野苑""鹿头人""须陀须弥王守信鹿足王"等。

鹿野苑：是古代印度最为著名的佛教遗址之一，位于今天印度的北方邦瓦拉纳西市向北约6公里的地方，这里是佛教的重要圣地之一。在法显的《佛国记》中提到，此地为佛陀的前世佛、迦叶佛居住之地，因常有野鹿在此出现而被称为鹿野苑。具传说释迦牟尼在觉悟成道以后就是在此第一次传道讲法，初转法轮的，而在此随佛陀学习的第一批弟子就是原来侍奉过佛陀的五位侍者，佛陀为了感激他们，首先为他们宣讲"四圣谛"，这五位早期曾追随过佛陀的侍者有所证悟，旋即出家为僧成立了最早的僧众组织，就此创立了佛、法、僧的佛门三宝。

关于鹿野苑的来历还有一些说法，如在传说中曾经的波罗奈国的国王外出打猎，带领着皇家卫队，在山上围困了上千只鹿。当这山上的鹿王得知后，马上赶来跪求国王饶恕这些可怜的生灵，并主动要求每日为国王送来一只鹿为国王享用。于是国王便答应放了这些野鹿，而此处就得名"鹿野苑"。另外还有一种说法是这里是神仙或者是习得了五通之学的人所居之地，非凡间之人可来。鹿野苑在13世纪时受到了土耳其人和印度教徒的破坏，很多遗址遗迹成了废墟，现存的有一座两层的圆塔、阿育王石柱以及一些倒塌的建筑残痕还在，现在是很多佛教国家和组织常来祭拜和交流学习的地方。

鹿头人：该语汇是出自《大智度论》，其中记载释迦牟尼曾在往世为鹿王的时候，就发愿代替待产的母鹿而被杀。它的这种慈悲之心简直和人一样，但是有些人，虽为人形却还不如动物，所以在这里将鹿王称之为"鹿头人"，是为了称赞他的慈悲之心。

须陀须弥王守信鹿足王：须陀须弥王是一位非常守信的好国王，有一天他带着众妃子去花园游戏时，在他的宫殿门口来了一位婆罗门请求布施，须陀须弥王看到以后说："你等等，我回来以后就给你布施。"于是那个婆罗门就在门口等着。当须陀须弥王和他的王妃们正在花园游玩时，突然飞来了一只鹰，把国王一下子从地上抓起飞掠而去。宫廷中的宫女和卫队们干看着，束手无策，城里的百姓也都非常着急，因为这是他们都很爱戴的好国王。

抢掠须陀须弥王的这只神鹰就叫鹿足王，在《贤愚经》中就有记载，鹿足王实际上是波罗奈国王与一只狮子交往所生的一个似人非人的怪物，因为它的脚上有斑点与鹿的脚较为相似，所以将其称谓鹿足王。后来鹿足王承继波罗奈王的国家，成为国王，非常英勇，但是鹿足王每天要吃掉王城里的一个小孩子，人们都非常痛恨他，于是合力将他抓了起来。但是他突然变成了一个会飞的罗刹，飞进了一座大山的山洞中并且发誓要吃1000个国王才肯罢休。现在他的洞窟里已经逮到了999个国王了，今天逮到的须陀须弥王就刚好1000个了，他正抓着须陀须弥王在天上高兴地飞着，就听得须陀须弥王放声大哭起来，他就问："须陀须弥王，你就这么怕死吗？人总归有一死的。"须陀须弥王说："你误会我了，我是早上跟一个婆罗门说我要回去给他布施东西，我还让他在宫殿门口等我，可是现在他肯定以为我是个骗子了，所以我才痛哭的。"鹿足王听到此话后颇为感动，但又不是很相信须陀须弥王的话，于是说："你要是因为害怕成为欺骗者的话，那我就放你回去待上七天把事情处理完，你再回来。但你若不回来，我就会去逮你回来，凭我的能力，逮你易如反掌，知道吗？"须陀须弥王说："谢谢，你放心，七天后我一定回来。"于是须陀须弥王回到国家，布施了婆罗门，将国王的位置传给了太子，然后对全体国民说明了事情原委。国民们听到后都力挺国王，并且要誓死保卫国王。国王却说："人一定要有诚信，我已经答应了鹿足王，我再不到他那里去，不就成了背信弃义之人了吗？"说完他就坚定地向鹿足王的洞窟方向走去，国民们都含着眼泪为他送行。

当鹿足王看到须陀须弥王竟然真的自己一个人赶来了，非常钦佩地说："人人都害怕死，你就不怕吗？"须陀须弥王说："当然怕，但是一个人如果失去了信义，那比死还可怕，所以我就来了。"鹿足王感慨万分，说："天下还有你这样的国王，真是让人佩服！"于是鹿足王就说："自此以后，我不会再去吃人了，抓来的国王全都布施给你吧。"于是以前被抓来的999个国王也都被放了回去，须陀须弥王也非常感谢鹿足王这样的举动。

在佛教本生故事中有一则《鹿王本生故事》，在1981年时由上海美术电影制片厂拍摄成了动画片《九色鹿》。该影片故事情节新颖，绘画制作水平高超，为当时我们国家家喻户晓的一部优秀动画片。另外一则佛教故事是"信守承诺的母鹿"，同样是情节曲折、深含寓意的佛教故事。这两则故事的基本梗概如下：

鹿王本生故事：该故事讲的是在很久以前，释迦牟尼的往世曾投胎为鹿，因为周身雪白且有九种颜色的花纹，又被称为"九色鹿"。鹿王生活在美丽的青山绿水之间，不管森林什么动物需要帮助，它都会去伸出援手，所以森林的动物对于它都非常爱戴。有一天鹿王正在山间休息，忽然听到不远处传来呼救声，鹿王马上就起身向那里奔去。当它走到河岸旁边才发现那人已经快被湍流卷入河流中心了。这时鹿王奋不顾身地就跳下河中，向那人游去，并且顶着激流硬是将落水之人送上了岸边。当那人在岸边逐渐苏醒过来之时，看到了鹿王，便赶紧跪下去磕头，千恩万谢地说了好多要如何报答救命之恩的话，鹿王说："你不用来答谢我，你只要出去以后不要告诉别人我在什么地方就好了。"这人满口答应，说着就向山林外走去。

在皇宫里，国王的王妃在一天晚上做了一个梦，她梦到了一只鹿身上有九种颜色的皮毛。她醒来之后就对国王说她要九色鹿的皮毛做衣裳，用鹿角做器物的手柄，并说国王如果不满足她，她就不活了。国王看到夫人是一定想要这只鹿王，想想说："这有何难，我是一国之君，叫人到城里张榜，悬赏谁知道鹿王的居住地并带领军队将其抓回者重赏。"这时这位被鹿王救过的人已经忘了鹿王的救命之恩了，便马上上前揭榜要带国王的军队去抓鹿王。当皇后知道有人揭榜后便要求国王和她一起进山去抓鹿王，国王便欣然答应了。这一天天气晴朗，被救之人领着国王的卫队走在最前面，大部队人马浩浩荡荡开始了抓捕行动。就在这时，被救人的脸部开始出现了恶疮，他虽然疼但还是忍着将部队带到了鹿王栖息的山谷里。这时鹿王看到这个人，马上就明白怎么回事了，于是它一个箭步跳到军队以及国王、王后的面前说道："我对国王的国家子民有恩。"国王狐疑地问道："有什么恩？"鹿王便说："给你们指路的人是我前几天从附近的激流中救出的，他是你们的国民，我是不是对你们国家有恩？"国王回答说："是的。"鹿王说："我救了这个人，但是他不但不感激我，还带着你们这些大部队来抓我，这是一位明智的君王该做的事情吗？

是一个有良知的国民该做的事情吗？"国王和王后以及所有的士兵都很惭愧。这时国王就下令处罚这个忘恩负义之人，并且命令所有国民都不得猎杀山林中的动物。

信守承诺的母鹿：该故事讲的是很久以前在大森林里居住着很多鹿群。有一次国王带领皇室成员来到森林打猎，吓得很多鹿四散而逃。而这时有一只怀有小鹿的母鹿，因为跑得慢而落下来了。就在危急关头母鹿却生产下了两只小鹿，于是母鹿赶紧将两只小鹿隐藏到一处草丛中，自己跑出来寻觅水源和食物去喂养两只小鹿。就在她刚跑出草丛的时候，却一个跟头摔入了猎人布下的陷阱。于是它焦急万分地开始呼喊，这时闻声而赶来的猎人大喜，正准备杀了它的时候，母鹿就赶紧跪下来告诉猎人说："我刚生下两只小鹿，你等我回去教会他们水源在哪里，如何吃食物，我就回来凭你处置。"猎人听后也心生不忍就说："那你得遵守诺言，看完你的小鹿后就赶紧回来。"母鹿就说："我一定遵守诺言，一定会回来的。"说完猎人就将母鹿从陷阱中拉了出来。母鹿感谢地望了一眼猎人，就赶紧去找小鹿了，找到小鹿后它就对小鹿们说："小河和草的位置都在你们前方的不远处"，然后又告诉了小鹿们，在它刚才出去寻找食物的时候，掉入了猎人的陷阱，是它请求猎人让它回来与小鹿们告别的，现在它必须得赶回去了，说着转身就向猎人的方向走去了。两只小鹿舍不得母鹿，也非要跟来，母鹿就含着眼泪亲吻着它们。这时猎人看到了这一切，就对母鹿和小鹿说："你们回去吧，要多加小心。"然后猎人又将此事告诉了狩猎的国王，国王听后认为母鹿能够如此信守承诺，实在不易，就下令全国人民不准杀鹿。

13. 蝙蝠

蝙蝠是哺乳动物，属于翼手目，身上布满了细毛，飞翼骨骼上贴伏着一层柔软平滑的皮肤，而且它有很强的飞行能力，应该是唯一会飞的哺乳动物。蝙蝠的颜色多以黑色、灰色以及褐色为主，此类动物喜欢夜间活动，多栖息在破败的屋宅或阴暗潮湿的洞窟之内或是树枝上面，而且它们的休息姿势多半是倒挂的方式。蝙蝠的视觉不好，但是它的回声定位系统异常的灵敏，使它可以在黑夜里准确无误地定位昆虫的位置。蝙蝠还是很多病毒的宿主，而它自身却不会受到感染，蝙蝠几乎分布在地球上的所有地区，除了南北极地和少数大洋上的岛屿以外。

佛教中的蝙蝠： 蝙蝠在我国的传统文化中有福寿的意思，尤其是蝙蝠的名字的"蝠"字与中国人所钟爱的"福"字同音，所以经常以蝙蝠的形象代表财富和吉祥的图案。但是蝙蝠在全世界其余绝大多数国家的名声都不是太好，尤其在西方一些国家多将蝙蝠与吸血鬼、恶魔联系在一起。佛教中的蝙蝠大多带有一定贬义，尤其是指那些披着袈裟的却不做修行的假僧人。

在佛教语汇中有一种指代那些堕落僧人语汇叫"鸟鼠僧"，该词汇大意可解释为，在末法时代有些僧人，就好像是蝙蝠，是个四不像，要说它是鸟吧，它却长得像老鼠，并不栖息于树上而是在山洞里；要说它是老鼠吧，它还会飞，这种既不是鸟也不是老鼠的东西就好像有些假僧人一样，故称其为"鸟鼠僧"。

14. 兔子

兔子，属于哺乳动物。兔子很害怕被惊扰，吃草、萝卜等植物。兔子基本上可以分为大、中、小三种类型，头稍长、耳朵长而大，多数兔子的耳朵都竖起来的。兔子的眼睛大，眼睛颜色有红色、灰色、黑色等。兔子的鼻孔是椭圆形的。大门牙也是它们的标志性形象之一，经常外露于嘴唇之外。兔子的嘴唇是三瓣的，就是人们通常所说的兔唇形状。兔子的后肢长，前肢短，跑起来的时候，后肢跳跃。兔子的种类很多，分布非常广泛，其中亚洲的东部，南部、北美洲以及非洲等地的草原、森林以及荒漠都有大量的兔子生存。

佛教中的兔子： 兔子在佛教中多是正面形象，是具有褒义特征的动物，在佛教本生故事中有一则故事讲的就是佛陀的前世曾经就托生于兔胎，而成为一只兔王。

在佛教中关于兔子的语汇也比较丰富，其中多为人知的有："龟毛兔角""三兽渡河""鸟飞兔走""兔毛尘"等。

龟毛兔角： 该语汇大意是批判一些凡夫俗子对于事物缺乏透彻的了解和认知，错误地妄想一些不切实际、虚幻的事物。语汇中的龟毛在实际生活中是不存在的，因为乌龟长时间在水中难免会沾上很多水草,所以一些无知的人会认为这就是乌龟身上长的毛;另外有些人看到兔子头上长的两只长长的耳朵,就以为这是兔子长的角。

三兽渡河:该故事讲的是佛教僧徒们虽然拜的是同一尊佛、念的是同一部经,但是各自慧根不同,领会知识的能力和学习的程度不同,最终所达到的效果也就不同。就好像兔子、马、大象,三只动物过河,兔子过河的时候根本沉不下去,基本上无法深入,漂浮着就过去了;马过河的时候身体浸入水中约有一半左右,虽然无法彻底地深入河床底部,但毕竟还是渐有成就,半浮着就过去了;而大象则是直接沉入水底,将河水整个截流了,然后从水底走过去了,这三只动物最终都过了河,但是对于河流的感悟和对事物的体会是截然不同的。

兔毛尘:在佛教计量单位中,有一种叫兔毛尘,这是比微尘还要细小上好几个数量的计量单位。

乌飞兔走:该词汇的意思是时光飞逝、光阴瞬息的意思。这里的乌指的代表太阳的三足乌,而兔子则指的是代表月亮的玉兔,从字面意思来讲,就是日月穿梭,时光荏苒。

月曜:月曜即月天子,其手中持有半月,半月上有玉兔。

佛教中的关于兔子的本生故事和经典典故也比较多,其中较为著名的就是"兔王焚身救仙人"。该故事讲的是佛陀有一次正带领弟子们在森林中修行,这时从远处走来一位仪表堂堂,身上放光的年轻人,这位就是有迦波利婆罗门之子弥勒,这一天是他专程来拜见释尊的。

当弥勒开始以五体投地的礼仪来拜见释尊的时候,众弟子们都被他的形象所震撼,就问释尊这个年轻人为什么这般仪表堂堂,威武端庄,是前世修行了什么功德才能得此福报。世尊对大家说,在过往的很多世以前,在胜花敷世界中有一位弥勒佛降世,他讲的经典叫《慈三昧光大悲海云经》。在那时有一位婆罗门,便发愿要受持此经,要以此功德在未来成佛并且名为弥勒。从此以后,他便出家进入山林,开始苦修受持,整整坚持了8000年,恒心不乱。但是过了8000年的不久之后,当时国家的朝纲混乱，天下灾祸不断，山林洪水横流，这位修行成道的婆罗门仙人，根本无法乞讨食物，只见他一个人独自坐在树下，已经七天有余了。这些都被住在森林的兔王看到眼里，于是它就对着手下的500只的兔子说："这位仙人要是再吃不到东西，就有可能会饿死，为了让佛法永存、让众生受益，我必须得救他。"接着它又说："我要以我的身体来供养仙人，大家一定要认可我的行为，多少世以来，我都是默默地来到这世上，然后又默默地走了，多少世以来我因为业缘，而托世于兽身，过得毫无意义。今天我要以生命来供养仙人，这是为了天下苍生做事，是一件功德无量的事情。"之后它就和兔群堆起来柴火，然后绕着仙人转了七圈，对着仙人大喊了一声："仙人我要来供养您。"仙人很感动地说："谢谢你，可是你拿什么供养我呢？"兔王说："我要用我的身体供养您。"说着点着了柴火跳入了火堆，这时它的儿子也一同跳入了火堆。仙人还没来得及反应它们已经跳入了火海，仙人感动地大哭，把自己经常诵读的经写在树叶上，然后发愿此生再不吃肉、不杀生。世尊讲完这个故事之后，就对大家说那只为供养仙人跳入火海的兔子就是我，而随我一起跳的兔子就是罗睺罗，五百只兔子就是今天的五百僧众，而那位诵经的仙人就是今天你们看到婆罗门弥勒菩萨，他将在56万亿年后开悟成佛。

三、两栖动物和小微动物故事

（蛇、乌龟、鳖、鳄鱼、蜥蜴、蝎子、蚊子、蛤蟆、虱子）

1．蛇

蛇，属于脊索动物，爬行类，蛇的身体柔软且长而细，它的体温随着气温的变化而变化，因为蛇的自身温度调节机制不完善，无法完成稳定的体温水平。蛇没有四肢，行动起来是完全依靠腹部扭动前行的。蛇身体上附有鳞片，整个身体分为头部、躯干、尾部三个大部分，蛇的头部形状依据蛇种类的不同而不同。蛇的眼睛位于蛇头的两侧，视野范围很大，但是却看不到很远的事物。在蛇的眼睛外部有一层保护皮层附着，蛇的瞳孔有的是圆形，有的是椭圆形，但是蛇的眼睛是无法闭上的，因为它没有上下眼睑。蛇的耳朵对于地面传来的震动可以敏锐地察觉，蛇的舌头往往会快速地从嘴中伸出并探测空气中的各种气味，从而识别周围的事物。蛇的栖息环境各有不同，有的生活在树上，有的生活在荒漠，还有的生活在海水中等。蛇是食肉性动物，蛇吃食物时都是吞咽，而且蛇吃的动物种类很杂，蜘蛛、青蛙、老鼠、鸟类、小型野兽都是它的猎食范围，但是蛇基本上不吃腐肉和已经死亡的动物。

佛教中的蛇： 蛇在世界上各类文化或艺术中基本上都是反面角色，同样在佛教中将人身上的水、火、地、风喻为四毒蛇。在《杂阿含经》中将毒蛇、鸟、狗、失收摩罗、猕猴以及野牛与人的眼、耳、舌、身、意六根相对应。

在佛教中还有许多关于蛇的语汇，例如"雪峰看蛇""无禁捉蛇"，以及"蛇入竹筒"等。

雪峰看蛇： 这是一个禅宗中公案名称，该语汇是出自唐代雪峰义存禅师开示弟子的一段禅机，主要内容是有一天雪峰义存禅师在大家面前说："南山上有一条长着鳖鼻子的蛇"，其意为大家都要多加注意，不要被咬伤。而这时雪峰义存禅师的一个弟子长庆慧棱禅师知道后，就跑来对大家说："今天听到师傅讲，南山上有一条长着鳖鼻子蛇的人中有很多会死。"大家听后就有人将长庆慧棱禅师对于此事说的话告诉了玄沙，他也是雪峰义存禅师的弟子，玄沙便说"只有长庆慧棱师兄不会被咬伤，即使是这样，我也不会这样做。"给他传话的僧人便问："如果是您，又会怎样去做呢？"玄沙便说"用南山做什么？"这时在场的雪峰义存禅师又一位弟子云门文偃，突然拿着拄杖戳雪峰义存禅师，并作出畏惧之状。在这个公案背后的玄机到底是什么，原觉法师在他的《碧岩录》中给出的解释大意是这样的，雪峰义存禅师说的，南山上有一条长着鳖鼻子的蛇，其意为南山并非真的有这样一条蛇，而是具足圆满佛性的一切特点，而在后面的几位僧众所释的意义也各有禅机。原觉法师告诉我们不要拘泥于具体物像之上，应该将纵横驰骋的般若智慧活学活用，才算是学到了真正的精髓。

无禁捉蛇： 该语汇主要是指众僧应该有观智的制法，要不然就是空谈，是随意的放纵，同时自己也非常辛苦。

蛇入竹筒： 从该语汇字面之意去解释，即指一条婉转游移的蛇，钻入笔直的竹筒中，自然就会变成直的。借此意来比喻当时修行者进入禅定之后，心性自然端正。

在佛经中还有许多与蛇相关的尊者本生故事、戒律故事以及因缘故事，例如"毒蛇的忏悔""顿悟与恐蛇""舍利弗蛇身因缘""被尊者解脱的比丘""头尾反目的蛇""诚心求法的毒蛇"等。

毒蛇的忏悔： 在很久以前王舍城附近的一片森林里住着一条对于任何人和动物都有着敌意的毒蛇，凡是经过这条蛇所在地方的人或动物，不是被它咬伤就是被它咬死，整个国家怨声载道。国王听说后很生气，于是就派了一些高人去收服这条毒蛇，但是没想到派去的人竟然都不是毒蛇的对手，一一败下阵来。时隔不久，国王又招募了一批猛士前去收服毒蛇，但还是以失败告终。于是国王就想还是派人求佛陀降服这只毒蛇，当佛陀听到事情的原委之后，当即就独自动身前往森林，步伐好似闲庭信步，不急不缓。毒蛇正在休息，突然发现有人前来，火气一下子就蹿了起来，马上挪动身体向前冲去，当它张开血盆大口时，只见佛陀有条不紊地伸出右手，手部轻轻地旋转了一下，随即放出五道彩光射在了毒蛇的身上，毒蛇突然感到莫名的舒服与安详，非常高兴地看着佛陀。佛陀知道此毒蛇已被收服，便对此蛇说："你曾经是一位大富豪，因为尖酸刻薄，从不向人施舍，甚至还打骂乞丐。你今天脱胎为毒蛇全是因为你前世的业障太多，但是你现在还是到处伤人，遭人痛恨。如果这样一直下去，你将万劫不复，永远堕落入地狱，你不可再如此不知悔改。"毒蛇听到此处，心生悔意，便对佛陀讲，自己愿意追随佛陀，谨遵佛法，再也不会违背了。佛陀见它诚心归服，就对它讲："那你就跳入我的佛钵吧。"随后毒蛇遵照佛陀之命跳入佛钵。然后，佛陀拿着佛钵走出了森林，国王和城中的居民们都来观看，这时佛钵里的毒蛇已经决心向佛，所以决心抛弃蛇身，已经气绝身亡了，人们看大佛钵里的毒蛇，都佩服佛陀的智慧和法力。

顿悟与恐蛇： 该故事讲的是一位修行之人，在一座蛇比较多的山中修行，他本人还特别害怕蛇,所以修行的地方老是换来换去,非常影响他精进。另外,他自身还有个毛病,就是一开始打坐修行就想睡觉。由于怕蛇,他就爬到树上去修行,但是打瞌睡的毛病还是改不掉,这时天上有位天人看着他总是修行,却又总是不长进,非常着急。于是就在他每次修行将要打瞌睡的时候在天上喊"有蛇,有蛇",禅修的人就被惊醒,然后就奇怪地看看周围,发现什么也没有。但是天人经常在他打坐将要睡着时候开始大喊"有蛇,有蛇",这位修行者有一次又在打坐时听到天人在喊,就生气地大骂:"是谁在造口业,是谁总在我修行打坐时大喊'有蛇、有蛇'?"天人这时就借机想要劝诫他,对他说:"我说的蛇不是现实中的蛇,我说的是你身心中的蛇,是你身心中的'水、火、地、风'四蛇在作怪,所以你迟迟不能修成正道。"修行者这时突然一下醒悟了,知道了自己的错误。在此之后,这位修行者有了较大的精进,修成了正果。

舍利弗蛇身因缘: 该故事讲的是舍利弗尊者的本生故事,据说在很久以前,有一位爱钱如命的人,他不舍得花钱,就热衷于积攒金币。他通过做工、做小生意、勤俭节约、舍不得吃、舍不得喝,就将攒下的每一枚金币放在一种比较大的玻璃瓶子里。就这样日复一日、年复一年,他总共攒下了七大瓶子金币。他在家里深挖了一个地窖,把七大瓶子金币全部藏在了里面,他每天晚上睡觉的时候总要爱不释手地把每个瓶子都看一遍才肯休息。因为此人除了拼命攒钱就是拼命攒钱,甚至自己生病都不舍得请大夫,结果在他年老以后的不久就去世了。但是因为十分热爱金币,所以转世投胎成了一条毒蛇,仍然兢兢业业地守护着他的七瓶子金币,只要有一点响动他就很警觉,而且对于周边的任何人或者事物都怀有敌意。在不知不觉中又过了很多世,他的房子早已破败不堪,几近坍塌,因为人们知道里面有毒蛇,所以也没有人进来过,金币也还存在。

但是蛇通过很久的思考以后意识到了自己之所以投胎为蛇,困顿在这里日复一日,就是因为贪恋这些金币。于是他就想应该将这些金币拿出来供养佛家三宝,让寺庙多做法会,普度众生,自己也能积点功德,早日脱离这蛇身苦海。这一日他看到一位相貌憨厚的年轻人,就将年轻人叫住,他告诉年轻人不要害怕,他说在他的这件破屋里有金币，希望年轻人能拿上金币并且带上他一起去供奉佛寺，礼拜佛陀去。年轻人看他好像没有要伤害他的感觉，于是就相信了他说的话，由他带路走入了破屋子的地窖，按毒蛇的指示挖出来了一瓶金币，并带上他进入了佛寺。寺庙里的主持听年轻人说了事情的来龙去脉后，就为毒蛇说法，毒蛇感到非常高兴，于是就带着僧众们将剩下的六瓶金币全部拿到了寺庙，为佛教广作法会之资。

当毒蛇做完这些事情之后，就已经消除了往世以来的诸业了，随即而死。蛇死后便托生于天界享福，又托生为人，追随佛陀而且很快就修行成了大阿罗汉。

被尊者解脱的比丘： 该故事讲的是佛陀本生的传奇，在佛陀修行的过往许多世以前，还没有证得佛果而是证得了五种神通的仙人时，有一条蛇感受到了仙人的勤奋以及慈悲和愿心，就自觉要与仙人学习，拜仙人为自己的皈依法师。这条毒蛇皈依以后整日陪伴于仙人左右，用口含水浇地，以草除尘等，做一些生活上的服务来供养仙人，同时也在观察和学习仙人的修行。就这样在山中即将到了没有任何吃食的冬季时分，仙人就告诉毒蛇自己要下山化缘，因为毒蛇的形象太过吓人，所以仙人无法带着毒蛇去，要求毒蛇在山中看家护院，勤奋修行。说完这话仙人就下山去了，毒蛇目送着仙人的身影，不觉地大哭起来，悔恨自己是一副毒蛇躯体，于是爬上树梢纵身下跳，结果身断两截，气绝而亡。毒蛇死后因为业障全消并累积了很多功德，所以得以投生于兜率天宫，到了天宫之后的毒蛇明了了一切宿世因缘，便率领天上的众天女手持各类香花，前来供养仙人以示感激，又来到自己的毒蛇身体处，感谢这副躯壳为自己的修行打下了基础。

头尾反目的蛇： 在佛教文献《经律异相》中，有一则故事讲的是曾经有一条蛇在山中游玩，突然这条蛇的蛇头和蛇尾争吵了起来，蛇尾说："凭什么每次都是你说去哪里就去哪里，以后都得听我的！"蛇头说："你又没有眼睛，你能知道往哪走吗？我有嘴巴可以吃饭供给身体营养，你也没有；我有耳朵可以听到前面很远的声音，判断是否有危险，你也不具备，你当老大什么都干不成。"说完就头也不回地往前要走，这时尾巴一下生气了，马上将身体缠绕在树上，气急败坏地说："我就缠在这棵树上，看你到哪去吃，到哪去喝。"这时头怎么也动不了了，头一看这种情形就说:"好吧,那你当老大吧,你要去哪就去哪。"于是尾巴非常高兴地开始胡乱往前走,可是没想到刚走了几步,就掉进了路边的火堆里。

诚心求法的毒蛇:该故事讲的是关于迦毗罗尊者救赎了一条巨蟒的故事。迦毗罗尊者并非佛门中人,而是外道中的一位论师,因为受到马鸣菩萨的点拨而皈依了佛门,后来承继了马鸣菩萨的祖位。当迦毗罗尊者一日黄昏走在森林附近的大路上,突然看到一条巨蟒一下子缠绕在了他的身上,他马上意识到这条蛇应该是要让他帮助其解脱这畜生之身。迦毗罗尊者就开始为它作皈依三宝,待皈依三宝做完之后,忽然蛇就消失了。隔了一日,迦毗罗尊者继续走在前行的路上,发现路边有一山洞就走了进去歇息,这时从山洞的深处走出一位白衣老者,这位老者向迦毗罗尊者深深鞠了一躬就开口说话:"我本是这山中修行的一个僧人,因为稍有功力便有很多人来求法,打扰了我的清修,于是起了嗔恚心,最终落得投生为巨蟒的下场,昨日幸亏得到了尊者的教化,才得以解脱,今天特来感谢您!"

2. 乌龟

乌龟属于龟鳖目动物,是最古老的爬行动物之一,乌龟在地球上存在了有几千万年了,它是与恐龙同一时代的生物。乌龟的身体可分为头、脖子、身体、四肢和尾巴,乌龟最具有代表性的特征就是其身上坚硬的龟壳,壳的颜色种类较多,有的呈现黑色,有的呈现绿色,还有红色、黄色等。当乌龟受到攻击和威吓时就会将头、四肢和尾巴蜷缩入龟壳,以免受到打击。乌龟大多数都食肉,主要以小鱼、小虾、小蠕虫等为食物,但也有部分乌龟吃植物的叶子和茎部,乌龟的寿命很长,有的乌龟寿命可以达到300年左右。

佛教中的乌龟:在佛教中关于乌龟的故事比较多,最为我国人民熟悉的应该是在《西游记》中通天河里的老龟的形象,在故事桥段中唐僧师徒一路向西,一日来到车迟国,路经通天河犯了难,因为这通天河有八百里宽,水流湍急,凡人根本不可能过去,这一下急坏了师徒四人。师徒四人夜晚只好留宿在通天河附近的陈家村,而这时正好遇见一件奇事就是通天河的主人灵感大王,要向周围的村民们索要童男童女，孙悟空得知后气愤不过，就前去与灵感大王搏斗，抢回了要去祭祀的童男童女。然后孙悟空才得知原来这通天河的主人是一只神龟，而这位灵感大王则是观音菩萨莲花池内的一只金鱼，由于时常听到菩萨说法加上自身累年的修行得道之后成了鱼精，下界来到了通天河。通天河原来的主人神龟被灵感大王打伤，赶出了通天河，神龟有苦无处申冤，只得忍气吞声地逃到了别处。孙悟空得知了这一切之后，便去祈求观音菩萨，最后观音菩萨用鱼篮将灵感大王收服。通天河的神龟得以重归老家，它非常感激这取经的师徒四人，就决定背着师徒四人通过通天河。在神龟背师徒四人过河之际，就说希望取经师徒能在佛祖面前给问一下，自己何时能脱离这老龟之身化身为人。可是当师徒四人来到灵山取了真经之后却忘了给神龟问这事了。当他们回来又要经过通天河时，神龟见他们取经回来就决定再托他们到对岸，顺便也想问一下上次交代给他们的事情。当得知师徒四人忘了问自己的所托之事后就将师徒四人扔进河里了，这也成了师徒四人取经圆满的最后一难。

在佛教中还有一些关于乌龟的语汇，其中有褒有贬，不乏脍炙人口且寓教于乐的经典，其中有"盲龟浮木""枯龟丧命"等。

盲龟浮木：该语汇讲的是在人世间有着无数的生物，有的身体像山那样大，有的身体却像浮尘那般微小，有的生命只能持续一个昼夜，有的生命却能持续无数个世纪，有的生命生活在水中，有的生命生活在陆地。就在这万千生物中有一只寿命可以达到无数个世纪的失明的海龟，却生活在深不见底而且暗无天日的海洋深处，每一百年海龟才有一次浮出海面享受阳光温暖和海风拂面的体验。而在茫茫的大海上随着海浪漂浮着一根中间带有和乌龟头一样大小孔洞的木头，乌龟要想脱离躯壳投胎为人的话，必须得在一百年才能浮出海面的短暂时间里凭着感觉将自己头伸进永远漂浮不定的木头孔洞里才可以实现。就这样这只海龟在海洋中过了无尽的岁月，这期间有几次，它都感到了漂浮的木头就在它身边，可是等它游过去的时候不是木头被浪打得漂远了就是它在海面停留的短暂时间到了。然后又是无尽漫长的等待，一次次的错过，不知又过了多少个世纪，海龟在一次上浮到海面的时候突然一头就塞进了漂浮的木头孔洞之中。突然海上彩虹漫天，天雷滚滚，天光四射，海龟一下子变成了一位英俊少年。该语汇内容中反映的是一个人的一生要是能与佛陀同世，能在有生之年听闻佛法就像这只瞎眼的乌龟在海里仅凭自身的运气把头塞进浮木的窟窿里那样难得。同时也是在提醒那些僧徒们一定要珍惜学法的机会，不可荒废。

枯龟丧命：该语汇也属于禅宗用语，其内容是说当年大禹治理黄河水时，在洛水中浮出一只大龟，神奇的是这只大龟龟壳上竟然刻有字，于是大家都很稀奇，将其打捞上来给杀了。这里其实暗指人不应该过于招摇，过于锋芒毕露，这样就会像这只龟一样得到不好的下场。

在众多佛教故事中还有许多关于乌龟的故事，其中较多的都是教化僧众在修行过程中如何避免错误，更好地精进，比如"痴孩儿杀龟""缩进壳里的乌龟""嗔怒而言的乌龟"等。

痴孩儿杀龟：该故事讲的是一个稍有一些愚痴的孩子，有天他走在河塘边，发现了一只大乌龟就想把这只大乌龟杀掉，但是他一看乌龟有坚硬的壳，只要有人一碰它，乌龟会就把身体全部都缩了起来，实在无法下手。这时有人看到了就告诉他，你要想杀死乌龟的话，只要把它扔到水里就把它淹死了。痴孩儿一听这倒是个好办法，于是就将乌龟扔到了水里，当乌龟一入水之后就很快地游走了。该故事是佛陀教育弟子们无论何时都要守护好眼、耳、鼻、舌、身、意六根。因为会有邪魔和外道欺骗，最终听别人的恶语，而导致自身堕落进入三恶道，也就像本故事中的痴孩儿，听别人的话把乌龟扔进水中一样。

缩进壳里的乌龟：曾经在一处湖泊附近，住着一只乌龟，一日风和日丽，乌龟正在散步，突然看到远处觅食的野牛好像发现了自己，于是就赶紧将身体蜷缩入龟壳内，当野牛走到它跟前时发现根本没有办法吃它。于是就想，我就一直等着，就看你开不开龟壳，只要一开，我就把你吃了。野牛就一直等呀等呀，可是乌龟一直没有打开身体，野牛实在是等得不耐烦了就气急败坏地离开了。这时佛陀就告诫僧众们一定要严守护好眼、耳、鼻、舌、身、意六根的律义，因为魔王波旬就一直等着他们在六根上犯错，这样就好趁机夺取他们的性命。

嗔怒而言的乌龟：此故事出自佛教文献《法苑珠林》，故事开始于阿练若池水边，据说在此住着一只乌龟和两只大雁，有一年天气大旱，乌龟所住的水池马上就要干涸了。两只大雁看着好友的生存环境越来越差，有一只就提议让乌龟嘴里衔着一支木棍，另外两只大雁在两头衔着，然后飞起来带着乌龟到一处水土丰美的地方去生活。于是乌龟就按照两位好友的建议衔来了木头，当两只大雁即将起飞的时候就告诉乌龟，在飞行的过程中千万不要说话，因为一说话口就会松开，乌龟就会掉下来。乌龟说一定不说话并谢谢两位好友，可是就在它们飞行的过程中地上有几个小孩子看到了它们，就在底下大叫："快看天上的大雁衔着一只乌龟！"乌龟听到后非常生气，就说："与你们有什么关系。"可是嘴巴刚一张开就掉了下来摔死了。该故事是佛陀讲给众僧徒们的，就是要告诫他们一定要慎言，减少不必要的灾难。

3. 鳖

鳖属于鳖科动物，是食肉动物，鳖的头部不大不小，但是鳖的鼻子却细长有两个小孔，突出地位于嘴的上部，眼睛小而圆，由鼻子到头部整体来看就像个锥子。鳖的背壳是卵圆形的，后部较圆，没有厚厚的角质片，而在壳上附有一层薄薄革皮。

佛教中的鳖：在佛教中有一些脍炙人口的鳖的语汇，例如"祸从口出""瓮中捉鳖"等。

祸从口出：该语汇的主要内容就是教育人们不要乱说话，不要在不该开口的时候说话，这样有可能会给自己带来不必要的横祸。这里本书以一只鳖的事件概括语汇的主要内容：从前有一只老鳖生活在一个大水塘里，周边住着许多水鸟，有一年天气异常干旱，大水塘的水几近干涸，于是鳖就请求它的好友仙鹤把它带离这个地方，仙鹤答应了它的要求。于是仙鹤就用嘴噙着它向前飞，当它在空中往下看的时候就总是问仙鹤："到了没有，是不是这里呀？"这样的话，仙鹤被它问得很着急，就张嘴回答它，可是仙鹤刚一张嘴，鳖就掉了出去。当鳖掉到地上的时候正好被路过的人捡到并拿回家吃了。

瓮中捉鳖：该语汇属于禅宗用语，同时在我国传统文化中也是运用得非常多的一句话，其意为胜算在握、大局已定的形式。在佛教文献《生经·佛说鳖喻经》中，有一则故事叫"鳖王的故事"：传说在很久以前有一只大鳖王，其鳖壳的每个边的长度都达到了六十里长，来来回回游弋在大海中。有一次大鳖王游着游着不游了，就浮出水面停在了海边不动了，恰巧这时来了一群商旅，走到了海边附近看到了这处高耸的陆地就将人马和货物全部停留在了上面，开始生火做饭，整顿休息。但是这群商旅总共有五百人，一起行走的马和牲畜有上千只之多，这些人和牲畜在鳖王的壳上走来走去，加上生火做饭把鳖王扰动得痛苦不堪，就开始移动起来了。这些商旅看到陆地在移动都吓得大叫，但是由于做饭的火还在燃烧，烧得鳖王没有办法只得将身体沉入大海，才可以解除火烧之苦。于是这五百位商旅以及牲畜全部淹死在海水之中了。

这个故事是菩萨专门用来告诉人们应该如何去理解法界实相的，其中的一群商人就用来比喻这三界众生，生火做饭则是三毒烦恼之火炽正盛。鳖王走进大海就好像是犯了十恶之罪，淹没在三恶道之中苦不堪言。

4. 鳄鱼

鳄鱼是我们这个世界上最古老、最原始的一种动物之一，鳄鱼与恐龙是一个时代的产物，是地球生物的活化石，属于食肉性脊椎类爬行动物。鳄鱼的眼睛长在它的头部顶端，它的眼睛既有眼睑还有瞬膜，非常适合在水中生活。鳄鱼是用肺部呼吸，它的口腔与鼻腔是分开的，鳄鱼的鼻孔位于面部上端的背面，鼻孔内有瓣膜，当它潜入水下时瓣膜就会密闭，这样水就不会流入呼吸道和肺部。鳄鱼的尾巴是它掌握平衡的工具，同时也是攻击猎物的利器，它还是具有四个心室的爬行动物。鳄鱼通常栖息在湿地、滩地或是沼泽等地带，鳄鱼看似笨拙，实际身体极其灵活，猎食的方法比较高明，鳄鱼通常喜欢吃青蛙、老鼠、野鸡、鱼等。

佛教中的鳄鱼：在佛教中鳄鱼是王舍城的守护者，是药师的神将，是般若十六善神中的一位，它统领众夜叉守护佛法。

5. 蜥蜴

蜥蜴，又被称为四脚蛇，属于冷血动物，爬虫类。蜥蜴主要生活在热带或亚热带，在全世界分布有3000多种，我国大约有150种。蜥蜴的身体呈圆柱形，大体可分为头、颈、身体、尾巴四大部分，大多数有四肢。蜥蜴的眼睛发达且多陷入皮下部分，牙齿小而尖，舌头较长，它的皮肤有革质鳞片与蛇很像，其实它们之间的关系也较为密切。蜥蜴的生活环境非常多样，有土里穴居的、树上栖息的、陆地栖息的以及半水中栖息的。蜥蜴属于卵生动物，主要以昆虫、蜗牛、蚯蚓为食，有些较大蜥蜴甚至可以扑食老鼠、鱼、青蛙等动物，有些蜥蜴也吃一些植物。

佛教中的蜥蜴： 蜥蜴在佛教文献中曾经被译作"黑木虫"，在佛教经典中称其为"迦罗求罗虫"，在佛教文献中曾有文写道："譬如迦罗求罗虫，其身细微，得风转大，乃至能吞食是一切。光明亦如是，得可度众生，转增无限。"在佛经中有一个较为知名的关于蜥蜴的故事，叫"虚伪的仙人"。该故事来自于南传佛教本生故事，讲的是佛陀曾在往世投胎为蜥蜴，生活在一片小森林中。而同在这片森林中的还有一位证得五通的神仙，这位仙人经常开坛讲法，附近村庄的人也都爱戴仙人，蜥蜴就住在离仙人所居处不远的地方，仙人每次讲法蜥蜴都会去聆听。有一日这位有德仙人离开了这里要到远方云游，这时该地方又来了一位新的得道仙人，附近的村民就像对待前一位仙人一样尊重爱戴他，蜥蜴也同样经常去听这位仙人讲法，仙人也注意到了它。最近因为雨水较多，导致蚂蚁搬家比较频繁，因此吸引来了很多蜥蜴来吃这些蚂蚁，于是有村民就猎杀了一只蜥蜴炖成肉汤给仙人吃，仙人发现此汤如此美味就动了贪心，生了味觉欲。仙人就开始准备好各种烹饪调料和柴火，就等着蜥蜴过来听法的时候把它杀了炖汤吃。这时已经快到蜥蜴来听法的时间了，仙人手里藏着木棒，只见蜥蜴已经蹒跚地走到仙人视线所及的范围内了，仙人看着蜥蜴就淫邪地笑了起来。刚看到仙人的蜥蜴觉得今天仙人有点反常，而且在他的笑容里似乎可以看到一丝杀气，这时蜥蜴就停下来不动了，仙人看到蜥蜴不动了，就意识到可能被蜥蜴识破了自己的诡计，索性一不做二不休直接追上前来，拿起大棍就来追杀蜥蜴。蜥蜴也是早有准备，马上掉头就跑。仙人还是没有追上，这时蜥蜴就生气地在远处说:"你算什么仙人,你有什么德行配做仙人?"说完之后便扭头向森林深处走去。当时的这只蜥蜴就是佛陀的前身,早先在森林中的那位有德仙人就是舍利弗本生,而后来的仙人就是虚伪的人。

6. 蝎子

蝎子,是一种节肢动物,属于蛛形纲,蝎子不是昆虫,是纯粹的食肉动物,主要食物是蜘蛛、蜈蚣、小型壁虎以及一些昆虫的幼虫等。蝎子是由螯、身体以及尾巴部分组成,尤其是蝎子尾部有弯曲的毒针,以及靠近毒针部分的两侧具有分泌毒液的腺体,蝎子的表皮硬而脆。蝎子通常生活在干湿平衡、草木较为疏落的山坡或是片岩夹杂泥土的地带,还有一部分是生活在热带雨林以及大漠戈壁之中。蝎子喜欢阴暗的地方,厌恶强光照射,蝎子会冬眠,属于变温动物,耐高温耐严寒,它们有冬眠的习惯。蝎子一年可以生产两胎,每一胎基本上都在20~50只不等,小蝎子在出生的前几天通常都趴伏在母蝎子的背上生活几天以后,才开始自己的独立生活。

佛教中的蝎子: 蝎子的形象多处于藏传佛教当中,在藏地密教中蝎子通常被认为是勇猛的象征,具有降服恶魔、破除业障、守护正道的威力。在藏地密教中还有一则故事讲述了当年有位藏地之王叫朗达玛,在藏地有意破坏密教,并下令严禁密教修行者修行。此事被当时的藏地密教中的伟大持明者叫生遮移喜得知,他为了阻止藏地之王朗达玛禁止密教修行的命令,便手结期克印指向天空,但见他的手指中马上涌现出无数只蝎子,每一只都和牦牛一般大小,堆积起了高耸入云的蝎子塔。藏地之王朗达玛看到此景之后,便再也不敢禁止密教修行者修行了。

在佛教关于蝎子的故事并不是很多,通常多与藏地密教有关,其中较为知名的便是"十八乘妙法":该故事讲的是藏地密教祖师莲花生大士,曾在王舍城大尸陀林中的黑树林做修行。在一日莲花生大士正在修行时分,突然一只长有九个头,身上长有十八只脚的巨蟹随着一股浓烈的火焰腾起出现在了祖师的面前。莲花生大士见这只大蝎子绝非俗物,肯定是得道的神物,便走上前去礼拜蝎子并献上贡品,请求蝎子能够给予法要。蝎子看着他突然讲话:"莲花生大士请在明天晚上来到此地，我将传你妙法。"到了次日夜间，莲花生大士如约来到了蝎子所指定的地点，这时他发现前方堆砌着一对三角形的石头。当他走进并掀开了石头之后却看到了一只大木箱，在木箱中堆叠摆放着"金刚橛"的经典。实际上这只蝎子，就是经典的化身，这只蝎子的十八只爪子就代表着十八乘法要，九只眼睛就代表九种经续。莲花生大士有着过目不忘的本领，便很快地将这些经卷浏览了一遍，并在以后坚持修习。

7. 蚊子

蚊子是蚊科昆虫，双翅目，将蚊子放大看，它的头部是个半圆形，左右一对触角，蚊子的口器在长吻内部，其眼睛是复眼。蚊子身体部分细小，可分为前胸、中胸、后胸三大部分，每一节胸部都有一对长足，中间胸部还有一对翅膀，后胸部还有一对平衡棒。蚊子的腹部有11节，雌蚊子的腹部最末端有尾须一对，蚊子的种类很多，在地球上分布非常广泛。蚊子主要栖息在阴暗潮湿且不太通风的地方，如山洞草丛畜养牲畜的各类圈场等，蚊子中雄蚊子主要以植物的汁液和花蜜为食，雌蚊子有时也吃这些，但是雌蚊子必须吸血后才能使自身体内的卵成熟。蚊子都是繁殖在淡水里的，依据不同的水质会成长出不同类型的蚊子。

佛教中的蚊子： 在佛教中关于蚊子的故事不太多，其中有一则故事讲的是在摩揭陀国，有一个村庄里住着许多盲人，这些盲人经常到森林里干活，但是森林里的蚊子实在太多了，于是村民们就联合起来共同去对付蚊子。情绪高涨的人们手里拿着刀、斧头、弓箭等武器，一起摸着走向森林，结果一场战斗下来，没打死几只蚊子，自己人把自己人伤害了不少。而佛陀正在此地路过，村民得知佛陀来了，就去求助于佛陀，佛陀说："你们这些人不仅是这一世为了打蚊子而伤害了自己，在很多世以前你们这些人就因为打蚊子而自己人伤害了自己人。"村民们就赶紧请求佛陀给大家讲解，佛陀就满足了大家的要求，佛陀讲到曾经在很多世以前，在迦尸国住着许多工人。一天其中的一位老木匠正在做活，突然一只大毒蚊子把他狠狠地叮了一口，气得老木匠就叫一旁做活的儿子帮他打死这只蚊子。木匠的儿子是一个又聋又哑的呆儿子。他的儿子看到蚊子正好又落在了父亲的脑袋上，便提起斧子使劲砍了下去,一下子将自己的父亲给劈死了,而蚊子毫发无伤地飞走了。这些人听到佛陀这样讲才知道自己的愚蠢,于是纷纷跪求佛陀,皈依佛门,求得智慧。

8. 蛤蟆

蛤蟆,青蛙和蟾蜍被统称为蛤蟆,属于两栖动物,蛤蟆的皮肤容易干燥,所以通常生活在较为潮湿的地方,例如池塘内、小河边、草丛中等。通常喜欢夜间活动,主要以蚊虫、飞蛾、蜗牛为食物,蛤蟆的品种多样,普遍分布在我国各个地区。

佛教中的蛤蟆: 在佛教文献中有一则故事非常脍炙人口,叫作"**闻法的蛤蟆**",这则故事讲的是从前有只蛤蟆生活在恒河岸边,有一日佛陀正好来到恒河岸边为大家讲法,蛤蟆也正好浮上岸来听佛陀说法。过了一阵来了一位放牛的老人,拄着一只拐杖走了过来也想好好听听佛陀说法,就往人群挤了一下,然后将拐杖往下一放,不偏不倚正好戳准了蛤蟆,蛤蟆当即毙命。蛤蟆由于听法听得入神,对于佛法有所领会,所以死去之后直接投生天界,后来蛤蟆得知自己是一只蛤蟆的时候,便从天界撒花给地上自己的蛤蟆身体表示感谢。

9. 虱子

虱子,属于有翅的亚纲虱目动物,是一种终身寄生于宿主身上的昆虫,虱子体形扁平,体毛较多,眼睛小,有些没有眼睛,爪子有力发达,可以坚固地攀附在宿主身体上,其宿主主要以哺乳动物为主。虱子主要有三大类:头虱、体虱、阴虱。其中头虱,身体发黑,体形小且肚子边缘发黑;体虱,身体为灰色或者灰白色,头为橄榄形,比头虱稍大;阴虱,其色也为灰白色,体宽和体长基本相等。虱子大约可以活40多天,虱子的卵可以牢固地黏在宿主的身体上,在8天左右就可以成长为幼虫,即开始吸食血液并且可以传播诸多疾病。

佛教中的虱子: 佛教有自己的计量单位,虱子的卵叫作虮子,它还是佛教中的长度单位,七个隙尘等于一个虮子,七个虮子等于一个虱子。

在佛教本生故事中有一个较为经典的本生故事叫"**禅僧与虱子的约定**"。这个故事讲的是一位禅僧每天在深山修行打坐，可是有一只虱子总在他打坐的时候来咬他，这让他非常痛苦，于是他就告诉虱子说："我在打坐的时候你不要咬我，我不打坐了你可以来吃个通快。"虱子爽快答应，而且虱子从此以后非常遵守规定，绝对不会在禅僧打坐的时候去咬他。就这样他们和平相处了一段时间之后，有一天虱子的好朋友跳蚤突然来访，看到虱子气色红润，容光焕发，就问你怎么这么健康呀。虱子也就没有隐瞒，将它与禅僧的约定一五一十地告诉了跳蚤，跳蚤一听就赶紧恳求虱子让它也留下来一起享受，虱子无奈就说："留下来也好，但是只能在禅僧不打坐的时候咬他，否则就不要留下来。"跳蚤一听就满口答应了，当跳蚤开始住在禅僧身上时恰巧是禅僧打坐的时候，饿了很久的跳蚤看到机会来了，也就顾不上理会它与虱子的约定了，上去就是一顿乱咬，禅僧一下气恼，将僧袍脱下扔到了火里，一下子将虱子和跳蚤全部都烧死了。故事中的禅僧就是曾经的迦叶佛，虱子就是佛陀，跳蚤则是提婆达多。

第二节 陆栖动物的图案内容与形式

龟兹石窟中的壁画内容丰富多彩，克孜尔石窟壁画是这些丰富内容的典型代表，在全世界恐怕很难再找出绘制有这么多丰富动物图案的佛教洞窟遗址。克孜尔石壁画中动物画图案表现之丰富，动物图案内容的精彩之隽永，着实令人赞叹。据笔者不完全统计，佛教故事文献中所提到的动物大约有60种之多，但是在克孜尔石窟壁画中能以绘画形式表现出来的就有30多种，在克孜尔224窟壁画中的动物就有19种，可见克孜尔石窟壁画艺术中所展现出的智慧与技巧的卓越。在这些动物图案中常见的陆栖类动物图案大约占有总体动物图案种类的百分之六十左右。这些陆栖动物图案通常在每幅画面中的数量并不多，一般是一到两只动物加上画面背景或者再加上个别人物角色，就可以较为完整地交代出故事题材所要表达的典型情节。可见当时僧众和画工对于佛经以及绘画形式的理解能力之强、绘画技巧之高均在克孜尔石窟动物画的形象和动势之中展现无遗。

一、克孜尔陆栖动物故事画的图案内容

克孜尔石窟壁画中的动物图案具有非常强烈的感染力和一定的戒律性。因为当时的佛教文献大多是来自于犍陀罗或者古印度内地，那么其中的语言文字，有梵文、也有吐火罗语，或者其他语种的经文。在当时能够接受教育懂得文字的人应该是不多的，即使有过系统学习的贵族或者是皇家人员，也很少会有懂得几国文字的。所以在当时要找到既懂语言文字又懂佛法的人是凤毛麟角的，对于大多数修行的僧人或者民众来说是无法读懂或者理解的，是佛教传播和深入人心的极大障碍，所以基于以上诸多问题，佛教选择了以图画和绘塑形式来表现。因为这种形式是最为直观、最容易让广大平民百姓接受和理解的、更容易交流思想的、是佛教跨国界进行早期国际交流的最佳手段。克孜尔石窟壁画中的动物图案根据其在洞窟中所展示的功能的不同可以分为三大类：第一类，出自佛教文献中的动物图案，这一类动物图案基本上都是出自佛教三大故事题材的经典，即本生故事、因缘故事、佛传故事，其中包含动物图案内容较多的还是因缘故事和本生故事两大类；第二类，单体动物图案，该类型图案通常不具备太多的意义，仅仅是一种动物图案的展现；第三类，装饰性动物图案，该类图案或存在于各类卷草、忍冬、缠枝纹之间，或者以三三两两的个体出现在装饰空间的留白处，其中空间位置多存在于壁画的龛楣处、窟顶与墙壁的叠涩装饰处、菱格图案的留白处、藻井图案的装饰处，等等。

克孜尔动物图案中的陆栖动物图案占据着这些动物故事画中的较大比重，根据笔者不完全统计，在克孜尔石窟三类动物故事画题材中，陆栖类动物图案出现频率

最高,其次是第二类单体动物类的图案,该类型中的陆栖类动物图案内容大多为形象与动势较为夸张的典型形态,最后是第三类装饰性动物图案中的陆栖类动物图案,它们的最大作用就是用来填补石窟空白或壁画画面内容的不足。

1. 出自佛教文献中的动物图案

该类动物图案多出自于佛教中的本生故事和因缘故事,其中关于陆栖类动物的故事较多。所谓本生故事,是指佛陀在还没有成佛之前在红尘中无尽转世修行的各种故事,因为佛教中认为所有灵魂是不会泯灭的,佛陀的成就之路也是要经过无数次的轮回、无数次的艰难险阻,无尽的奉献与布施、无尽的功业累积而得到的。而这些故事的原型大多是来自于古印度以及中亚多国的民间故事、童话故事、神话故事。为了体现佛陀的伟大和恩泽,僧徒们特意将这些故事中慷慨赴死为众生的形象、忍受羞辱以及疼痛维护佛法的各类人群或是动物形象,安放在佛陀前世的身上,构成了佛教文献中丰富有趣的本生故事。这些本生故事绘制依据多为《贤愚经》《大智度论》《六度集经》等。

另外,因缘故事属于早期佛教义理的一种,常常是通过故事的形式来进行留存或传播的,其内容基本上就是佛陀同其弟子度化众生的故事,其中也不乏一些动物。在这些故事中有些是指佛陀的前世曾经是猴子、马、大象等动物经过不断地戒度、禅定、布施等修行获得正果,或者是一些普通动物通过经日累月地聆听佛法,再加上勤奋精进地苦修,终于脱离畜生道并证得正果。下面我们主要来介绍一些较有特色的陆栖类动物壁画内容并作一定的分析研究:

(1)"猴王舍命救群猴"本生壁画

这是一个非常经典的动物画故事题材,在克孜尔石窟中较多的洞窟都有绘制,比如克孜尔17窟主室券顶左侧的"猴王舍命救群猴"壁画和克孜尔38窟主室券顶左侧的"猴王舍命救群猴"壁画完全是同一个故事,但画面内容却是各有千秋、大相径庭。

克孜尔石窟的开凿到衰落接近千年,在漫长时间的社会变迁、人文意识的交融以及各类绘画艺术的不断进步中，洞窟不断增多，越来越多的画工的参与等问题，都会出现同一题材的壁画产生较大差异的结果。首先来看一下两个洞窟的年代：对于克孜尔石窟壁画的断代问题一直是学术界最为关注的问题，不少专家和学术机构都提出了自己的观点和判定，但是至今仍然没有一个答案令人完全信服。所以在研究过程中尽量综合多方学术观点，进行一个折中判断。该问题目前学术界较为权威的研究学者和学术机构有德国学者勒柯克、格伦威德尔和瓦尔德施密特，我国学者有宿白先生和阎文儒先生以及学术科研机构龟兹石窟研究所等。本书在下面首先将各位学者以及学术机构对石窟断代的观点进行罗列，之后再进行分析判断。

根据前期先贤们研究留下的数据来看克孜尔17窟，宿白先生的观点认为：第二阶段，大约接近于公元395±65～465±65年，以迄公元6世纪前期；德国学者的观点为：德国学者没有对克孜尔17窟做出分期意见；龟兹石窟研究所的观点为：约公元6世纪；阎文儒先生的观点为：第1期，东汉后期（公元2世纪末～公元3世纪初）。

再看克孜尔38窟，宿白先生的观点为：第一阶段，大约接近于公元310±80～350±60年；德国学者的观点为：公元600～650年；龟兹石窟研究所的观点为：约公元4世纪；阎文儒先生的观点为：第2期，两晋时期（公元3世纪中～5世纪初）；

我们从以上分期结果中，虽然还是无法准确判断17窟和38窟的准确开凿时期，但是通过汇总，将以上数据进行综合折中的分析，基本可以断定两个洞窟的绘制时代相差时间不大，时间大约在克孜尔石窟发展的早中期左右。但是即便是同一时期，也会有非常多的因素造成内容与布局上的不一致：首先，绘画工匠对于丛林的理解、对于猴子形体的理解、对于该故事内容图像的表达，都会出现巨大的反差；其次，因为小乘佛教一直是克孜尔石窟佛教艺术的主流，在小乘佛教艺术中多追求形式的独特性和唯一性，这一点与过多追求模式化以及统一性的大乘佛教艺术不同；最后，在克孜尔石窟发展的中期正是龟兹古国国力强盛、举国供奉佛教、国家财力大量支持石窟艺术发展的时期，人们的思想开放，创新能力强，东西方交流活跃，使得佛教艺术形式不拘泥于摹本，给了当时绘画工匠们更多更好的发挥空间。

克孜尔石窟壁画中的动物图案

我们可以看克孜尔17窟的"猴王舍命救群猴"的图案（图1）中意境非常优美，完全是一幅祥和宁静的大森林景象，画面的整体统一在略带幽暗的冷色调中。这幅画面的构图非常讲究，可分为前景、中景和远景，每一重景深都以菱格山脉为转场布景，前景以黑色菱格山脉的一角为开端，到了中景则以双重双色菱格山脉为界点，两座菱格山前面土红色菱格山脉为主，以被遮掩的蓝色菱格山脉为陪衬，最后的背景菱格山脉则是青灰色的。图案整体以两组三角形构图，远景部位也就是图案左上部是一组三角形构图，图案的右下部分包含了中景和前景又是一组略小型的三角构图，上部为冷色调，下部为暖色调。图案中共有五只动物，两棵花树，其中在上面的大三角构图的图形中是青灰色的菱格山作为背景，在青灰色菱格山的下面是两条曲折弯曲的深蓝色条带式的河流，在河流的上面有一只与河流相对平行横爬着的是白色猴王，猴王的两手紧攥着前面的树杆，猴王的脚是交叉着夹住后面的树杆。在白色猴王的身上站着两只猴子，一黑一蓝、一胖一瘦、一只毛茸茸、一只较清瘦的正在逃跑的猴子景象。两只猴子的动势和神态在极有限的空间中表达得淋漓尽致，只见前面蓝色清瘦的猴子好像刚刚脱离最危险时刻，劫后余生般地向后张望

图1　克孜尔17窟-猴王舍命救群猴（采自：新疆龟兹石窟研究所. 龟兹壁画艺术丛书-动物画[M]. 乌鲁木齐：新疆美术摄影出版社，1993：13.）

国王的追兵情形。而后面这只黑色略胖的猴子，却似乎是在紧张地催促前面的猴子不要停，危险仍然没有脱离。画面整体形象准确到位，没有多余的一丝笔触，表现出了画工精准的表达能力。两棵花树的形象独特，在三只猴子的上方处于菱格山峰顶端部位的一棵花树的树干呈伸臂布指式张开，而树冠部分全部以联珠形式的小圆团花围合而成，整体观察好像是一个戴着花冠的小人。而在三只猴子脚下的花树的树干与爬着的猴王的脚形成了一个视觉穿插，树冠部分则是由两枝巨大的嫩芽形状组成，嫩芽形状的内部是一层一层的树叶向上生长，该树的造型有一种童话般可爱的意境贯穿于其中。而在菱格山的每一个乳突部位和其余的留白空间均以联珠型小圆天雨花填充。在图案的下半部分的三角形构图中有前景的黑色菱格山脉，中景的土红色菱格山脉和半隐藏的蓝色菱格山脉，再往下部是两条淡青色的河流以及两只腹部为白色，其余部分毛色为深红的鹿在河边喝水。纵观整幅画面非常符合现代绘画理论中的对比原理，即图案的上半部分和下半部分形成了鲜明的冷暖对比，前景、中景同背景形成了反差较大的明暗对比。

克孜尔第38窟中的"猴王舍命救群猴"（图2），这幅图案的构图较为缜密，构图对称均匀，基本上为中心对称式，背景为黑色菱格山，画面的中心上部是一株花树的树冠，树冠部分全部以白色联珠蓝色花蕊的联珠小团花围合而成，而树干则是由树前面的一只灰白色的猴王将树干死死抱住。猴王双手抱树身体斜挎到浅绿色河流的对岸，其形体成为弯弧状，头部侧转仿佛是在观察河对岸的险情和还未跑过来的猴子。只见画面的右面一只蓝色较小的猴子在以猴王的身子为桥要往对岸逃跑，前面两手慌张地探出左脚向前跨右腿用力蹬地，而头部在侧转观望险情。这时后面的一只灰白色的猴子已是狼狈不堪而且跑得气喘吁吁，头和身体以及前肢下沉，两腿前后微弓的样子。画面的最下端则是一位手持弓箭，身挂披帛，单膝跪地，已经瞄准将要向上发射的王宫卫士。画面整体惊险紧张，所有画面中的人物和动物的表情均表现得惟妙惟肖、恰到好处。

从克孜尔17窟和38窟的本生故事"猴王舍命救群猴"的壁画形式中来分析其中的异同：第一，两者故事内容相同，但是画面表达方式完全不同；第二，两幅画面

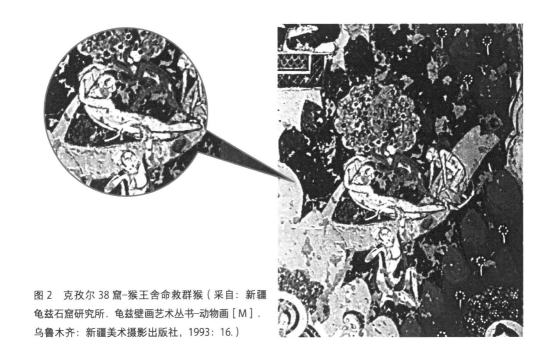

图 2　克孜尔 38 窟-猴王舍命救群猴（采自：新疆龟兹石窟研究所. 龟兹壁画艺术丛书-动物画[M]. 乌鲁木齐：新疆美术摄影出版社，1993：16.）

的色彩皆以蓝绿色为主，但是17窟壁画的中景部分却将暖暖的土红色作为菱格山脉和鹿的本体颜色，使得画面在清冷中有一丝暖意，形成了强烈的空间对比；第三，两组画面虽然形式大相径庭，但是有趣的是两组画面都将猴王画成白色，还有两组画面均以青色作为河流本色。

（2）"萨埵太子舍身饲虎"与"童子道人舍身饲虎"两幅本生故事壁画

在克孜尔38窟券顶东侧壁，这两幅壁画的画面布局和形式有许多相似之处，也有不少学者认为两者就是一个故事，但是根据画面中的动物和人物所处的位置以及各种动势来看却并不相同。为了能够更深入地探究两幅壁画内容和形式的异同，下面先介绍一下两个壁画内容的故事梗概，因为萨埵太子舍身饲虎的本生故事内容在上文中已有讲述，所以不再赘述。童子道人舍身饲虎的故事内容是：在很久以前，有一位婆罗门童子曾在一座大山中修行，有一日他在山中正打算寻找一些食物却碰到了两位同是修行之人的道友，三人打过照面之后便相约一同出去寻找食物。当三人行至深山中一处偏僻之地时，突然发现一只母老虎将要生子，但见母老虎瘦骨嶙峋的样子，三人便猜测母老虎生完幼子之后可能会因为太饥饿所以吃掉自己的小老虎。三位修行之人都起了善念，于是三人都决定等寻找完食物回来，将自己的身体舍弃给老虎食用以保全小老虎的性命。于是三人离开该地向着果实丰富的山坡上去了，等到天色较晚的时候，三人已经采摘了很多果实，于是三人就决定下山来看母老虎的情况。当三人走到山谷时看到母老虎已经产下两只幼虎，而且因为饥饿的原因，母老虎正向着幼虎靠近，想要吃掉幼虎。突然老虎意识到周围有人，便向他们吼叫了起来，三位修行者看着老虎的血盆大口，都吓得跳了起来，但这时童子道人马上想到如果现在他们跑了，老虎肯定要吃掉小老虎来充饥。所以童子道人硬咬着牙，忍住恐惧没有跑，而那两位先前和童子道人立下誓言要舍身饲虎的修行之人早都逃之夭夭了。看着干瘦的老虎张着大口，童子道人不急不忙地找了一根竹枝将自己的胳膊刺破后躺在了母老虎的面前，饿极了的母老虎见状马上蹦上前去开始吸吮童子道人流出的鲜血并啃噬童子道人的骨肉。

这就是童子道人舍身饲虎的基本梗概，内容确实与萨埵太子舍身饲虎相似，所以会引来一些学者的质疑，下面就详细分析两组画面的内容与结构以及总结研究其中的异同：

"童子道人舍身饲虎"，该画面（图3）是以深蓝色的菱格山脉为背景，画面的中心是"十"字形的构图，其中花树是以纵向竖立在画面的中心，花树的树冠以黑灰色为主，点缀有白色的联珠小圆花，色彩对比反差较大，花树树干为黑色，以"S"形扭曲向下延伸，与平躺着的童子道人形成交叉。而平躺着的童子道人则是以横向结构贯穿在画面的中心，童子道人的左脚拱起、右脚伸展放平，身穿土红色僧袍，右手伸出左手肘部撑地，面部表情看似安详宁静。在人与树的右上侧夹角中有一支清瘦凶残的老虎正在啃噬躺平着的童子道人，这只老虎身形细长，毛为浅灰色，腹部颜色发白，身子拱起，尾巴向腿部内收形成圆弧，右前腿岔开，左前腿支撑地面，两条后腿分为右前左后，头略小眼睛发白，显得贪婪狰狞。作为相邻的左右两座菱格山脉，其中波浪形的乳突还兼具着本幅画面的前景构图。

"萨埵太子舍身饲虎"，该幅壁画（图4）与"童子道人舍身饲虎"壁画同在克孜尔38窟主室券顶东侧壁上绘制，故事梗概相近，均为老虎食人的场景。但是两组画面的构图和绘制内容完全不同,"萨埵太子舍身饲虎"中的画面也是中心对称式构图,背景的菱格山脉却是灰白色并以连环画形式构图,画面总共有四个绘制对象。在菱格画面的顶端,首先绘制的是从上往下跌落的萨埵太子,太子上身裸露,下身穿着较大的裙袍,飘落洒脱,太子的身体呈现弯曲状跳落状态,双手向前伸展,左脚似蹬地发力状,右脚近似伸展向下跃入,太子的头部和裙袍均为深蓝色,形成了较大的体量感。而画面的下半部分则是一块方形的白毯,毯子的上边缘基本上与菱格山的中线重合,在白色毯子的下半部分呈卧躺姿势的萨埵太子,左手向前伸出,头部向右扭转,面部安详宁静,其右手与右侧身体贴近,萨埵太子双腿交合,蓝色

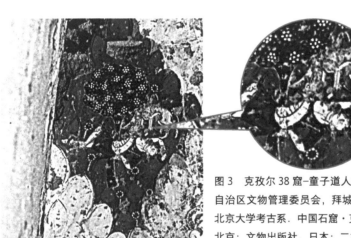

图3 克孜尔38窟-童子道人舍身饲虎(采自:新疆维吾尔自治区文物管理委员会,拜城县克孜尔千佛洞文物保管所,北京大学考古系. 中国石窟·克孜尔石窟(第一卷)[M]. 北京:文物出版社、日本:二玄社联合出版,1989:117.)

图4 克孜尔38窟-萨埵太子舍身饲虎(采自:新疆维吾尔自治区文物管理委员会,拜城县克孜尔千佛洞文物保管所,北京大学考古系. 中国石窟·克孜尔石窟(第一卷)[M]. 北京:文物出版社、日本:二玄社联合出版,1989:116.)

裙袍紧贴在腿部之上。而在萨埵太子的旁边就是一只清瘦凶残的老虎，这只老虎正在啃噬着卧躺下的萨埵太子，老虎身体形细长，毛色为浅灰色，腹部颜色发白，身子拱起，尾巴向腿部内收形成圆弧，右前漫漶不清，左前腿支撑地面，两条后腿分为右前左后，头略小，眼睛发白，嘴巴已经张开，显示出可怕的贪恋面孔。在萨埵太子与虎的左上方还有一只躺着的老虎幼崽，因为墙皮漫漶而无法看清，只能看到其较小的头部和细小的四肢。从整体来观看画面，画面的上部为体形较大的且穿着深蓝色裙袍的太子，下半部分为平躺着的萨埵太子、瘦小的老虎和幼虎崽，无论从色彩的明度来看还是从绘画物象的体量来看，均形成了上下平衡的对称结构。

通过对上述图案和内容的分析研究，可以得出如下结论：第一，对于有些学者关于两幅画面内容产生怀疑，认为这两幅壁画应该是同一个故事的问题，在此本研究认为这应该是两个内容情节较为接近的故事，但肯定不是同一个故事，按常理来说通常同一个画面内容不会以不同形象同时绘制在同一个石窟的同一处场景之中。第二，在两处壁画中有相同之处，也有不同之处。相同之处是：两幅画面均有一只老虎和一个主人公；两处画面中被老虎吞食的主人公均是右手伸过头顶，面部表情均为安详宁静，毫无一丝恐怖与痛楚；两处画面中老虎的毛色均为浅灰色，而且老虎在啃噬食物时的尾巴都紧夹在大腿内侧；两幅壁画中的老虎均与我国汉代时期的老虎形象相似（图5），这说明这时佛教艺术不单单是外来引进的产物，而且也受到了内地汉文化影响，所以克孜尔石窟壁画中的动物画是中西方文化相互影响、相互交融情景下的产物。两幅壁画的不同之处是："萨埵太子舍身饲虎"整体色相偏

图5 中国汉代老虎图案-萨埵太子舍身饲虎（采自：吴山.中国历代装饰纹样（第2册）[M].北京：人民美术出版社，1988：456.）

淡，以浅灰色为主，以深蓝色作为点缀，"童子道人舍身饲虎"的画面以中色调为主，画面明度偏低，画面整体对比强烈；"童子道人舍身饲虎"的画面中有一棵深色的花树和许多小型的联珠天雨花，所有的故事情节均完成于树下，而"萨埵太子舍身饲虎"的画面中却没有树甚至连一株植物都没有，这在克孜尔石窟本生壁画中是非常罕见的。

（3）"猴王智斗水妖"

在克孜尔石窟中还有一例本生故事较为常见，就是"猴王智斗水妖"，该故事不仅仅在克孜尔的13窟、17窟、176窟、114窟、206窟等均有出现，而且该故事在森木塞姆石窟的30窟、48窟也有体现，在克孜尔尕哈石窟的16窟、11窟以及库木吐喇石窟的2号窟也有体现。本书以克孜尔石窟17窟和114窟的"猴王智斗水妖"为研究对象，对壁画内容进行全面细致的分析与研究。

在展开研究之前，我们首先梳理出两个石窟的大致年代，根据前辈学者的断代研究进行一个折中的判断。17窟的年代判断，宿白先生的观点：第二阶段是大约接近于公元395±65～465±65年，以迄公元6世纪前期；德国学者：没有对克孜尔17窟进行做出分期意见；龟兹石窟研究所：约公元6世纪；阎文儒先生：第1期，东汉后期（公元2世纪末～3世纪初）。根据以上学者和学术机构的分析判断，我们基本可以判定17窟壁画应该绘制于克孜尔发展的中期左右。

克孜尔114窟诸位前辈的断代观点为：宿白先生：宿白对于114窟没有做出论断；德国学者：公元600～650年；龟兹石窟研究所：约公元4世纪；阎文儒先生：第2期，两晋时期（公元3世纪中～5世纪初）。根据以上学者和学术机构的分析判断，我们基本上可以判定114窟壁画应该也属于克孜尔发展的中期左右所绘制的。

根据前辈学者们的学术数据来判断，两个石窟的年代应该处于同一时期，年代相差不大，但是同一题材的两处壁画内绘制的内容却截然不同。出现这样的结果：首先是因为工匠们在该故事的理解上有差异，对于国外粉本有着独特的见解，同时也有自身个性的发挥与体现；其次，小乘佛教教义性质决定了故事壁画的自由性；最后，克孜尔石窟的发展时期，佛教是龟兹古国的国教，是全民拥护和支持的行为，所以在资金和人力、物力上都有着充足的准备，使得画工有条件可以按照自己的想象来进行发挥。

克孜尔17窟的"猴王智斗水妖"（图6）：该画面中有个较大的特点就是在方寸之间的菱格中要绘制较多大型直立的猴子形象和罗刹的形象，这对于画工无论从技法上还是在构图上来说都是一个较大的考验，难度很大。该画面背景是蓝色的菱格山脉，画工为了不让菱格显得单调和留有空白，就在每个菱格凸起的相应位置绘制一朵白珠黑底的小型联珠天雨花。画面的正中心画了一个基本上正圆的水池，水池的内部有三重同心圆，第一重为水池的边缘，在水池的界边是一条棕褐色的条带，再往内侧是浅绿色的浅水区；第二重为水池的深水区，在浅水区和深水区的交界处是以两条同心圆线示意的界边，在深水区布满了以细线绘制的螺旋纹来代表水纹；第三重是在水池的正中心，这里应该是水中罗刹的家，在这里罗刹探露出自己的真面目，其背景是棕红色但是头像却是墙面表皮的浅灰色并以线描的形式勾勒出了人物的形象。罗刹的怒目圆睁看着前来喝水的猴子，嘴巴歪斜似乎在说着什么恶毒的语言，一幅险恶奸诈的嘴脸形象，表现得鲜活逼真。而画面中最难安排的是三只体量较大、拿着竹管喝水的猴子，这是比较考验画工艺术水平的。而在本幅画面中，菱格的最左侧绘制着一只半侧身站立佝腰手持竹管喝水的猴子，猴子全身毛色为棕红色，短小卷曲的尾巴向外撑起。在菱格山的上方还有一只猴子双脚岔开呈奔跑姿态，猴子的头和身子前倾，左手拿竹管、右手正在向后摆臂，猴子全身只用线描构图，猴子的躯干比例以及运动姿态表达得准确并且细致，可见画工的绘画功底之深厚。在菱格下面同有一只拿着竹管奔跑喝水的猴子，猴子左右脚奔跑的姿态恰好贴合于菱格下端的夹角内部，猴子身体前倾，双手持竹管探向水中，身体以线描的形式勾勒，没有赋彩，是墙壁的本色。

克孜尔114窟的"猴王智斗水妖"（图7），克孜尔114窟的壁画表面损坏程度比较严重，既有烟熏痕迹也有切割的破坏，还有剥蚀的损毁，虽然克孜尔114窟的"猴王智斗水妖"主室券顶的部位不曾遭到剥蚀与切割的破坏，但是由于烟熏痕迹严重，使得壁画的色彩基本上都呈现出了灰暗的色相。该画面中的故事内容是发生

图6 克孜尔17窟-猴王智斗水妖（采自：新疆维吾尔自治区文物管理委员会，拜城县克孜尔千佛洞文物保管所，北京大学考古系．中国石窟·克孜尔石窟（第一卷）[M]．北京：文物出版社、日本：二玄社联合出版，1989：71.）

图7 克孜尔114窟-猴王智斗水妖（采自：新疆维吾尔自治区文物管理委员会，拜城县克孜尔千佛洞文物保管所，北京大学考古系．中国石窟·克孜尔石窟（第二卷）[M]．北京：文物出版社、日本：二玄社联合出版，1989：140.）

在深蓝色的菱格山脉之中的,这幅壁画中的菱格山脉与其他石窟壁画中菱格山的造型不同,这里的菱格山是层层叠叠的,菱格山脉边缘的每一对菱格乳突都对应着一排的菱格山脉,所以乳突状的山峰特别多,而在每个山峰上都会绘制一朵白色联珠天雨花,画面显得丰富又有秩序。本幅壁画的构图重心在中轴线以下,此处绘制着一池湖水,水的颜色为淡青色,在水池的中央站起来了一个青紫色皮肤的水中罗刹。该罗刹大半截身子露出水面,头发蓬松,头向右上侧偏斜,瞪着右边一只正趴在水池边上喝水的猴子,左右手肘处均带有臂钏,身披柔软如丝的披帛,右手叉腰,左手举起朝向喝水猴子的方向,因为剥蚀的原因手型无法看清,但根据故事内容以及人物姿态判断,水中罗刹的手应该是五指并拢呈召唤状的手势。而右边喝水的猴子身体也为深蓝色,因为烟熏的表层隐约可以看出这只猴子应该是双膝跪地,双手撑地而头部朝向水塘表现出喝水状。而在水池的左上方有一支棕褐色的猴子两腿分立,头与上身略向下弯曲,双手共持一支伸向水池的竹管喝水。在菱格山脉的左侧有一只双角卷曲的大角盘羊,腹部为白色、身体为灰蓝色,四蹄展开呈奔跑状。在菱格山脉的右侧有两支大角盘羊,一只是双角卷曲的大角盘羊,另外一只是双角侧弯的大角盘羊,两只羊的腹部为白色、身体为灰蓝色,一前一后,四蹄展开,呈奔跑状,朝向山顶。

通过对两窟中"猴王智斗水妖"的本生故事绘画的梳理与分析,本书从中进行了详细的比对与研究,对于其中异同之处作出了如下论断,首先看两幅壁画的相同之处:从克孜尔114窟的"猴王智斗水妖"和克孜尔17窟的"猴王智斗水妖"来看,因为故事情节相同导致了构图形式的类似,两幅壁画中均在菱格山脉的中间部位绘制有一个圆形的水池,在水池的中心都出现了水中罗刹;在两壁画中的菱格山脉中都因为空间有限和所绘制角色体量和数量较大且较多,所以已均无空间再去绘制大型的植物,但是在每个菱格山脉的乳突处均有小型的白色联珠天雨花点缀于其中。其次来看两幅壁画的不同之处:①在两幅壁画中虽然都有菱格山脉,但是克孜尔17窟的菱格山脉仅仅是在菱形外围绘制出了波浪形的乳突形式并敷蓝色就形成了菱格山脉,此种形式同克孜尔114窟的菱格山脉相比较,显得比较粗糙。在克孜尔114窟中的菱格山脉中却绘制着较多圆柱形的小山，这些小山上都绘制有纵向的条纹和横向月牙纹来示意山形的丰满与富饶，整个菱格内铺满了这些圆柱形的小山最终形成了完整的菱格山脉，所以在克孜尔114窟中的菱格山脉是非常细致和完美的。②在两幅壁画中虽然都有水池但是水池的造型差异较大，克孜尔114窟的水池同克孜尔17窟的水池相比就显得非常粗糙，克孜尔17窟的水池以三重同心圆构成，池子最外层边缘有着深色的条带装饰并在深水区绘制有细致的螺旋形水纹，精致异常。而克孜尔114窟的水池却仅仅以浅灰色绘制出了一个圆形来示意水池，比较简单。③两个石窟中的构图差异，从以上两个问题的分析中我们就可得知，两幅壁画的绘制者均有绘制精细的能力和手段，比如说克孜尔17窟的水池可以绘制得如此之精致，但是却将菱格山脉画得这样粗糙，而克孜尔114窟的菱格山脉绘制得如此精细，却将水池画得如此粗糙，这非常明显地说明了画工完全是出于有意识要加强画面对比效果，有意识要加强画面中某一领域的精彩，也从侧面反映了当时绘制克孜尔石窟壁画画工的技巧与智慧。④在克孜尔17窟和克孜尔114窟的"猴王智斗水妖"壁画中均绘制有白色联珠的圆形天雨花，在17窟的联珠天雨花绘制得较为粗糙，仅仅是在黑色圆形内部点了几个白点而已。而在114窟中的联珠天雨花绘制得相对较为精细，天雨花的白色联珠点缀得工整精致，而且在每株天雨花的下面都绘制有一根小茎。

2．单体动物图案

在克孜尔石窟壁画中的动物图案中还有一种属于单体的较为独立的动物图案，该类动物图案通常主要的功能是对画面的主体部分的气氛起到烘托作用或者是一种不具备太多实际意义的动物画题材。下面本书将选择几处洞窟动物画的图案进行举例说明：

（1）单体动物图案中的盘羊

在克孜尔224窟的主室券顶的右侧有一幅菱格山脉中的壁画（图8），该壁画的色彩为浅灰色，菱格山的乳突层层排列表现出一定的秩序感和三维效果。在每个菱格山的乳突底部均点缀着一朵折枝联珠天雨花，这里天雨花的位置和颜色都较为特

第四章 克孜尔石窟佛教艺术——陆栖类动物故事与图案

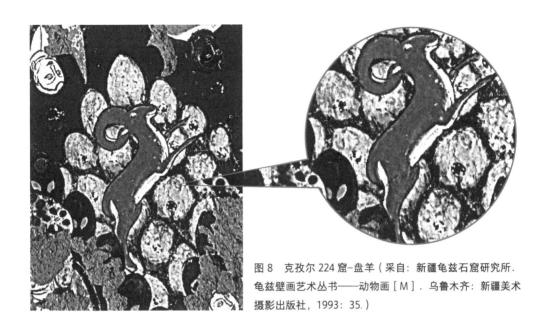

图8 克孜尔224窟-盘羊（采自：新疆龟兹石窟研究所．龟兹壁画艺术丛书——动物画[M]．乌鲁木齐：新疆美术摄影出版社，1993：35．）

殊，通常在克孜尔石窟菱格山脉中的天雨花都点缀在菱格乳突的顶端，颜色多为黑底或深蓝底的白色联珠天雨花，而在本幅壁画中却一改常态，将一种以浅蓝色为底、以天蓝色为双叶的白色联珠折枝双叶联珠天雨花绘制在乳突山的根部，作为独特的背景。而本幅壁画的前景只有一只体量与整个菱格山一样大的蓝色盘羊，这只盘羊全身浅蓝色唯有腹部、嘴、耳朵内侧以及大腿内侧为白色，盘羊的身体为跳跃姿态，两前蹄向前跃起，后腿蹬地呈现出即将腾空之势。该壁画中的盘羊同样是没有内在的寓意或是故事内容的，该盘羊图案在此就是一种纯粹的单体动物图案。

（2）单体动物图案中的虎

在克孜尔77窟左甬道顶部因为漫漶和剥蚀的原因导致有些壁画已经残缺不全或是看不到了，其中有一处土红色菱格山脉顶端的一小部分受到了损坏，该山与前景的老虎幸好完全得以保留（图9）。详细来看土红色的菱格山脉中的凸起并不是通常所见的乳突形式，而是较坚硬的锯齿状山棱，菱形山脉的边缘有一条土红色色带，其颜色略深于山体内部的颜色，山体除此之外在没有任何植物或者其他装饰纹样出现。而在菱格山脉的前景则是一只威猛下山的汉代老虎图案，该虎的形象与上文中图5的形象极其相似，老虎的全身赋予黑色，虎嘴大张，左前肢踩地，右前肢

克孜尔石窟壁画中的动物图案

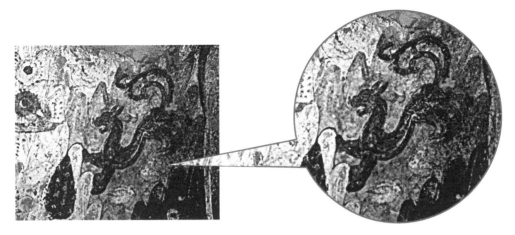

图9　克孜尔77窟-老虎（采自：新疆龟兹石窟研究所．龟兹壁画艺术丛书——动物画［M］．乌鲁木齐：新疆美术摄影出版社，1993：22．）

迈出，两条后肢前后分开。虎的身体弯曲扭转，很灵活，尾部卷起末端分叉，很奇异。整体来看老虎，呈现出飘逸奔跑之势，气度非凡，该虎也是一种独立的动物图案，没有太多的深层寓意或佛教内涵。

3．装饰性动物图案

在克孜尔石窟壁画中除了大量的本生故事、佛传故事之外最为重要的就是其中的装饰图案，这些装饰图案为整个洞窟的壁画填补了空白，实现了画面与画面之间婉转的衔接。这些装饰图案通常绘制在石窟墙壁与顶部的叠涩处、墙壁与地面的交汇处、甬道内顶部与墙壁的叠涩处，以及甬道内顶部墙壁与地面的交汇处、画面与画面之间的衔接处以及佛陀的身光内部等。克孜尔石窟装饰图案中包含着大量丰富多彩的植物图案，在这其中动物图案并不太多但是少量的动物图案装饰，也为克孜尔石窟壁画的绚烂增添了许多光彩。笔者通过系统的梳理和大量的研究发现在克孜尔石窟壁画中的陆栖类动物作为"装饰性动物图案"的较少，即使有也是以类似简笔画的形式进行表现。实际上就是以几条简单线条勾勒出来但大多并不敷色，或者是图案造型结构非常细小，几乎漫漶不清，因此本书不再进行举例进行阐释。

综上所述，在克孜尔石窟壁画中绘制了许多大小各异、灵动秀美的陆栖类动物形象，每种动物图案通常都是绘制在极其有限的特定空间内部。由于空间的限制，就要求每一个动物角色必须在一到两个动势或是形象之中，简洁明快地表现出所要表达的内涵，这就需要画工对于每一种动物都要有深入细致的临摹和学习，对于每一种动物都要投入真情实感方能达到如此绝妙的绘制效果。在这些惟妙惟肖的动物图案中，有些形象是来自域外的粉本但有些图案却是克孜尔石窟艺术家凭借着自身的艺术造诣和对于石窟壁画氛围的整体把握而进行的即兴创作。而这些动物的结构与形象大多还是源自克孜尔艺术家们对于本土动物的观察和学习所得，因此可以肯定地来说克孜尔石窟壁画中的很多陆栖类动物图案都是源自于本土动物的形象和习性的再创作，是中西方文化艺术文化的结晶。

二、陆栖动物故事画的图案形式

在克孜尔石窟壁画中动物图案的表现形式和手法非常丰富，从上文也可得知在这里同一题材的壁画可以出现许许多多的版本和样式，也说明了当时克孜尔石窟艺术的创作氛围宽松和自由，能够让这里的艺术家们得到更好的发挥空间。本书将克孜尔石窟壁画中动物图案的表现形式作了系统的归纳和梳理，基本上可以细分为四种：简笔画性的表现形式、写意性的表现形式、结构性的表现形式、修饰改造性的表现形式。经过系统梳理和研究发现，克孜尔石窟壁画中的陆栖类动物图案多以简笔画性的表现形式和结构性的表现形式为主，其他两种表现形式次之。

1. 简笔画性的表现形式

这一类壁画表现形式在克孜尔丹青满壁的画面中的出现频率并不在少数，这是一种将动物形体和动势纯粹用线或者赋予淡彩（通常为浅灰色）来表示的形式。这种表现方法较多运用在克孜尔石窟壁画中陆栖类动物图案中，通常是以高度概括和

克孜尔石窟壁画中的动物图案

流畅的笔法,精彩地表现出克孜尔石窟壁画中陆栖类动物图案。本书通过下面几例壁画作为案例,对于该类壁画形式进行详细介绍:

在克孜尔206窟中有一幅象王本生故事壁画(图10),该幅壁画画的是一位戴头巾穿黑袍的猎人正在张弓搭箭,要猎杀一只大象。这幅壁画中的大象纯粹用的是简笔画的形式,仅仅以单线条绘制,其形体准确,线条描绘细致。从画面中可以看到大象头部双骨点高耸,额头到鼻子的部位曲折弯曲,表现肯定,大象的象牙不长却锐利精悍,大大的耳朵绘制简洁。大象庞大的身体和粗壮浑圆的腿部绘制得概括简单并与大象结构较为紧密的头部形成了鲜明的对比,整个画面又统一在线条之中,有节奏有变化,显示出了当时克孜尔石窟画工的高超技艺与审美水平。

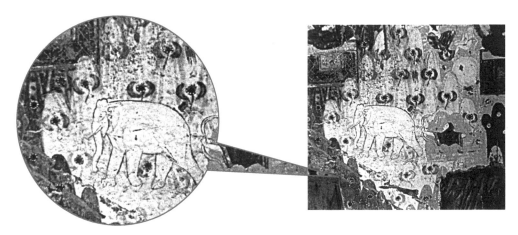

图10 克孜尔206窟-象王本生故事(采自:新疆维吾尔自治区文物管理委员会,拜城县克孜尔千佛洞文物保管所,北京大学考古系. 中国石窟·克孜尔石窟(第三卷)[M]. 北京:文物出版社、日本:二玄社联合出版,1989:131.)

这是克孜尔14窟券顶西侧壁的兔王本生故事的经变画(图11),这幅画里的背景是绿色的菱格山脉,菱格山上的乳突顶端,布满了蓝色折枝双叶联珠天雨花,穿戴帔帛、蓝头发、蓝胡须的仙人坐在仰覆莲花座之上,正在伸手要阻拦跃入火中的兔子。兔子的形象完全是以简笔画的形式绘制,没有填充其他色彩,只是墙壁本色,两只长长的耳朵,嘴唇前面露出的大牙,上半身仅有寥寥三笔就将兔子胖胖的上身绘制出来,兔子短短的上肢相互合抱,短粗的后腿蹲地而坐,每一笔都是见骨见肉。

第四章　克孜尔石窟佛教艺术——陆栖类动物故事与图案

图11　克孜尔14窟-兔王本生故事（采自：新疆维吾尔自治区文物管理委员会，拜城县克孜尔千佛洞文物保管所，北京大学考古系．中国石窟·克孜尔石窟（第一卷）[M]．北京：文物出版社、日本：二玄社联合出版，1989：53.）

2．写意性的表现形式

这是一种较为统一的、具有整体性的中国画的表现形式，其中的点、勾、皴、泼艺术形态是一种不可重复的即兴发挥，是一种以形写神、以形传神的中国画技法。在中西方文化艺术交融的克孜尔石窟动物图案的形式中也有所表现，尤其运用在一些较大形体的陆栖类动物图案中。这些图案较为深刻地体现出了克孜尔佛教艺术特有的交融性与思想性共存的艺术特征，本书通过梳理将克孜尔14窟的一幅本生壁画作为案例，对于该类壁画形式进行详细的介绍：

在克孜尔14窟有一幅狮王本生壁画（图12），讲的是很久以前在森林里住着一只金毛狮子王和一只带着幼崽的猴子，一日这只猴子要到较远的地方去觅食，由于带着小猴子不方便，于是它想起了好友金毛狮子王。狮子王一听说要它帮助照顾小猴子，就很爽快地答应了。猴子看到金毛狮子王这么爽快地答应也很高兴，于是就去了较远的地方觅食。金毛狮子王恪尽职守，一直尽心尽力地照顾小猴子，可是小猴子太顽皮让狮子感到非常疲倦，于是金毛狮子王就决定将小猴子带到较为安全的大树底下玩耍，自己也可以稍微休息一下。当它们来到了大树底下，狮子实在是累得厉害，不知不觉就睡着了。这时鹫王却看到了机会，就在金毛狮子王打盹的时候鹫王趁机掳起了小猴子飞走了。当金毛狮子王醒来之后却发现小猴子不在了，马上

141

图12 克孜尔14窟-狮王本生故事（采自：新疆维吾尔自治区文物管理委员会，拜城县克孜尔千佛洞文物保管所，北京大学考古系．中国石窟·克孜尔石窟（第一卷）[M]．北京：文物出版社、日本：二玄社联合出版，1989：48．）

就惊出一身冷汗，四处寻找小猴子的下落，终于在一处悬崖边上找到了鹫王。金毛狮子王就对鹫王说："求你放了小猴子，我是帮它们家人在照看这些猴子的。你只要放了小猴子，我什么事情都可以答应你。"鹫王一听不相信地说："我要是放了小猴子，你真的什么事情都能答应吗？"金毛狮子王说："我保证，你只要放了小猴子，我任何事情都可以答应你。"于是鹫王便说："好吧，你只要愿意从悬崖上跳下来，我就放了小猴子。"金毛狮子王便说："好的，我现在就跳。"于是马上就跑到了悬崖顶端准备往下跳，鹫王看到金毛狮子王如此守信，大受感动，就放了小猴子。

克孜尔14窟壁画中的背景是蓝色的菱格山脉，在每个菱格山脉的乳突处都绘制有一支折枝双叶联珠天雨花，画面的前景是三只动物，正好将画面占满。在画面的最上端是一只向下探视鹫的王，这只看似画得特别粗糙的鹫王，气势极佳，动势准确，该鹫王全身的色彩为土红色兼黑色，眼睛为白色。下面有一只身体为黑色、脸为白色的猴子正跪在地上双手合十、头望向天空看着鹫王，呈现出祈求的神态，猴子的造型准确但不严谨，好像是漫不经心的一种涂绘，但是其精神和态势却表达得准确无疑。在猴子的对面就是金毛狮子王，狮子王呈蹲坐姿态，头部上扬眼睛看向上方鹫王的方向，嘴巴大张好像在说什么。狮子王的右前肢横向搭在左前肢上似乎是在起誓，狮子王头部的毛发为较深的金黄色，而身上其他部位的金色略浅。在这幅壁画中从整体来观察具有极强的对比观念，背景是蓝色属于冷色调，而前景三个动物基本上都是暖色调，这种安排使得画面气氛越发紧张与躁动，每个动物身上的明暗关系全部是通过调和本色系色彩的明度，来实现体积感的塑造。

3．结构性的表现形式

这类表现形式是随着佛教的传播而进入我国的，最初这种绘画艺术表现形式是我国艺术家从古印度佛教艺术凹凸画法中吸收的经验，同我国的壁画艺术相结合，经过本土艺术家的融汇与创新，形成了一种非常富有装饰意味的绘画表现形式。这种绘画艺术的表现形式最主要是以线为骨架，以晕染来塑造立体效果，整体效果美观大方。通常这种表现形式多用于表现人物身体的转折部位、人物四肢肌肉中的块面隆起或者脸部骨骼中的丰富变化，在克孜尔石窟壁画中还可以看到将这种表现方式运用在动物图案的表现形式之中，特别是在体型较大、肌肉结构丰富的陆栖类动物图案中运用较多，同样也展现出了异常美观的装饰效果。本书通过详细地梳理并结合陆栖类动物图案的形式，细致挑选出了较为典型的两例克孜尔石窟的动物图案作为案例来进行详细介绍与解析：

克孜尔224窟的主室券顶西侧壁的一幅菱格画（图13），表现的是六种众生缘的题材，在该壁画中的菱格山脉是以黑线勾勒绘制的，因为画面内容较多仅有部分菱格山脉的乳突顶端绘制有联珠天雨花，其中联珠为白色、花蕊为蓝色。在菱格山脉的前景处是一尊佛陀或是菩萨像，由于剥蚀的原因已经无法看清其真容了，在佛陀或是菩萨像的顶端为华盖花树图案，该幅壁画中的左侧绘制有老鹰、猴子、蛇、狗、狼，而在该幅壁画左侧因为空间的不足，并没有再绘制更多的动物或其他物象。在右侧动物画面中有两只动物均是以结构性表现形式绘制的，一只像是攀爬的猴子，这只猴子是蓝色造型，形象描绘得非常准确，猴子的面部为墙体本色，面部以黑色线条勾勒，猴子的胸大肌、腹肌、胳膊上的肱二头肌等所有大体量肌肉处以及关节处，均以蓝紫色晕染塑造出凹凸有致的体积感，成功地绘制出一只向上攀

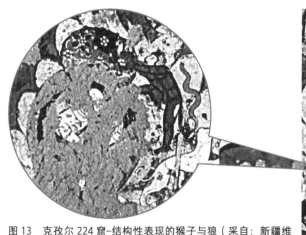

图 13 克孜尔 224 窟-结构性表现的猴子与狼（采自：新疆维吾尔自治区文物管理委员会，拜城县克孜尔千佛洞文物保管所，北京大学考古系．中国石窟·克孜尔石窟（第三卷）[M]．北京：文物出版社、日本：二玄社联合出版，1989：152．）

援、前脚迈步后脚蹬地的动物形象。

在猴子的下方有一只奔跑的野狼，该狼四蹄腾空，尾巴与身体成为一条直线，绘制的方式同猴子一样，都是以蓝色起笔绘制，但是该狼的身体内侧、眼睛、耳朵内侧以及嘴巴均为白色。同样也是以结构性表现形式绘制出狼的肌肉组织并加以晕染，最突出处就是狼的腮部、脖子、腹部以及大腿部分，使得狼的形象十分传神，体积感十足，呼之欲出。

在克孜尔17窟的主室券顶的东侧有一幅菱格壁画（图14），是象王本生故事壁画，该壁画的背景为深红色的菱格山脉，在山脉每个乳突的顶端均绘制有一朵联珠天雨花，其结构为白色的联珠和黑色的花蕊组成。在山脉的前景中布置了三大物像，第一是伸臂布指的花树，该花树的树冠形象即为桃形，以粉红色勾线并点缀，其色彩的感染力与水彩很像，花树的树杆即"伸臂布指"的表现方法，其颜色为草绿色，似水彩颜料晕染，整个花树清雅淡秀；第二是丛林中弯弓搭箭的猎人，此猎人身处以圆形围合以绿叶填充的丛林空间中，这位猎人裹着红头巾披着红斗篷正在聚精会神地弯弓搭箭，打算射杀前方的大象；第三则是回首奔跑的大象，也是本例要着重研究的动物，从壁画中我们一眼就可以看出该大象的表现形式非常特殊，其

第四章 克孜尔石窟佛教艺术——陆栖类动物故事与图案

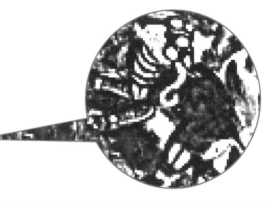

图14 克孜尔17窟-结构性表现的大象（采自：新疆维吾尔自治区文物管理委员会，拜城县克孜尔千佛洞文物保管所，北京大学考古系.中国石窟·克孜尔石窟(第一卷)[M].北京：文物出版社、日本：二玄社联合出版，1989：60.）

形式在我国公元3世纪之前是很少见到的，完全是当地艺术家通过学习西来的绘画造型手法又融通了中国传统造型艺术的一种结构性表现的绘制手法。我们可以看出这只大象是先以蓝色绘制，然后再以白色晕染出大象身体以及四肢的骨点和凸起的肌肉部位，其色块运用之精准、虚实明暗的体积感表现之突出，均深刻地反映出了当时画工对于大象的肌肉与骨骼构造中凹凸部位的熟悉程度。

4．修饰改造性的表现形式

这一类动物图案的最大特征就是源自客观自然又并非是对于客观自然的简单描摹，这类动物图案是以客观世界的动物形象为基础，然后结合画工自身对于艺术的理解和想象创作出来的一种富有装饰感的变形动物图案，在陆栖类动物图案中运用的形式不是太多。本书通过对克孜尔石窟陆栖类动物图案梳理与分析，选择出克孜尔81窟的动物图案作为典型的修饰改造性的动物图案进行研究分析如下：

在克孜尔81窟的主室东壁（图15），须达拏太子本生故事壁画中有一组人物和马匹的形象，画面内容容量较大，左面是一位戴着白帽、身穿红衣、脚蹬黄皮靴的

克孜尔石窟壁画中的动物图案

图 15　克孜尔 81 窟-马（采自：新疆维吾尔自治区文物管理委员会，拜城县克孜尔千佛洞文物保管所，北京大学考古系. 中国石窟·克孜尔石窟（第二卷）[M]. 北京：文物出版社、日本：二玄社联合出版，1989：68.）

贵族人物，身下骑着一匹身健体圆的高头骏马，马的左前肢抬起，呈现出迈步的态势。而在画面的右侧则是一辆马车载着两位带有头光的菩萨，坐在左边的菩萨左手放在胸前，左膝露出车体，坐在右边的菩萨同样也是左手放在胸前，身披灰色披帛。在二位菩萨的前面是三匹极具修饰改造性的白马，这三匹白马的个头一致但是明显小于左边贵族骑着的高头大马，同时也小于马车以及车上的两位菩萨，其修饰改造的手法明显：首先，从马头到马身子采取分割绘制，再相互组合的手法，并不在乎动物的客观本相；其次是腿部与身体用铁线勾勒，从而充分地展示出马的结构性和体积感；最后是脖子部位整齐划一的鬃毛，大胆地省略掉了太多繁缛复杂的细节。整体来看马身上的白色同深沉厚重的背景形成了鲜明的对比，其效果轻松而又明快。

　　从这些图案中我们可以感受到曾为克孜尔石窟艺术艰苦付出的艺术工匠们，他们凭借着高超的技艺、执着的信念在克孜尔从事着辛勤的艺术创作。从这些形象逼真、表现形式丰富的陆栖类动物图案中虽然可以明显感受到来自域外的佛教艺术中的养分，但是这些艺术形式不是临摹也不是抄袭，而是根据本土艺术环境以自身的艺术素养为基础，融合吸收了这些外来艺术中的精华，最终创作出了具有我国本土气息的克孜尔石窟壁画中的动物图案艺术，这是我国艺术传承中的财富，是世界石窟艺术中的瑰宝。

第五章 克孜尔石窟佛教艺术
——飞禽、水生、神幻类动物故事图案

克孜尔石窟壁画中的动物图案中除了大量的陆栖动物图案之外就是飞禽、水生、神幻三类动物了，这一部分动物故事题材和表现方式同样展现了克孜尔石窟佛教艺术精湛不朽的造诣和深刻的佛教文化内涵。走入克孜尔石窟会看到郁郁葱葱的丛林，花团锦簇的河岸，飞鸟、游鱼以及神通无边的各类神幻动物或隐或显的出没于其中，让人仿佛置身于世外。

第一节 飞禽、水生、神幻类动物故事类别

在古代印度文华中很早就有人的灵魂是不会幻灭的理论，他们认为这些灵魂只是因为某种业力驱使下的在世间形成不同的生物形象，而且无边的宇宙里有着无尽的生命样式，这些生命彼此共生、彼此融汇、彼此对抗、彼此影响最终形成了广阔无际的众生法界。如此众生，从根本上来讲一切平等，但是从其生命形式上来看，就是不同业力推动的结果。当一种生物形态缘尽之后，又会根据所历经的业报，形成下一个生物形态，就这样循环往复，无穷无尽，虽然这些生命形态看似有高低贵贱之分，幻化成人形或者幻化成飞禽、水生、神幻等动物，虽然从形体和状态上来看区别较大，但本质还是没有离开业缘推动下的因果关系。

由以上理论衍生出来的佛教故事一路上不断互鉴交融，最后随着佛教的传播进入了龟兹地区，反映在克孜尔石窟的壁画艺术当中。这其中的飞禽、水生、神幻类动物故事同克孜尔石窟壁画中陆栖类动物故事一样催生出了克孜尔石窟的壁画动物图案的华美风采。本书经过大量的研究与整理，将反映在克孜尔石窟的壁画艺术当中的飞禽、水生、神幻类动物故事按其动物的类别和种类进行了详细的解读。在系统解释和梳理这些动物故事的过程中，本书首先详细阐释了这三类动物的生活习性，其次介绍了每种动物的生存地域以及它们在佛教文献中的含义，最后讲述了这些动物在本生或是因缘故事中的内容。

一、飞禽类动物故事

（鸡、鹅、鸽子、孔雀、鹦鹉、鸳鸯、雀、鸭子、枭、鹭鸶、乌鸦、鹤、鹰、啄木鸟、鹜、雁）

1. 鸡

鸡，最早源于野鸡，鸡也是人类较早驯化的一种禽类，我国是一个最早将鸡驯化为家养的国家，所以关于鸡的文化非常悠久，现已发现在我国甘肃天水西山坪中的大地湾文化就有"鸡"字的甲骨文，距今大约八千年。公鸡的打鸣有两种含义，第一就是对于家庭地位的宣布，第二是警告来犯者不要打歪主意，公鸡一般是在白天每隔一小时就打一次鸣，只不过在清晨太阳将要初升时是它的第一声鸣叫。雏鸡抗寒能力差，在家养时需要人工保温才可以健康发育。鸡的胆子较小，受到惊吓后容易发生踩踏或受伤，所以鸡舍最好不要再养猫、狗之类的动物，最好保持安静。

佛教中的鸡： 在我国古代的浪漫主义长篇神魔小说《西游记》中就有关于鸡的神仙，毗蓝婆菩萨和她的儿子昴日星官，均为鸡的形象。故事梗概为师徒四人利用计策刚要脱离女儿国，不曾想唐僧又被一只妖怪掳走，三个徒弟找来找去，终于找到了妖怪的洞府，却没想到孙悟空上去就被妖怪给战败了，而且头痛难忍。后来孙悟空接着吸引妖怪出来让猪八戒上，没想到猪八戒也战败而且也是头痛难忍。就在他们一筹莫展时，救苦救难的观世音菩萨赶到，点拨孙悟空应该去请昴日星官来，说道只有昴日星官可以降服此妖。三位唐僧的徒弟听了菩萨的点拨，就赶紧去请昴日星官。当昴日星官赶来后，很快就将孙悟空和猪八戒的病痛治好了，然后来到妖怪的洞府，先让孙悟空引出妖怪，但见昴日星官一声啼叫，妖怪就显出了原型。孙悟空就进入洞府放出了唐僧和里面的女仆等人。

在佛教中常常以金鸡来说明人的清净自在性，而且金鸡是天上的神鸡，它在天上一打鸣地上的鸡才会随着打鸣。鸡还是佛教十二兽之一，佛教还以鸡蛋形的脸形来形容菩萨的形象，在禅宗中还有一些关于鸡的语汇例如"假鸡声音韵""以鸡为凤""乌鸡雪行"等。

假鸡声音韵：该禅宗用语，意为在黎明时分模拟鸡叫，做一些欺骗的事情。其中的原型出自《史记·孟尝君传》，其中主要描述的是孟尝君当年被追杀至函谷关时被困而无法通关，他的一位食客叫冯欢，该人的口技很厉害，于是就在深夜模仿鸡叫，使得守门人以为快要天明了，就开了城门，孟尝君趁机逃出了城，因此躲过了一劫。

以鸡为凤：此语汇是说分不清正邪，不能明确辨别迷妄与正法之间的界线。从字面来讲，鸡与凤乃是完全不同的两种动物，鸡是凡间家禽，凤凰则是天上神物，虽然两者形象略有相似，但其本质差别迥异，千万不能将两者混淆，要不然就成大错误。

乌鸡雪行：从字面上就可看出是一只黑色的乌鸡走在雪白的大地之上，一黑一白，是非分明之理，毫无繁杂。内在含义为告诫人们事与理的平等与差别。

在佛教中还有一些关于鸡的故事也同样深含寓意，发人深省，如佛陀本生故事中的"**鸡王识破猫诡计**"：在以往的若干世以前，佛陀曾经脱胎于一只大公鸡，它气宇轩昂，高视阔步，鸡冠鲜红，是青藏高原上接近喜马拉雅山附近的鸡王。同时在这里也居住着很多人类，鸡王时常告诫它的子民们千万要小心不要和人类接触或者被发现，一旦被发现有可能会招来杀身之祸。另外附近的山野里也有许多凶猛的野兽，所以也要时刻提高警惕。有一日住在附近的一只母猫，早就听说有一群鸡和一只鸡王，生活的地方离它住的地方不远，于是它就鬼鬼祟祟地找到了这群鸡所生活的地方，并找到了鸡王。它笑嘻嘻地对鸡王说："英俊威武的鸡王，我是如此美貌动人，我谁也看不上，就觉得你最英俊。你要是娶了我当太太，我们的生活一定会美满如意、幸福安康的。"鸡王一眼就识破了这只母猫的险恶用心，就说："你这只黄眼贼，你想让我娶你，然后把我和鸡群都吃掉对吧，别做梦了！"母猫没有想到鸡王如此聪慧，想再花言巧语也是无济于事了，也就打消了吃鸡的念头，灰溜溜地走了。这群鸡在鸡王的英明和智慧的带领下安稳健康地生活着。故事中的鸡王就是佛陀过往几世的本生，而故事中的母猫就是提婆达多。

2. 鹅

鹅是人类较早驯养的家禽，是被驯化的雁类，鹅喜水、耐寒、生活规律，属于食草动物。据记载罗马军队当初攻进现属德国区域时就已经发现有许多鹅并将其带回去进行养殖。鹅对于人类贡献很多，鹅的羽毛可制作成服装、高档的床上用品，鹅肉富含蛋白质具有丰富的营养，是餐桌上的美味。鹅在生活中比较合群，总是列队前行，落单时会发出鸣叫，寻求同伴的回应，从而能够快速回归到队伍中。

佛教中的鹅： 在佛教中关于鹅的典故也比较丰富，比如佛陀三十二相中的第二十五相为指间缦网相，这一相是指佛陀手与足的指间呈缦网相。这一相的由来是因为佛陀在往世经常修行，布施、爱语、利行、同事等四摄法，所以能得此相。另外佛陀走路的安详之相，也经常将其以鹅王相来比喻。在密教中的月天子，是佛教中的十二天之一，月天子就是以三只鹅为坐骑的神。

在佛教中还有一些关于鹅有佛陀本生的故事以及一些因缘故事，如"偷罗难陀与鹅""比丘为鹅受难"。

偷罗难陀与鹅： 这是一则源自南传的本生故事，讲的是很久以前在舍卫城有一位居士自己有一个种蒜的庄园，这位庄园主经常拿蒜来供养佛门。有一日寺院里又没有蒜了，于是偷罗难陀便带着三个比丘尼来到了这位居士家里要蒜，正好居士家里也没有蒜了。居士就告诉偷罗难陀让她们去庄园里拿，于是偷罗难陀和同行人来到庄园，每个人都装了很多蒜，这使得管庄园的园丁很生气，便四处传言偷罗难陀的贪恋行为。这件事情的影响很快就传到了佛陀和众比丘的耳朵里，佛陀对此事很生气，非常严厉地批评了那些比丘，还告诫大家贪欲心太强是不可能得到施主们信任的。关于偷罗难陀的事情，佛陀告诉大家，这不是她第一次如此贪婪了，在很久以前有一只金色羽毛的大鹅，它是从人脱胎于鹅的，在人世时曾修行过智慧波罗蜜，到了下一世虽为鹅身，但是仍然具有可知宿命的神通。这只鹅通过宿命神通得知自己生前有妻子和三个女儿，在它死后她们只能到别人家做苦力为生，于是大鹅就回到了自己的家里，看到了自己的女儿和妻子。它走上前去，告诉女儿们说："我是你们的父亲"，妻子和女儿都是一愣，然后女儿开口说："我们的父亲已经死了。"大鹅说:"我就是你们的父亲,投胎成了这长满金色羽毛的鹅了。我知道你们过得很辛苦。你们每个人从我身上拔几根羽毛去卖,就会得到一些钱,我也不会太疼,过几天我的羽毛就会长回来。"于是它的妻子和女儿都拔了几根,果真卖了好多钱,自此她们的生活已经较为优越了,而且大鹅不定时地还回来给她们送羽毛,所以她们过得很开心。有一日大鹅的妻子突然对女儿们讲:"那只鹅毕竟是一只畜生,它的话不可太相信。万一哪天大鹅不来了,我们吃什么呀?"女儿们就问那该怎么办。大鹅的妻子就说:"不如等下次鹅来了,咱们一次就把它的毛拔光。"女儿们都表示不可以这样,因为她们的父亲会疼的。没过多久,大鹅又跑来给她们送羽毛来了,大鹅的妻子就赶紧将大鹅抓住,一口气即将大鹅身上的金羽毛全部拔去,可是由于她的贪心使得那些羽毛很快就变成了非常普通的羽毛了。佛陀说完之后就告诉大家为人做事一定要有度,不可太贪,那个大鹅的妻子就是偷罗难陀的前身,偷罗难陀以前失去了金色羽毛,从今往后她将再也吃不到蒜,大鹅的三个女儿,就是今天拿蒜的三个比丘尼,那只大鹅就是佛陀自己。

比丘为鹅受难:该故事讲的是一位比丘来到了一家以穿珠宝为生的人家门口化缘,这时这家的主人正在给国王穿一颗宝珠,看到了站在门前的比丘,就马上站起来到厨房给比丘找一些吃的。但是比丘袈裟上的颜色映射到了宝珠上,宝珠呈现出了肉色,突然跑来了一只鹅看到宝珠以为这是肉,就一口将宝珠吞入口中了。当这家的主人拿来饭食给了比丘之后,扭头发现宝珠不见了,马上就叫住比丘让他不要走,问他是不是偷了宝珠并祈求比丘还给他,因为这是国王的宝珠。比丘想到如果他说出宝珠是鹅吃了,这家主人必定要把鹅杀掉,所以他就说自己没有拿宝珠,说完就继续沉默。这家主人一看这情形即认为肯定是比丘拿的,于是就拿起木棒使劲痛打比丘。比丘想学习佛陀在世时,曾甘愿为了解救众生而舍弃生命的行持,所以就隐忍着不说,直到被打得鲜血直流,这时这只鹅闻到了鲜血的味道,就跑了过来喝比丘的鲜血,不料被暴怒的主人一棍子打死了。比丘看到这里一下子大哭起来,这家主人愣住了,然后就问为何要大哭,比丘告诉他,因为鹅吃了宝珠,如果主人知道了必定要杀鹅取宝珠,所以比丘原本是为了保护鹅不被杀死,才甘冒此痛。可是现在鹅被打死了,也就白白为鹅受了这一场灾难。这家主人听后马上就剖开鹅的肚子,果真发现了宝珠,主人知道自己冤枉了比丘,于是赶紧礼拜比丘并且深深地悔过。

3. 鸽子

鸽子分布于世界各地,是人类生活中经常可见的鸟,鸽子是鸠鸽目,在几千年前就已经是人类的朋友了,据说最早的鸽子图像来自三千年前的美索不达米亚。鸽子头部较平较宽,体形圆大,鸽子的眼睛有红色圆环,长在头的两边各一只,是以两只单眼成像的,所以它必须要不断扭动脖子转动方向,来确定空间的纵深。鸽子的喙略长而稍弯,它的背部长而开阔,尾巴略长后端呈现钝圆形,大腿粗壮饱满,爪子颜色为深红,没有脚毛。鸽子以谷类为食,经常会发出咕咕的声音。鸽子品种很多,因此鸽子的毛色也非常丰富,其中黑色、白色、青色均比较常见。鸽子有一种非常特殊的本领就是可以认识归途,科学家发现鸽子可以从几百公里远的地方独自飞回自己的栖息地,这也是人们之所以利用鸽子来送信的原因。鸽子还是人类餐桌上的一道美食,鸽子肉是高蛋白低脂肪食品,属于高档的滋补食品。

佛教中的鸽子:在佛教中鸽子通常是贪心不足的代表,在佛教经典中关于鸽子的本生故事以及因缘故事也有不少,其中有些还出现在我国很多著名佛教壁画内容中,比如"割肉贸鸽"(该故事内容就在克孜尔石窟和敦煌石窟两地的壁画中多次出现),"佛影中的鸽子""愚鸽"等。

割肉贸鸽:该故事讲的是在古代印度有一位国王叫"尸毗",该王笃信佛法,一心向佛,誓愿普度众生,证得菩萨道。在他的治理下,国家繁荣昌盛,百姓安居乐业,深得国民的爱戴。帝释天看到他如此一心向佛,如此热爱百姓,就想试试他的诚心,于是就让毗首羯摩天变成一只鸽子,自己变化成一只鹰进行追逐,飞到尸毗王的宫殿中来。而尸毗王正在宫殿中办公,突然他的身边飞来了一只鸽子落在了他的肩膀上向他求助说:"有一只老鹰要吃我,请您救救我,"紧接着一只鹰就飞到了尸毗王面前说:"请你把鸽子交出来,我要吃了它,"尸毗王王说:"我曾经发下誓愿，要普度众生，所以我不能将它给你。"鹰说："我如果不吃它，我就会死，那你不是也应该救我吗？"尸毗王一想便说："那好吧，你想吃什么我都可以满足你。"鹰说："我必须得吃带血活肉才行。"尸毗王说："那我就将我的肉割给你吃吧，要不然还得杀生。"说完就用刀子将自己腿上的一块肉割了下来给鹰吃，鹰看到后却说："这样可不行，必须给我吃的肉和鸽子等量才行。"于是尸毗王便命人拿来了天平，一头放上鸽子一头放上自己割下来的肉，可是天平却侧向鸽子这一边，于是他就又接着割自己身上的肉，可是天平却一直侧向鸽子这一边，尸毗王就不断地割肉，先将自己两股的肉割掉放到天平上，后来又将自己的小腿的肉、前臂的肉、后臂的肉割下来，还是不行，然后尸毗王又将自己前胸的肉、后背的肉也割了下来，可是天平还是没有平衡。尸毗王一看这样，直接就爬到了天平上，这时天雷震震，天界众神都被尸毗王的行为所感动，帝释天和毗首羯摩天现出了原型并且施展神通将尸毗王身上的肉都长了回去，完好如初。这位尸毗王就是前世佛陀。

佛影中的鸽子： 曾经佛陀与他的十大弟子之一的舍利弗在一起时，忽然一只惊慌失措被鹰追赶的鸽子向他们飞了过来，当鸽子停到舍利弗的影子里时仍然抖动不停，惊慌不断，但是鸽子又飞了一下，飞进了佛陀的影子里。这时鸽子顿时神态安逸，不再有惊慌之色。舍利弗看到这等情形，深感惊讶，觉得太不可思议了，就问佛陀为什么鸽子在我的影子里还感到恐慌，到了你的影子却显得如此安详。佛陀就向舍利弗解释道："你现在虽然已经去除了身上的三毒，但是还有一些习气仍然存在，所以鸽子还是会害怕。"佛陀又说："那你看一下这只鸽子，投胎为鸽子身多久了，因为什么它要投胎为鸽子？"于是舍利弗开始观察这只鸽子，观察完后就告诉佛陀说："弟子看到这只鸽子投胎为鸽子身已经八万劫了，至于它的宿世却看不到了。"佛陀说："那你再看看它什么时候能够脱离畜生道而得到人身呢。"舍利弗说："弟子看不出来这只鸽子什么时候才能得到人身。"佛陀说："这只鸽子曾犯下很多罪业如杀、盗、淫等，所以它要等到像恒河沙子一样多的劫数后才能脱胎为人身，然后在人世还要经过五百世以后，有佛出世，它才会出家做比丘，然后再通过很久的刻苦修行，才能得道成佛。"舍利弗听后觉得自己的智慧太浅薄，连一只鸽子的未来与前世都不知道,于是就对佛陀说:"为了能够获得佛陀智慧,弟子愿意入无间地狱,无量劫中、替众生受苦,做这样的供养,行这样的大忏悔。"

愚鸽:故事讲的是在很久以前,在一片大森林里住着许多鸟类,其中有一对鸽子夫妇住在一棵大树上,它们每天一起出去觅食,然后一同归来,过得非常幸福。日子一天天过去了,眼看就要到冬天了,鸽子夫妇就商量着得赶紧准备一些过冬的食物,以防冬季山中下雪找不到食物。于是两只鸟就每天辛苦地去找,找了很多果实,很快就将它们的鸟巢填满了。于是它们很高兴,就打算休息几天,随着天气逐渐转凉,空气也逐渐变得干燥了,而它们储存的果实因为天气干燥而开始脱水,体积变成了原来的一半左右,但是它们一直都没有注意。有一天雄鸽子从外面飞回来,突然一看它们的储备粮食怎么只剩原来的一半,就质问雌鸽子,雌鸽子说:"我也不知道呀!"雄鸽子很生气地问:"你为什么这么自私,趁我不在时偷吃过冬的粮食?你太可恨了!"于是就用嘴开始啄雌鸽子,没有几下雌鸽子就被雄鸽子啄死了。可是没过几天,天上开始下雨,森林中的空气又开始变得湿润起来了,而它们巢里过冬的果实因为天气的原因,体积又恢复了。这一天雄鸽子看到食物又和以前一样多的时候,就知道自己错怪了妻子,于是悔恨地痛哭起来。这个故事比喻世间凡人经常存在是非颠倒的观念,因为一些小名小利,犯下诸多罪业,还不自知,知道以后,悔恨有什么用呢?

4. 孔雀

孔雀,属于雉科,是鸡形目体形最大的鸟类,头顶为翠绿色、羽冠为蓝绿色呈现出三角形,其最具特征的要算是长长的覆盖在尾巴上的覆羽,长度大约在1.5米左右,展开后好似一展屏风,但仅仅是雄性孔雀有长长的尾屏,雌性孔雀的尾巴较短,其颜色为棕褐色且有杂斑。孔雀因为体形大、身体重、翅膀并不十分发达,所以其飞行能力并不是很强。孔雀通常栖息于较为宽阔的、约2000米以下的常绿阔叶林或者是混交森林地带,尤其喜欢森林河岸两地的宽阔处。孔雀的种类较多,如蓝孔雀,这类孔雀通常分布在印度以及斯里兰卡;绿孔雀主要是分布于我国的云南;

还有一种白化品种，全身雪白；20世纪30年代在非洲热带地区还发现了黑孔雀，雄性大约为70厘米长，头上有白色簇羽，而雌性多为绿色和棕褐色。孔雀是杂食性动物，植物类主要吃稻谷、草子、蘑菇、豌豆等，动物类主要吃蚯蚓、蚱蜢、蛙类、飞蛾、蜻蜓、蜥蜴等。

佛教中的孔雀：从孔雀的食物中我们可以看到，孔雀经常会吃一些毒虫，所以在佛教中象征着可以去除一切五毒烦恼。西方阿弥陀佛就是要除去众生所造的罪业，让众生证常住不坏之寿命，所以阿弥陀佛的坐骑就是一只孔雀。

在佛教中有孔雀明王是以孔雀为坐骑的，其形象庄严、可亲。在《孔雀明王经》中有记载，佛陀当年在世之时，有一比丘遭到毒蛇咬伤，几乎快要气绝，这时佛陀的弟子阿难就来求助于佛陀，于是佛陀就教阿难一种能够除去鬼魅、毒害、恶疾的陀罗尼，这就是孔雀明王的咒语。

在佛教经典中还有一些本生故事，如《杂譬喻经》中有一则故事就是在很多年以前，森林中住着一支孔雀王，该王有五百只孔雀太太，但是孔雀王却还不满足，一日他看到一只青雀，就觉得青雀是这世界上最美的鸟，为了这只青雀孔雀王甘愿放弃已有的五百位太太，而整日与这只青雀厮守，并为青雀寻求最好的果实和最甜的甘露。而当时国王的夫人得了一种怪病，请了很多医生都没有治好，国王和夫人一直都很忧郁，但是有一天清晨国王夫人醒来后说自己做了一个梦，说只要能捉住孔雀王，她的病就有救了。于是国王就用重金悬赏，让全国的猎人去追猎孔雀王。其中有一位聪明的猎人观察到孔雀王好像不总是待在老巢中，而总是为一只青雀寻觅美食，这位猎人就在孔雀王常常觅食的树杆上涂满了蜂蜜，当孔雀王闻到蜂蜜的清香时，就跑来为青雀收集蜂蜜，这位猎人就在此时趁机抓住了孔雀王，并将其带到了王宫。国王非常高兴，就给了猎人很多赏赐。被带到皇宫的孔雀王突然开口说话，讲道："国王殿下，您抓我来不就是为了皇后的病吗？您不如现在叫人拿一桶水来，我来为这桶水加持咒语，然后您拿给夫人喝。如果喝完我的神水，夫人的病还没好，您再杀我也不迟。"国王一听就说："这样也好"，于是就命人拿来了一桶水，并让孔雀王为这桶水加持神咒，加持完以后马上就拿给了皇后喝了下去，只见皇后喝完就马上就红光焕发、精神奕奕，恢复健康了。国王又将剩下的水分发给宫廷内身患有疾病的人，结果只要喝过水的人都恢复了健康。国王一见大喜，孔雀王就对国王说："陛下，您可以将木板捆在我的脚上，这样我就跑不了了，我可以为国家的湖水也做加持，以后国民们谁只要生病了去喝湖中的水就可以了。"国王说："就照你说的办。"当孔雀王加持完湖水以后，果真有病痛的老百姓一喝湖水就痊愈了，大家都非常高兴。又过了一段时间，孔雀王就对国王说："现在全国人民对待我就像对待神明一样，我也不想走了，就请国王把我的脚松开吧，让我栖息在宫殿的大梁上吧！"于是国王就将绳索解开了。就这样又过了一段时间，突然有一天孔雀站在宫殿的大梁上笑了起来，国王一愣就问："你笑什么？"孔雀王就说："我笑天下有三个痴人，首先是我，明明家中有娇妻500位，还是贪心不足，成天要和青雀在一起；其次是猎人，满山遍野财富珍宝不去采，偏偏要揭皇榜，追猎我，也是个痴汉；最后就是国王陛下您了，好不容易逮住这么好的神医，却不把它绑好。"孔雀王说完这些话转身就飞走了，留下了恍然若失的国王。故事中的孔雀王就是佛陀，国王是舍利弗，而国王夫人就是提婆达多。

5. 鹦鹉

鹦鹉是指鹦形目，鹦鹉科鸟类，鹦鹉的羽毛毛色鲜艳好看，喜爱欢叫，动作迅捷但飞行不长久。鹦鹉的鸟喙非常有力，可以击碎硬皮的坚果，鹦鹉的种类较多，其中体形最大的应该是蓝色的金刚鹦鹉，最小的应该是蓝冠短尾鹦鹉，大部分鹦鹉会学人说话，喜欢群居，较为喧闹。鹦鹉主要以浆果、坚果、嫩芽以及一些昆虫为食物，还有些鹦鹉爱吃花蜜及水分较多的果实。鹦鹉在世界上分布较为广泛，遍布于温带、亚热带以及热带的广大地区等。

佛教中的鹦鹉：鹦鹉在佛教经典和故事中往往是正面的形象、褒义的象征，在佛教语汇中曾有"**鹦鹉孝行**"的语汇，该语汇的大意为：在很久以前遥远的雪山中曾住着一窝鹦鹉，一对年老而又双目失明的老鹦鹉和它们的孩子小鹦鹉，因为年老的两只鹦鹉已经不能再出去飞行觅食，全家食物来源的任务就全压在小鹦鹉的身上。在它们所居住的附近正好有一位一心向佛的农夫，发愿将他田地里的稻谷分享给众生，于是这只鹦鹉就每天来到这里衔取粮食，农夫从来不会轰赶它。当时的那只小鹦鹉就是佛陀自己，而一对老鹦鹉就是净饭王和摩耶夫人。

在佛教故事中还有一些关于鹦鹉的本生故事和因缘故事，如"须达长者家的鹦鹉""供养佛陀的鹦鹉王"等。

须达长者家的鹦鹉：曾经在佛陀弟子中有一位须大长者，他和他的家人甚至是家里的两只鹦鹉都一心向佛，精进求道。每次在须达长者和其全家将佛陀请来供养时，他的两只鹦鹉也一同跟随着修行，完毕以后总会向说法者说："感谢您！"一日阿难尊者来到这里，两只鹦鹉看到后就对着阿难尊者说："感谢您！"阿难尊者便说："我看你们能听懂人话，那我就给你们讲'四圣谛'。"两只鹦鹉听完之后很开心，又对阿难尊者说了一声"感谢您"。之后这两只鹦鹉死后便托生为人，成了两位修行的高僧，即昙摩和摩昙摩。

供养佛陀的鹦鹉王：该故事讲的是佛陀曾经带着很多弟子赶路，在路途中要经过一片茂密的大森林，恰巧在这片森林里住着鹦鹉王和许多鹦鹉，当鹦鹉王得知佛陀和他的弟子们将要路过这片森林时就赶紧飞向佛陀面前，告诉佛陀这一片森林是它的家，现在天色已晚，希望佛陀和弟子们能留下来在森林中休息，也能为鹦鹉们累积一些功德。佛陀看鹦鹉心诚，就答应带领弟子们夜间在此地打坐修行，鹦鹉就赶紧飞回森林，招呼伙伴们列队欢迎。到了夜晚，佛陀带着众弟子进入森林开始打坐入定，鹦鹉王就和所有的鹦鹉整夜在周边巡逻，生怕外来的野兽惊扰到了佛陀和众弟子，虽然鹦鹉王整夜不眠，但是心里却非常开心。待到第二日清晨佛陀带着弟子们将要离开森林赶往王舍城，于是鹦鹉王就赶紧提前飞到王舍城，告诉那里的国王说："佛陀和他的弟子们马上就要到来了，应该准备好美食和鲜花来欢迎。"国王看到是一只鹦鹉来传信，觉得奇怪又就觉神奇，就赶紧派人打开城门热烈欢迎佛陀和他的弟子们进城。鹦鹉王就在这一天的夜晚无疾而终，死后得以托生天界，为了报答佛陀，鹦鹉就从天界带着香花来供养佛陀，佛陀就为他讲法，最后鹦鹉王证得了阿罗汉果。

6. 鸳鸯

鸳鸯是雁形目属于鸭科动物。鸳鸯实际上是指的雌雄两鸟,即雄性鸟叫鸳、雌性鸟叫鸯,鸳鸯总是成双成对,故将其合称为鸳鸯。鸳鸯体形中等,雄性体形略大于雌性,鸳鸯属于观赏性鸟类,雌性与雄性色彩差别很大,雄性鸳鸯其喙为红色,脚为黄色、毛色鲜亮,头部还有头冠羽毛,眼睛后面的羽毛有白色的弯曲的眉纹,最具特征性就是在其翅膀上有黄色的纵向生长的大弧度帆状羽翅,非常美观,引人注目。雌性鸳鸯其喙为黑色,脚同雄性鸳鸯一样也是黄色,其身体和头部均为棕褐色。鸳鸯主要栖息在水塘、湖泊、沼泽等地域,鸳鸯属于杂食性动物,主要以树叶、草根、苔藓等为食物,但是到了繁殖时期其主要食物就以动物为主,大多是蚂蚁、蝗虫、蚊子、石蝇等。鸳鸯主要分布于亚洲的东部地区,因为其出行总是成双成对,所以又被看作是忠贞爱情的象征。

佛教中的鸳鸯: 由于鸳鸯总是出双入对,所以在佛教中时常将其比作常与无常、空与不空等事理之二法的象征。

在佛教故事里也有一则关于鸳鸯的故事叫"**会口技的贼**",这个故事是佛陀用来教育弟子们做事情要趁早,不可一直执迷不悟,别到了无可挽救的时候才想悔改,就已经来不及了。该故事讲的是在古代有一个国家,每逢节庆日时妇女们总是打扮得美丽好看,而且头上要插上一朵优钵罗花,才显得有节日氛围。而在这个国家中有一户贫苦人家,男主人对自己的妻子非常爱恋,但是临到这一年节庆日时,他的妻子提出来一定要在头上插上一支优钵罗花,要不然就要离开他。男主人听了以后也非常着急,可是自己根本没有钱为妻子买上一朵优钵罗花。就在他不知道如何是好的时候,他突然想起皇宫的御花园种植有很多优钵罗花,此时他就计上心来,心想:"到了深夜,我可以潜入皇宫的御花园里去偷上几只优钵罗花。如果有人发现,我可以利用自己的口技(学鸳鸯叫),骗过保卫的人员。"主意拿定后,他就在深夜时分偷偷来到皇宫的御花园,于是他就趁保卫不注意跳入了御花池,数不尽的优钵罗花任他随意采摘。可是就在他得意的时候,却不小心摔了一下,这一下有了响动,国王的保卫人员马上跑过来问是谁,他本来想学鸳鸯叫,可是一着急却说:"我是鸳鸯。"国王的保卫人员一拥而上,将他抓了起来。当国王的保卫人员在押送他到王宫的路上时,他开始学起了鸳鸯叫,而且学得惟妙惟肖,这时国王的保卫人员就说:"你现在学鸳鸯叫有什么用?你刚才为什么不学呢?"

7. 雀

青雀、麻雀等属于雀科,它们的种类很多,通常以棕色和黑色相混。雀类的嘴比较短且尖,整体呈锥形,雀类栖息环境广泛,平原、丘陵、沼泽、农田等不同地域都有它们的身影,但是麻雀很少在茂密的大森林里活动,而是多与人居环境接近。雀类的繁殖期一般较长,依据雀的种类不同,其繁殖时间也不尽相同,大多都是在春、夏、秋三季为繁殖期。雀类在世界上的分布较为普遍,基本除了南北极以外地区都有分布。

佛教中的麻雀: 在佛教中关于雀类的典故中曾有这样的描述,释尊在未成佛陀之前在外出家了六年,经过无数的苦修,接受过放牛女孩子的乳糜,然后在河中洗浴,佛相渐渐圆满。当佛陀即将觉悟之时,有很多青雀在附近飞翔呈现出祥瑞的征兆,这种青雀在印度也被称为仙人鸟。

在佛经故事中曾经记载过这样一则故事,当佛陀在世时期有一位非常富有的婆罗门,他有一个儿子到了婚配年龄,给儿子娶了一位漂亮媳妇。正在全家都开心的时候,这一对新婚夫妻在树林散步,因为树上的花朵开得很美,年轻漂亮的媳妇看着这些花很开心,小伙子马上就明白是自己的妻子想要一些花插在头上来装扮。于是这位年轻人很快地就爬上了树,但是他为了多摘一些花朵,就往更高的树梢爬去,不料树枝折断,他从树上摔了下来,摔死了。婆罗门全家听到儿子摔死的噩耗悲痛欲绝,嚎啕大哭,这也惊动了当时正在附近修行的佛陀。当佛陀到来时就劝慰他并告诉婆罗门,生老病死才是生命的实相,人世间的相聚离散,都是由因果福报来决定的。听了佛陀的开释,婆罗门觉得理解了,情绪也好多了,于是就问为什么自己的孩子遭此报应,是他前世犯了比较深重的罪业吗?于是佛陀就为他们解释:"在很久以前有一个孩子,喜欢玩弹弓,于是走进了森林准备去打鸟,而当他走进森林的时候，森林里已经有三个孩子在玩，这三个孩子看到拿弹弓的孩子就说，能一弹弓把麻雀打下来那才厉害呢。这个孩子听了以后便稳稳地瞄准了麻雀，一下子就将麻雀射了下来，大家很高兴地玩了一天就都回家了。然后这些孩子自此以后都经历自己的因果轮回，其中在最先来到森林玩耍的三个孩子中，一个生在了天上，因为他生前的福德最多，第二个生在海里，是海龙王，第三个就是你。而你的儿子就是拿弹弓打麻雀的孩子，他在上一世就是在天上做了第一个天人的儿子，这一世来到人间做你的儿子，因为过去的业缘，所以这一世死在树下。他现在要去投胎到海里要做龙王的儿子，但是等他一出生就会被金翅鸟吃掉。"

8．鸭子

鸭子属于雁目，是鸭科的水中禽类。鸭子的身体较小，脖子相对鹅之类的家禽较短。鸭子眼睛很有特点，虽然长在头的两边，但是却有360°视角。鸭子嘴是扁平的而且具有过滤的功能。鸭子的羽毛非常柔软温暖，鸭子的脚上带有蹼，在水中可以自由行动，在陆地上走起路来扭来扭去的。鸭子多栖息于水塘、河流以及湖泊之地，同时也是鸭子繁殖生育的场所。

佛教中鸭子：在佛教禅宗中有一公案是关于鸭子的，名叫"**百丈与野鸭子**"，其内容讲的是在一日，百丈禅师正与马祖禅师一起行路，突然天边飞过了一群野鸭子，马祖禅师就问百丈禅师："那是什么？"百丈禅师回答："那是一群野鸭子。"马祖禅师又问："它们怎么去了？"百丈禅师回答："飞过去了。"这时马祖禅师就拧住百丈禅师的鼻子，疼得百丈禅师"啊"地大叫了一声，马祖禅师责骂"又道飞过去了。"百丈禅师一下子豁然明朗了，于是跑了回去大哭，大家看到就问是为什么，他说是因为马祖禅师拧他的鼻子。其他禅友们就问："是因为你干了什么错事了吗？"百丈禅师就说："我也不知道，你们可以去问问马祖禅师。"禅友们就跑去问马祖禅师怎么回事，马祖禅师说："你问他，他自己知道是为什么。"大家非常不理解，就又跑了回来问百丈禅师，但是等众位禅友跑回来时却看到百丈禅师站在门外哈哈大笑，众位禅友又不解地问："你刚才还在哭，你现在又笑什么？"百丈禅师就对众位禅友说:"我刚才是在哭,可是我现在是在笑。"这宗公案因为百丈禅师的顿悟而传为佳话,有禅友给出的解释认为,在佛教中的时空观念,只是一个幻觉,也就是野鸭子刚才飞过去,因为自身的狭小虚幻的感受,才会认为野鸭子在时空中已经飞过去了,这些来自自我的时空观念,都是我们内心创作出来的,这些创作缘由是来自于我们自身的业力。

9. 枭

枭属于枭形目,其俗称又叫猫头鹰。枭主要在夜间活动猎食,它的眼睛瞳孔在夜间会放大,有较强视觉辨别力,枭的听觉同样非常发达,可以通过听觉准确定位猎物。在古希腊中的女神雅典娜的爱鸟就是枭。大多数枭的头是圆的,其喙短而向下弯,呈勾曲状,羽毛非常柔软,在夜间飞行不会发出响动。枭主要以老鼠、蟾蜍以及一些害虫为食,是益鸟。

佛教故事中的枭: 在我国的传统文化中枭一般都带有贬义的色彩,比如把枭作为不孝之鸟,当母枭在养育小枭的过程中,由于小枭的不断长大,而食量也会变得更大,母枭所供给的食物如果不够的话,小枭就会将母枭吃掉,其行为令人咋舌。还有在我国的词语语汇中有"枭雄""枭首示众"等较为贬斥的词语。

同样在佛教故事中枭一般也是作为负面象征出现的,如下面的一则佛教故事**"音悦长者的故事"**,该故事讲的是在佛陀在世期间,当时有一位长者名叫音悦,家庭殷实,生活无忧,可是就是膝下无儿无女,让他很是不安。但是因为他前世的功德所致,没过几年他的妻子怀孕了,给他生了一个大胖小子。接着,他的马厩中养的马开始生了许多良马,另外国王突然给他封赏,还给他加官晋爵。最后,音悦长者自家的寻宝船在海外大获而归,满载着无数财宝。这一下让音悦长者乐开了花,于是就大摆筵席供养上天,天上众神仙也都现身赞叹他的福德功业。这时佛陀也非常高兴并因为前世的缘分而专程过来祝贺,告知这都是长者前世积累的善因而今所得的善果。音悦长者恭敬地聆听了佛陀法音之后,为佛陀供奉了一方白色绒毯,佛陀接受之后并为他讲述福报的无常之理。其中内涵概括地来说,就是世上财富有着自己运行的规律，受到五种灾祸影响，很多人却为了追求钱财太过执着，应该将所赚到的钱财与大众分享，这样福报功德将在未来会随之而来的。佛陀还为音悦长者解释了影响钱财的五灾，首先是火灾，其次是水灾，再次是官吏的巧取豪夺，之后又是败家子孙将家财败坏，最后是盗贼匪患，这五种灾祸就是专门针对财富的灾难。

佛陀还作了一些比喻来解释这些灾难是如何侵害一个人的财富的。佛陀讲道："比如不管一个人有多少财富，只要违反了国家法律，都要受到处罚甚至处死，那么你的家产肯定也就被充公了，你能有什么办法去维护呢？"佛陀还讲了一个人每次做完布施都后悔，他总共布施过七次，可是每次布施完总是感到十分后悔，像此类根本没有至诚之心的布施人，结果在他以后几世轮回里曾遭遇了七次破产。当佛陀为音悦长者开释完以后就离开了，音悦长者非常感激佛陀的开释，并更加虔诚于佛门了。

在那个时代还有一些外道也得知音悦长者因为得到富贵而供养佛陀的事情，这些外道中就有一位看到了佛陀就因为说了一句吉祥偈语就获得了这么多供养，于是他也想去碰碰运气。但是他却不会说偈语，于是他就跑到佛陀面前请求教授，佛陀听了他的来意以后，就告知他最好不要去，可是外道却认为佛陀有意不愿传授，就苦苦央求。佛陀通过自己的神通看到外道此去必无好结果，但是也看到外道的此劫也是无法躲过的，就传授给了他那句吉祥偈语。

过了不久音悦长者因为遭人嫉妒，受到了诋毁，被国王免去了官职，收回了奖赏，而且家中突然遭了火灾，烧死许多骏马，他的儿子也不幸夭折，他派出去开采宝物的船只也全部倾覆在海里。当音悦长者正在大为光火时，外道却来到门口为他唱起吉祥偈语，于是音悦长者就叫人把外道抓起来狠狠地打了一顿，外道被打得浑身是伤，屁滚尿流地爬回家去，但他心里却想肯定是佛陀没有告诉他真正的偈语，才遭此毒手的，这是佛陀早就预料到的结果。佛陀将这些事情讲授给了弟子们，这时有些弟子就问为什么外道和音悦长者会遭此报应。于是佛陀就为他们讲解，在过去的很多劫之前，有一位同样也叫音悦的国王，一天国王正在休息，突然宫殿里传来了几声清脆的鸟叫声，国王觉得非常动听，就问侍卫这是什么鸟在叫，侍卫回答说是一只鹦鹉。国王便命令侍卫将其抓住，并用珍珠给鹦鹉制作了一座非常精致的小笼子，给它最好的食物。这只鹦鹉每天生活得无忧无虑，每天国王都要陪着它，有一天一只枭看到了鹦鹉生活得如此惬意，就问它是如何做到的。鹦鹉就告诉它，因为自己一天在宫殿了叫了几声，被国王看到了，国王就非常喜欢它，所以给它这样好的生活条件。枭听说以后，就在第二天趁着国王睡觉的时候猛地叫了几声，把国王一下子从睡梦中惊醒，国王急忙叫来侍卫问这是什么声音，侍卫一看就告诉国王说是一只枭。国王气急败坏地说赶紧将它抓住，拔掉全身的羽毛，痛打一顿赶走。当它一瘸一拐地回到丛林，别的鸟看到以后就问它怎么会被国王打成这样，这只枭就说都是鹦鹉欺骗了它。讲完这个故事佛徒告诉大家，善的声音让人愉悦，恶的声音让人反感会招来灾祸。当年的枭就是今天的外道，当年的音悦国王就是今天的音悦长者，当年的枭责怪鹦鹉而今又责怪佛陀，因为有嫉恨心理所以如今又招来很多罪业。这时佛陀的弟子阿难就问："这位音悦长者到底是因为什么会获得如此福报，又因为什么而这么快地失去这一切？"佛陀听后就向大家说："这位音悦长者曾经是一心向佛、供养佛法的人，可是当他娶了娇妻之后就开始花天酒地怠慢了佛家，所以最终导致了美满富足的生活和家业成了镜中月、水中花，一场空欢喜。"

10. 鹭鸶

鹭鸶属于鹭科大、中型涉水禽类，大约有六十种之多。鹭鸶的体形像纺锤，有些鹭鸶头顶有冠羽，鹭鸶有装饰羽毛在胸前，鹭鸶在飞行的时候脖子是弯曲的，站立的时候头部脖子部分为"S"形，头的部位往后靠，离躯干较近。鹭鸶栖息的地方主要是湖泊、湿地、池塘等地，鹭鸶的主要食物是昆虫、鱼、虾等，与其生存条件相适应的鹭鸶有一些非常重要的特点就是"三长"：喙长而尖，有利于鹭鸶在涉水时啄取水中食物；颈长，有利于增强觅食时的取食范围；腿长，使得鹭鸶可以轻松地站在水生物最多的浅水处觅食。

佛教中的鹭鸶：鹭鸶在佛教中有记载，佛陀曾在王舍城中的白鹭池边讲经说法,如在《大般若波罗蜜多经》中曾道:"如是我闻,薄伽梵住王舍城竹林园中白鹭池侧,与大芯刍众千二百五十人俱。"

在佛教故事中关于鹭鸶的故事较多。在南传佛教中就有这样一段故事:在很久以前,在一个池塘附近住着一只鹭鸶,那一年的夏天非常干旱,池塘眼看就要干了,鱼儿们就在水中扑腾。这只鹭鸶看到之后,非常眼馋就想着如何才能把这一些鱼吃到嘴里。它想了想突然心中有了计策:"我就告诉这些鱼儿们,就说前面的水塘很宽阔,我可以将它们一条一条地送过去,这样只要将它们带上天空,我就可以把它们都吃掉。"想好以后,鹭鸶就跑到水塘对着鱼儿们说:"你们这里的水快干了,在前面有一个很开阔的水塘,我可以把你们一条一条的送过去。"有条鱼就看着它说:"你不是在骗我们吧,你把我们带到空中就把我们一条一条地吃掉对吧?"鹭鸶说:"怎么会呢?你们不相信我,可以先带一条鱼过去看看。"这时有一条比较胆大的鱼就说:"那你就把我带过去吧,我去给大家探个路。"鹭鸶就说好吧,于是就带着这条小鱼,飞到了前面的水塘,这条小鱼看了以后很高兴,就赶紧让鹭鸶把它带了回来。一回来这条小鱼就对大家说:"太好了,前面有好大的水塘,太舒服了!"其他的鱼听了它的话就全部踊跃地要让鹭鸶把它们带回去。鹭鸶一看计谋得逞,于是一条一条地把池塘中的鱼儿全部吃掉了。这时就剩下了鱼塘中的一只螃蟹,于是它也想把螃蟹吃掉,但是螃蟹看到鱼儿们一条一条地被鹭鸶叼走就觉得不对劲。等到鹭鸶飞下来对它说要把它也带到前面水塘的时候,螃蟹就想好了:"如果鹭鸶敢伤害我,我就用钳子夹死它。"这时鹭鸶就说:"我也把你带过去吧。其他的鱼儿都在前面的大水塘生活得很高兴,就差你了。"螃蟹说:"好的,但是你的嘴太小了,恐怕噙不住我,不如让我用钳子把你钳住。"鹭鸶也没多想,就说"好的。"当鹭鸶刚把螃蟹带上天空就露出了狰狞的面目,要吃螃蟹,螃蟹一看不对劲,马上就用钳子将鹭鸶的头夹碎了,逃过了一劫。

11. 乌鸦

乌鸦属于鸦科禽类,又被称为老鸹,其体形为雀形目中最大的鸟类。乌鸦羽毛有黑色的也有白色的，其中黑色居多，黑色乌鸦的鸟喙较大呈锥形，叫声聒噪，鸦的鼻孔有鼻须，其长度可以达到喙的1/2处。黑色乌鸦的羽毛上具有一定的金属光泽，乌鸦的足部均也为黑色，乌鸦通常栖息于平原、丘陵、开阔稀疏的林地等，乌鸦多为集体群居，大多在陆地觅食，步态稳健，是杂食动物，主要为谷物、昆虫、腐肉、浆果等。乌鸦的智力较高，具有较强的社会性和侵略性，乌鸦在世界上分布很广，除了个别几个洲没有以外，世界上绝大部分都有乌鸦存在的身影。

佛教中的乌鸦：在佛教禅宗中有这样一则故事，讲的是在我国宋代有一位子元禅师，有一天在其修行入定的时候，听到一声乌鸦的叫声，便突然得到了禅悟，这则故事是关于乌鸦的一则较为知名的禅宗故事。另外在佛教经典中的故事还有"徒劳无功的乌鸦""乌鸦的贪欲"等。

徒劳无功的乌鸦：在南传佛教中有一则故事讲的是在古代，住在大海附近的人们都有一个习俗，就是祭祀神龙，每次祭拜的时候人们总是要摆上很多的酒、肉，以及乳制品等，非常丰富。每当人们祭祀完以后，就有很多乌鸦飞来美餐一顿。有一次一对乌鸦夫妇和一群乌鸦在大海边吃人们祭祀的食物时看到了许多好酒，就说："咱们也喝点酒吧。"于是两只乌鸦就疯狂地喝了起来，很快这两只乌鸦都醉了，它们又决定到海里泡泡澡，当它们刚一入海就有波大浪迎面打了下来。那只母乌鸦一下子就被巨浪卷走了。这时公乌鸦一下子就急得大哭起来，赶紧在海上寻找，其他乌鸦也都围了过来问怎么了。这只乌鸦就告诉大家自己的妻子被海水卷走了，大家听到也都非常忧伤。这时一只乌鸦提议大家应该一起用嘴将海水吸到岸上，这样就可以救出母乌鸦了。在这只乌鸦的带领下，大家开始吸海水，可是没过多久每一只乌鸦的喉咙就被咸得无法鸣叫了，但是它们还是硬忍着坚持将海水一点一点地吸上海岸。这时慈悲的菩萨为了不让它们做这些无谓的牺牲，就幻化成恐怖的样貌将它们吓退。佛陀以此故事来教诲自己的弟子，一定不要做一些无谓的牺牲，那是毫无意义的。

乌鸦的贪欲：有一则南传本生故事，讲的是关于乌鸦贪欲的故事。在很久以前在邸园精舍中，有一位总是被贪欲折磨的比丘，比较痛苦。佛陀得知此事之后就去问他："你是被贪欲所困吗？"这位比丘说："是的，佛陀。"佛陀就告诉他，他的前世就是因为贪欲而死亡的，而且还连累了别人。比丘就赶紧请佛陀讲解，佛陀说："在以前的波罗奈国的国民们经常会在自家门前，挂一只草笼子供鸟儿们休息。"在其中有一位长者的家里的厨房大师傅，也在自己的厨房里挂了一只鸟笼，里面住着一只斑鸠。这一天，一只乌鸦飞着飞着忽然闻到了一股鱼与肉的味道，它非常想吃，但是看到这些肉食是来自长者家厨房的，就想想怎么样才能进入这家食堂。就在它思考的时候，一只斑鸠从外面飞了回来，落入了厨房的笼子里，乌鸦心中一下子有了计谋，等到了第二天早上乌鸦看着斑鸠出去觅食，也赶紧跟了上去，随着斑鸠一起出去觅食。斑鸠看到它就问它是谁，为什么跟着自己，乌鸦说自己很想与斑鸠做好朋友，所以才想和它一起觅食。可是斑鸠说它们吃的东西也不一样，怎么能一起觅食呢。乌鸦说没关系，各吃各的，斑鸠看没办法也就由着乌鸦。到了晚上乌鸦随着斑鸠一同飞回了厨房，大师傅一看斑鸠又带回来了一只鸟，就赶紧又多挂了一只笼子给乌鸦住，乌鸦很高兴，因为自己的计谋得逞了。于是第二天它就高高兴兴地和斑鸠一同出去觅食去了，到了晚上两只鸟儿一起回来。但是到了第三天一大早斑鸠叫它一起去觅食的时候，它就假装肚子痛说自己不去了，斑鸠一下子就识破了它的诡计，就劝它不要太贪心，会毁了自己的。乌鸦等着斑鸠出巢以后，就一直注视着大师傅，大师傅在忙了一会儿后就跑到厨房外面休息了，乌鸦觉得时机到了，就赶紧扑向鱼和肉，可是它还没来得及吃，大师傅就回来了，把它抓了个正着。这时大师傅很生气地说："你这个贪心的家伙，亏我还给你挂了一只笼子。"于是就一把将乌鸦和斑鸠的笼子都给扔掉了，还把乌鸦全身的羽毛全部拔掉，并在它身上涂上了一种自制的毒药水。当斑鸠回来的时候，发现乌鸦正在疼痛挣扎，而自己的笼子也没有了，于是就说："贪心害了你自己，我的窝也没有了，我也得走了。"后来这只乌鸦也死去了。佛陀就告诉比丘："那只乌鸦就是你的前世，而斑鸠就是我的前世，你看你不但今生贪欲重，往世你也一样。"于是佛陀为他开示讲法，这位比丘最终得到了一个好的果报。

12. 鹤

鹤属于鹤科，是一种较大的涉水禽类，在我国鹤有九种之多。大多数鹤的头较小，脖子细长，喙细长，脚细长。鹤的颜色大多分为三种，即黄色、白色和黑色，其中白色更具魅力，白鹤头顶是红色，眼睛也是红色，腿脚为黑色，脚趾很细。白鹤身体上的羽毛为白色，但是在翅膀的末端与鹤尾部的羽毛呈现出黑色。鹤的分布极其广泛，地球上除了南北极以外都可以见到鹤的印迹，鹤通常生活在较浅的淡水水域如沼泽、水塘等湿地，主要以青蛙、鱼、虾以及植物的种子、嫩芽为食。

佛教中的鹤：鹤在我国传统文化中是吉祥、长寿的代表，甚至人们将丹顶鹤称为"仙鹤"，在朝鲜和日本（应该也是受到中国文化影响）也常常以仙鹤与松树为绘画题材，作为吉祥瑞意之图像。在佛教中的鹤也同样是吉祥美好的动物象征，尤其在禅宗用语中有一语汇，叫作"伴鹤随风得自由"，其意主要是为了彰显禅者之境界，就像闲云野鹤般的生存状态，赤条条，来去无牵挂。另外佛陀涅槃在娑罗双树之间，当佛陀入灭以后，这里的娑罗树变成白色，又被称为鹤林，所以鹤林也有佛陀涅槃之意。

另外，在佛教故事中还有一个著名的故事叫"**以讹传讹**"，该故事讲的是在当年阿难尊者同众比丘一起禅修时听到了一位比丘大声朗读出他的师父传授于他的偈语："若人寿百岁，不见水白鹤。不如一日生，得见水白鹤。"阿难尊者听后就告诉这位比丘，他朗读的偈语错了，应该是："若人寿百岁，不了于生灭。不如一日生，得了于生灭。你的师傅给你传授错了。"这位比丘就赶紧跑回去告诉了自己师傅刚才发生的事情，该比丘的师傅听了以后便说："阿难尊者已经120岁了，早都老糊涂了，我传授给你的是对的，你别听他的。"这一故事教导人们一定不要"以讹传讹"，这个故事里的师傅不但不思悔改，甚至毫无更正之意，这才是最可怕的。

13. 鹰

鹰，属于鹰形目猛禽，主要是指苍鹰和雀鹰。鹰的体形较大，性情凶猛。鹰是肉食动物，经常以捕捉老鼠、兔子、蛇类为食，甚至还有的大型鹰会以山羊和鹿等为食物,鹰通常在白天出行猎食,夜间休息。鹰的视力超常,能够在空中上千米的高空清晰地看到地面上行动的猎物。鹰的喙大而尖锐,鹰的胃消化能力非常强劲,鹰还有尖锐有力的爪子可以将猎物从地上死死地抓起来以及将猎物撕开。因为鹰的这些特性,有些地域的人们将鹰训练成猎鹰。鹰通常栖息于山地、峡谷以及森林之中,鹰的形象彪悍美观,被许多民族和传统文化所接纳,成为图腾或者是国徽中的一部分。

佛教中的鹰: 在佛教中有许多语汇是关于鹰的,比如"快鹞赶不及""见兔放鹰"等。快鹞赶不及:其意为虽然有鹞子一般的速度也赶不上,在禅宗中主要是指禅机的速度快如闪电。见兔放鹰:该语汇主要含义是指做事灵活,能够见机行事又好比打猎的时候,只有见到兔子才将猎鹰放出去的意思。在禅宗中尤其是指禅师的应变能力和生动掌握禅机的本领。

在佛教经典中的故事较为知名的就是在佛陀本生故事中的"割肉贸鸽",该故事在上文关于鸽子的故事中已经描述过,主要讲述的就是尸毗王为了保护鸽子,而将自己身上的肉一一割下给鹰吃的故事,这则故事作为壁画题材出现于我国多处佛教遗迹之中,比如克孜尔石窟、敦煌石窟两地的壁画中皆有该题材壁画表现。

14. 啄木鸟

啄木鸟,属于䴕形目啄木鸟科,我国主要有绿啄木鸟和斑啄木鸟,啄木鸟属于留鸟。啄木鸟最重要的特征就是其长而坚硬的喙,可以凿碎树木取出其中的虫子,有些啄木鸟还吃地上的虫子以及树木汁液等。啄木鸟主要以天牛、吉丁虫、蠹虫等害虫为食,所以啄木鸟有森林医生的美名。

佛教中的啄木鸟: 在佛教故事之中有一则关于啄木鸟王的故事,故事的内容是在以往的大森林中,有一只威严庄重的啄木鸟王。在森林中大多数啄木鸟都是以树木里面的虫子为食物,而这只鸟王心地善良,只吃树木的汁液,从来不忍吃其中虫子。它还能够为很多动物治病,并且乐于帮助森林中的动物。有一日啄木鸟王正在森林中飞行,突然看到一只狮子正在痛苦大叫,啄木鸟王就飞过去问:"狮子你这是怎么了，是被猎人打伤了，还是患上了什么疾病？如果我可帮你的话，就请告诉我。"这时狮子说："我的嘴里卡了一根骨头，非常痛苦，你能帮我取出来吗？"啄木鸟王说："没问题，我来帮你取出来。"于是啄木鸟王就用树枝顶住狮子的嘴，自己爬到了狮子的嘴里一点一点地将骨头从狮子嘴里面撬了出来，等骨头拿了出来，啄木鸟王又将顶住狮子嘴的树枝也取了下来。狮子感激地流出了眼泪，千恩万谢地送走了啄木鸟王。

过了不久，有一只老鹰在不停地追撵啄木鸟王，它又累又饿。这时啄木鸟王正好看到那只被它救过的狮子在大口啃食一只猎物，于是它就飞到狮子旁边，可是狮子自顾自地只是吃东西，对于它视而不见。于是啄木鸟王就凑近了狮子，告诉它自己被鹰追击，又累又饿，希望狮子能给它一些食物，狮子一听大吼道："你没看我正在吃饭吗？赶紧滚开，要不然我连你也吃了。你不要觉得你帮过我，我就得感谢你，那天你在我嘴里，我没吃了你就已经是感谢你了。你再不走，我就不客气了。"这时站在旁边的树神都觉得狮子实在太过分了，就问啄木鸟王："你为什么不骂它？"啄木鸟王说："没必要，这样的话以后再也不会有人再去帮它了。"于是说完就飞走了。

15. 鹫

鹫是大型猛禽属于鹰科，鹫又名"雕"，有秃鹫、兀鹫等。鹫的体形很大，喙似铁钩，其头部有暗褐色细小羽毛，脖颈处多无毛，羽毛的颜色较深，鹫的视力非常好，鹫的爪子却不及鹰的犀利有劲。鹫多分布于温带与热带等地区，在我国主要分布于青海、新疆、内蒙古、西藏等地区。它的飞行高度可以达到7000～10000米的高空，鹫的主要食物有兔子、山羊、小鹿以及动物的腐肉等。

佛教中的鹫：在佛教中关于鹫的语汇较为知名的应该就是佛陀当年所居之地的名称，即灵鹫峰。该地处于古印度摩揭陀国，在王舍城附近的灵山之上，由于山峰的形貌颇像秃鹫，而山中也有不少鹫在生存，故名灵鹫峰。另外在佛教中多将鹫比作自在而又巨大的人，是一切随心、无拘无束的象征。

16. 雁

雁属于鸟纲鸭科，是大型游水禽，终生配对，其行走时步履平稳，飞行能力很强，是我国较为常见的候鸟，通常在春分以后飞回西伯利亚一带，秋分之后飞向南方过冬。雁的喙略扁圆且厚，大多数雁的羽毛色为灰褐色还带有花纹。雁主要以植物的种子、嫩叶、水草、小鱼、小虾以及农田中的谷物等为食。

佛教中的雁： 在佛教中有佛陀的三十二种好相之一的"手足指间的缦网相"其比喻对象就是雁王。

在佛教中的语汇还有雁门、雁行、雁塔、雁堂等，均有丰富的寓意。雁门，佛陀又被称为雁王，所以佛教又被称为雁门。雁行，其意根据大雁飞行排列的自律性来比喻佛门教徒僧众行列的整齐。雁塔，最早的雁塔是在古代印度摩揭陀国帝释窟山的东峰佛寺前，此塔的建立是因为当时小乘佛教中的佛徒们都吃净肉，菩萨为了指引众僧们修行，便幻化成雁从空中下落而死，僧众们感到惧怕便在雁摔落的地方起塔祭拜，塔名为"雁塔"。到了我国唐朝时期，玄奘法师在西安建立大慈恩寺塔，由于是模仿古印度雁塔，故取名为"大雁塔"。此塔起初为五层，每层均放有舍利，后来历经多个时代的战乱与重修，现在大雁塔为七层。

另外在佛教中还有一位尊者叫"辩才天"，只要是弘扬《金光明经》者，他都会给予护持使其智慧得到增长，具有雄辩才能。辩才天的坐骑就是雁。

在佛经中关于雁的故事也有不少，其中较为知名的有"雁塔轶事""大雁飞书"等。

雁塔轶事： 在我国陕西西安有一座著名的大雁塔，立于大慈恩寺的北侧，该塔建于唐代永徽三年（公元652年），是玄奘法师主持建立的，其功能主要是为了存放玄奘法师自印度取回来的经书。起初起塔是为五层方塔，到了武则天时期此塔被改为青砖修建，建为七层，之后又改建为十层，最后经过战火和重建，大雁塔变成了现在的七层。大雁塔的形式据说是对于古代印度摩揭陀国帝释窟山的东峰佛寺前雁塔的模仿，东峰佛寺前雁塔的来历是因为大雁舍身供养僧人而建的。具体内容是：在很久以前古印度著名的纳兰陀寺附近有一座寺庙里的僧众们，修行小乘佛教，可以吃三净肉。一日寺庙中已经没有三净肉可以食用，这些僧众就开始抱怨，恰巧一群大雁从天上飞过，一僧人就对着天大喊："今天供僧没有三净肉，摩珂萨陀应该知道的吧？"话音刚落，就见一只大雁自天而下摔死在众僧面前，众僧既恐惧又惭愧，都说此雁必是菩萨所幻化，赶紧建塔祭拜，当塔建起之后名为雁塔。据说我国大雁塔在建造时期，玄奘大师既是设计师又是建造监理。

大雁飞书： 该故事发生在很久以前的波罗捺国王的两个儿子身上，国王的一个儿子叫善友，另外一个儿子叫恶友。在当时为了国家的富强和百姓的安居乐业。哥哥善友决定带着弟弟恶友一同下海去寻找如意珠，兄弟两人通过百般考验才找到了如意珠。但是当他们拿到如意珠时，弟弟恶友却觉得此事的功劳回去以后一定全都是哥哥善友的，于是暗下狠手将哥哥善友的眼睛刺伤，回到国家后谎称哥哥善友溺死在海里了，国王夫妇都非常伤心。哥哥善友被人所救住在历师跋国。一日他看到自己国家王宫中所养的大雁脖子上挂着一封信，来到了此国，就高兴地将这只大雁捉住，并写信讲明了事件的原委和自己现在的处境。国王夫妇得知消息后，便赶紧将善友接了回来。在这个故事中的恶友就是往日的提婆达多，而善友则是佛陀本人。

二、水生类动物故事
（螃蟹、鱼、海螺）

1. 螃蟹

螃蟹属于甲壳动物亚门，螃蟹的身体宽扁或者窄长，螃蟹全身都是坚硬的壳，它的腿全部是有关节的。螃蟹有淡水蟹和海蟹两大类，主要生活在海边的沙子坑洞中、海底深处、淡水河边等潮湿阴暗的地方。螃蟹是杂食动物，既吃植物的腐叶腐枝，又吃动物的腐肉等。

佛教中螃蟹： 关于螃蟹在我国佛教故事中最有名的就要算是我国民间四大爱情故事之一的《白蛇传》，在其中的故事情节里，法海被打败之后藏身于螃蟹腹中。该故事出自《白蛇传》"水漫金山"部分，讲的是法海将许仙骗到了金山寺关了起来,不让白娘子找到。而白娘子与小青知道此事后打上金山寺,要去救许仙,不顾一切的白娘子将西湖水引入金山寺,造成了莫大的罪过伤害了无数百姓众生,但是就这样他们也没有斗得过法海,最终被法海打败且将白娘子压在了雷峰塔下,小青得以逃出。小青为了给白娘子报仇,回去苦修,最终回来打败了法海救出了白娘子和许仙,把法海吓得无处躲藏,最后穿着黄色袈裟躲到了螃蟹的肚子里了,所以我们可以看到螃蟹的蟹膏就像僧衣袈裟的颜色。

2. 鱼

鱼类大多呈梭的体形,有头、躯干、尾三部分,其结构与系统发育有关,为了适应水中环境而生。鳞片覆盖体表保护身体免遭伤害,鱼鳃就像人类的肺,是水中生存重要的呼吸器官,鱼鳔通过自动的膨胀与收缩来保持身体的浮力,鱼鳍形态各异,用于划水运动,维持身体平衡,身体两侧的侧线鳞是鱼的神经系统,能感受水的流动、声音和压力的低频率振动,这是鱼特有的生理结构。

佛教中的鱼:鱼是佛教八吉祥之一,鱼在水中游,象征着无限生机,摆脱世间劫难,所以佛经中关于鱼的经典故事屡见不鲜。

木鱼的故事:鱼类在佛教故事中表现的方式比较多,如佛门法器木鱼,其形态仿照鱼而做,如佛经中就有"鱼腹儿"的故事,传说主人公薄拘罗出生在印度婆罗门家族,幼年丧母,备受刻薄继母的虐待,某日趁其父外出,继母将薄拘罗掷于河中,坠入河的薄拘罗遇到一条大鱼,不幸被吞食,由于福德因缘得以不死。恰逢捕鱼师将大鱼捕获,在集市变卖时遇见薄拘罗的父亲,机缘巧合,这条吞食薄拘罗的大鱼又被其父买回家,就在其父用刀剖开鱼腹时,鱼腹中的薄拘罗说:"愿父安详,勿要伤儿。"其父剖开鱼腹,看到薄拘罗并将其救出。薄拘罗长大后步入佛门,历经磨难最终修得正果。

在我国古代也有一些关于木鱼由来的传说,比如:早在东汉时期,有一位慈光大师和两个僧徒从西天取经返回的途中,乘船渡海时不幸遇到风浪,突遇一条大鱼袭击,吞掉了经书,两个僧徒跳入海中与大鱼展开激烈的搏斗,最终将大鱼拖上船，一瞬间风平浪静，大鱼的身躯融化消失，最后就只剩大鱼的鱼头留在船上。从此以后他们制作了一个木头的鱼头，每日口念"阿弥陀佛"并敲打木制鱼头就成了佛家的习惯。

另外一则关于木鱼的记载：以前有一僧人因违背师父的教诲，破坏了戒法，死后受恶报转生为鱼，而且鱼背上还有一棵树，在海水里遭遇风浪便摇摆不定，皮肉撕裂出血，更加痛苦不堪。后来，它的师父在渡海时，大鱼借此机会制造风浪，并责问师父："往日你不教导我，致我堕生为鱼，现如今我要报此怨。"师父不解地问："你叫什么名字？"在听了大鱼的回答后，师父恍然大悟，劝大鱼忏悔，并因此为鱼设法会，之后大鱼拖梦于师父，称自己现摆脱鱼身，愿意将背上的树木供养寺中。后来，师父果然在海边见到鱼尸背上的大树并将其刻成鱼形，悬挂在寺院，敲击来警戒众人。

我国唐代高僧也有对木鱼的描述，认为鱼类的眼睛终日睁着不闭，可以制作木鱼，僧人在诵经时敲打木鱼，凭此以示进取。也由此可以看出，木鱼是佛门僧侣创制，以上关于木鱼的传说都有警示僧众昼夜不忘修行的意义。

三条鱼的故事：在南传的《本生经·设问品》中，记载释迦牟尼佛前生为鱼的故事。在波罗奈河中，有名叫过多思、过少思、中思的三条鱼。它们顺着波罗奈河从森林游到城里，中思觉得城里过于危险，于是就劝说过多思和过少思："我们还是一起回森林老家吧。"然而，过多思和过少思因贪恋城里的美食，犹豫着不肯走，一晃时间就过去了三个月，它们依旧在城里乐不思蜀。不幸的是，过多思和过少思为追求饵食，钻进了渔夫投下的罗网之中。中思看到同伴落网，便来咬破网线救出过多思和过少思，这两条鱼虽然表面很感谢中思鱼，但是由于本性难改，在后来经过转世，它们都成了出家比丘，也没能改掉懈怠懒惰的习性。

有一次，在度过乡村森林的雨季后，他们准备回僧团见佛陀，已经准备好途中的粮食，还是一天拖一天，时光流逝，食粮吃尽，再重新准备，就这样周而复始，懈怠懒惰，犹豫不决，虚度三个月后终于出发，最终迟归了几月。在见到佛陀时，佛陀说他们不应该虚度时光，浪费生命，沉迷奢侈，为他们讲四圣谛法。二人羞愧万分,深刻忏悔,改掉了过去的陋习。在那三条鱼中,中思鱼就是释迦牟尼佛的前身。

情爱的故事: 在南传的《本生经·雏鸟品》中,记载了一个关于鱼的爱情故事。往昔佛陀还在世时,有一位出家的比丘,心里挂念着他出家前的妻子,佛陀知道此事后,讲了一段过去的因缘故事:从前,有一个国王的祭司,带领侍从在河边洗浴,碰到渔夫投网捕鱼。这时,河中游来两条大鱼,游在前面的雌鱼发现渔网,绕道而行,后面的雄鱼还沉浸在爱情的嬉戏中,丝毫没有察觉到危险,最终陷入网中被捕。渔夫将捕住的雄鱼放在沙滩,准备火烤。雄鱼此时心里只想着雌鱼,担心自己走后妻子孤单无依,于是雄鱼发出悲哀地叹息,旁边洗浴的祭司,听懂雄鱼的悲叹,于是走到渔夫面前,请求把这一条鱼供养给他,渔夫欢喜地送给他。祭司双手捧鱼走到河边,训诫雄鱼,以后不要为情爱所缚,随后就把雄鱼放进水里回城去了。比丘尼出家前的妻子就是那条雌鱼,比丘的前生就是雄鱼,释迦牟尼佛的前生便是司祭。

3. 海螺

海螺也称大法螺,壳大、壁厚呈圆锥形,是生活在海洋中的软体动物,肉食性壳类。古代的号角或乐器都是用海螺壳做成的。

佛教中的海螺: 海螺源于印度,随佛教传入中国,为藏传佛教常用的法器,译为商、珂贝,又被称为宝螺、金刚螺等,是用同名软体动物"法螺"的贝壳制成,形状似喇叭,在卷贝的尾端附笛而成,在佛教中法螺代表法音,是行佛事中常用的法器之一。

海螺在佛教中的功能有许多种,比如被佛教视为珍宝工具、藏传佛教的法会祭器或灌顶法器、佛教赞诵会的梵呗乐器、重大佛事都会用到的礼赞法器,是佛菩萨的持物之一等。海螺代表了佛陀的法音,它象征着吉祥与赐福,能降魔消除烦恼,可以灭罪消除恶业。

在南传本生故事中,记载了有关螺的故事。从前,在波罗奈城,是梵与王在治理国家,在一次举行祭礼的时候,投生到吹螺者家里的佛陀,为了挣钱跟着其父去吹螺，在返回的途中，必须经过一片森林。据说经常有强盗在此出没，孩子因担心招来强盗，故劝阻父亲停止吹螺，但是父亲继续不停地吹螺，最后他们的钱还是被强盗抢走了。劝阻父亲吹螺的孩子就是世尊的前世，这位吹螺者就过往时多世的以前释迦牟尼佛的弟子中的一位。

三、神幻类动物故事
（迦陵频伽、龙、摩羯鱼、命命鸟、迦楼罗）

1．迦陵频伽
迦陵频伽是佛教世界中，一种能发出美妙声音的神鸟，它的声音之动听除了释尊以外无可相比。迦陵频伽是人头鸟身的形象，在我国北魏时期的雕刻艺术中以及敦煌壁画中都有迦陵频伽的出现。

佛教中的迦陵频伽：在佛陀的三十二相、八十种好中，其中就有佛陀的梵音深远相，就像迦陵频伽一样，听到这样声音的人都会喜爱，都会得到无量的好处。佛陀的声音之所以能够有这样的声音，是因为佛陀往世不恶口，教人善语，不诋毁佛法所以得此妙相。

2．龙
龙，为鳞虫之长，是中国古代神话中非常重要的动物，相传能飞擅变，呼风唤雨，象征着祥瑞与皇权。在远古传说龙是可驯养的，如帝舜时董父、夏孔甲时刘累和师门都能驯龙。西方世界的龙是一种传说生物，是一种体温恒定的爬行动物，在古希腊文中，"龙"与"巨大的海蛇"是同一个词，象征着力量、魔法及贪婪，在基督教传说的影响下，龙成为邪恶、黑暗的化身。

在佛经中，龙可说是经常出现的动物，龙梵名音译为那伽、袅诚。龙王为龙族的领袖，佛的守护者，带领着眷属，护持佛法。其中以八大龙王最为著称，除此之外，还有龙子、龙女。《海龙王经》中记载威首为海龙王之子，宝锦为海龙王之女，获佛授记。《法华经》中记载龙女成佛的故事，相传年仅八岁的娑竭罗龙王之女，因受持此经的功德和机缘，最终修成佛。

还有一则故事是讲关于龙至死持戒不破的故事，相传佛陀转世为一条力大无穷的毒龙，双眼会喷毒，曾伤害过许多生命。有一天一位修行者用法降服了毒龙，为龙除去了身上的毒。从此毒龙誓愿奉行不杀生戒。在这以后，毒龙连一条小虫也不愿伤害，渐渐地毒龙的心性也变善良了，不再暴躁而且消除一切坏习惯，身居洞中专一修行。由于疲倦，它在打坐的时候睡着了，因为身上的鳞甲闪耀着纹彩，显得格外美丽，被打猎的猎人看到了。这时候猎人心生贪念，想着如果将这张美丽的龙皮献给国王，必能获得重奖。于是，便偷偷接近毒龙，开始剥它的皮，当毒龙感知到有人要剥它的皮时，不仅没有反抗而且还决定忍一时痛苦，成就猎人的愿望。之后，森林里的小动物也爬满毒龙的伤口，毒龙又痛又痒，即使这样，仍坚守不杀生戒，忍住剧痛任人取食。

3．摩羯鱼

摩羯鱼是佛教文献中经常出现的一种虚幻的大鱼，通常人们会将其比作鲸鱼、海豚之类的鱼，摩羯鱼又被称作"么迦罗鱼"。摩羯鱼在印度神话中是水神的坐骑，也在爱神的旗帜上出现。

佛教中的摩羯鱼： 在佛教故事或者佛教艺术中会时常出现一些摩羯鱼的传说和形象，其中有一则较为著名的关于摩羯鱼的故事就叫**"摩羯鱼劫比罗"**。相传在古代的胜慧河两岸，有很多以打鱼为生的渔民，他们每天在黎明前就入河打鱼，恰逢一日是这里的集会，这些渔民们就更加卖力地去打鱼，争取能多挣点钱。也正如渔民们所愿，他们很快就捕捞到了很多鱼，这时在河的另一处还有些撒大网的渔民，他们突然感到渔网动得厉害，这里的渔民就赶紧招呼全体渔民来帮忙拖网，在大家齐心协力的努力下，人们才将这条大鱼拖上了岸边。当鱼被拖出水面的时候，人们才发现这是一只长着十八个头的摩羯鱼，有的头是马头，有的是狗头、牛头等，大家都来围观,觉得好奇怪。这时佛陀正带着弟子们在广严城中化缘,他知道摩羯鱼今天要有劫难,所以已经带着弟子向这边赶来,当人们看到是佛陀来了,就赶紧让出一条路来,佛陀与弟子们走上前去,佛陀摸着摩羯鱼的头说:"你是劫比罗吗?"摩羯鱼眼睛看着佛陀说:"我是劫比罗。"佛陀问:"你知道为什么你会堕入畜生道吗?"摩羯鱼说都因为自己的母亲鼓励它作了一些错事,佛陀说:"你的母亲现在也在地狱受罪。"围观的人群听得不知所措,这时佛陀看出了大家的迷茫,于是就将摩羯鱼劫比罗的身世告诉了大家。佛陀说:"在很久以前有一位婆罗门名叫劫比罗设摩,他才识渊博,无论在国内还是与国外辩师辩论,总是能赢,国王非常欣赏他,他也因此非常富有。"逐渐到了而立之年的劫比罗设摩也有了家室,有了孩子,他的孩子名叫劫比罗。劫比罗非常聪明,很快就学会了劫比罗设摩的平生所学,也成了一位了不起的辩师。从这以后劫比罗设摩就开始出外游历,结交许多佛门朋友,直到他年老体衰才回到家。当他将要离开人世的时候,就对劫比罗说:"你的辩才现在已经很厉害了,但是你最好不要和佛门中人去辩论,你不是他们的对手。"说完就去世了。从此以后他的辩论能力更加厉害了,他的母亲觉得一定要和佛门中人去辩论,这样才能奠定他的学识地位。于是劫比罗听从了母亲教唆,放弃了父亲给他的忠告,非要与佛门弟子进行辩论。由于劫比罗辩论不过佛门教徒,就气急败坏地诋毁佛门弟子和佛法,最终落得如此下场。

4. 命命鸟

命命鸟是佛经中的一种神鸟,又被称作共命鸟、生生鸟等。命命鸟是有两个头和一个身体的鸟,它们是命运共同体,一个好大家都好,一个不好大家都不好。命命鸟的声音和迦陵频伽的声音都是非常悦耳的,命命鸟还能够通晓四种天下的语言,而且飞行速度极快。

佛经中的命命鸟: 在很久以前的王舍城中,佛陀的弟子们有一个疑惑就是佛陀的表弟提婆达多为什么总想着要害佛陀。佛陀对众弟子说:"他不光是我表弟的时候想害我,在往世之中我们两个曾在雪山上是一只两个头一个身体的命命鸟,其中一个头每天都吃非常好的果实,希望身体健康一切安定,但是另一个头却什么也吃不上就心生嫉妒,心想我吃不上你也别想活,于是就偷着吃了有毒的果实,之后两个头都死了。"

佛陀说的故事中吃好果实的头就是自己,而吃有毒果实的就是提婆达多,佛陀说:"以前我们是同一只命命鸟的时候它都要害我,何况现在是表兄弟呢!"

5. 迦楼罗

迦楼罗,又名大鹏金翅鸟,在古印度神话中是巨大神物,是印度三大主神之一湿毗奴的坐骑,性格刚烈,每天要吃一只龙王和五百条小龙。迦楼罗的形象有三种,首先是人头鸟身,其次是鸟头人身,最后是纯粹鸟形。该神兽又可依据出生形式将其分为四大类,其中化生的最为强大,第二是湿生,第三为胎生,第四为卵生。

佛教中的迦楼罗:迦楼罗在我国佛教寺院中通常以观音菩萨的化身之一出现,为人的面貌和鸟的嘴形。在密宗中因迦楼罗的猛烈性格,将其视为刚猛的象征,也有时将其视为文殊菩萨或是大自在天。当然在佛教多种经典中也都出现过关于迦楼罗的因缘或者本生故事,如"与龙为友的迦楼罗""迦楼罗受教于龙"等。

与龙为友的迦楼罗:相传在一棵名叫曲深浮留的树上住着迦楼罗鸟王,而在附近有一只叫莫那斯的龙王想和迦楼罗为友,就走到了曲深浮留树的附近,不想却被迦楼罗看到后抓了起来放在了树上,准备好好美餐一顿。可是突然莫那斯龙王大显神通,变得非常长,长到几乎压弯了迦楼罗居住的曲深浮留树。迦楼罗一看窝都快坏了,也没有心思去吃莫那斯龙王了,于是就将莫那斯龙王给放走了。但是莫那斯龙王又使用神通将自己变为一个想要和迦楼罗玩耍的孩子,来到了迦楼罗鸟王的身边就问:"你怎么了,迦楼罗?"迦楼罗鸟王一看是个非常可爱的孩子,心生喜欢,就对孩子说:"我的鸟窝被莫那斯龙王给压坏了,所以我很伤心。"小孩子就说:"那你应该想想你每天要吃一只龙王,还要吃五百条小龙,你想过龙王失去家眷的感受吗?"迦楼罗鸟王一听也觉得非常有道理,这时莫那斯龙王又显示神通恢复了自己的本来面目。迦楼罗鸟王一看是莫那斯龙王也就一笑泯恩仇了,两人立下规定再也不互相侵害，成为世代的好朋友。

迦楼罗受教于龙：这是一则关于佛陀本生的故事，相传佛陀在以往前世中曾经化生为迦楼罗，它有自己的宫殿和豪华泳池，它的身体长有八千由旬，每侧翅展有四千由旬。迦楼罗每日都会在海里取食海龙，一日它高飞到空中然后下落至海面，将水用翅膀划开，瞬间它就噙住了一条龙王。然后向上高飞直到须弥山上的一棵大铁树上才停了下来并将龙放在树上，但是迦楼罗有个习惯就是吃龙的时候是先从龙尾巴开始吃起的。当它站在大铁树上想要吃龙的时候，却怎么也找不到这条龙的尾巴，他就找啊找啊，找了一天也没找到。到了第二天这条龙自己露出了尾巴，对着迦楼罗说："我是化生龙，以我的能力能够瞬间让你灰飞烟灭，只是我奉持八斋戒，所以昨天饶了你的性命。"这时迦楼罗吓了一跳，也想起来它那个时代的龙王确实都奉持八斋戒，于是迦楼罗就邀请龙王到自己的宫殿游玩，并请求龙王能赐教它如何奉持八斋戒，希望以后能够托生为人。龙王听后便答应了迦楼罗的要求，从此迦楼罗便随着龙王奉持八斋戒。

第二节 飞禽、水生、神幻类故事画的图案内容与形式

在克孜尔石窟壁画中时常可以看到色彩斑斓、造型舒展、飘逸流畅的各类鸟儿，形体怪异却又极具形式感的鱼以及造型玄幻、具有神通的神幻类动物，等等。这些均是当时古代克孜尔艺术家们为了达到佛教艺术所要表达的境界而使出了高超的绘画技巧和卓越的表现手法。在这些动物画的内容中都包含着劝人为善或遵守佛教戒律、一心向佛的榜样，他们最终都会得到好的轮回或果报。同样在这些故事中也包含着反面角色，多是作恶多端、忘恩负义以及狡猾奸诈的形象，之后会因为种种恶业遭到打入地狱或是坠入饿鬼道、畜生道等下场。

一、飞禽、水生、神幻类动物故事画的图案内容

动物图案在克孜尔石窟壁画中反映了题材与内容的和谐性与整体性，这些图案具有佛教文献经典的规范，兼备传播发扬的使命以及装饰美化禅修环境的功能。在古代大多数人们的文化水平和认知能力较为有限，这些充满了迷幻色彩和仙境般朦胧的画境给人们带来了巨大的遐想空间。让人们对自身所遭受的不平与恐惧似乎找到了一些心理安慰，并且加深了对于来世的向往。而这些动物图案也通过其中的动物形象和动物所表现出来的思想行为，映射着当时的社会状态和人们的社会生活。在这里故事图案按照出处和功能大概可以分为三大类：第一类，出自佛教文献中的动物图案，这一类动物图案基本上都是出自佛教三大故事题材的经典；第二类，单体动物图案；第三类，装饰性动物图案，具体的分类的根据，在本书的前一章中已经提及在此不再赘述。笔者通过大量的梳理和研究发现，在克孜尔石窟壁画中的飞禽、水生、神幻类动物故事画的图案内容在第三类装饰性动物图案中出现频率最高，着重表现在画面与画面的衔接之处，洞窟形制变换转折的部位。通常这些装饰性动物图案往往配合着大量的植物图案，成为石窟壁画的辅配装饰，为石窟艺术增添了无限的风采。其次这三种动物图案出现较多的是在克孜尔石窟单体类的动物图案之中，该类动物图案多为单体形式独立存在于画面之中，并不表示太多的意义而更多地为了气氛的渲染。最后出现频率较少的要算是出自佛教文献中的动物图案了。

1. 出自佛教文献中的动物图案

这一类动物图案主要是指佛教三大故事中的本生故事和因缘故事，因为在这类故事中通常都反映的是佛陀在前世未得正觉之时，作为菩萨在修行过程中历经各种劫难和托生于各类动物而行菩萨道的事迹。也就是释迦牟尼佛的前世所作所为。在佛经曾有记载，佛陀在修得无上正觉之前，曾经经历了五百五十次的转世托生，在过往前世曾作过龙、作过金翅鸟等动物。但是在克孜尔石窟中出自佛教文献中关于飞禽、水生、神幻类的动物为主要角色的故事图案相对还是比较少见的，故本书在

第五章 克孜尔石窟佛教艺术——飞禽、水生、神幻类动物故事图案

此不再针对出自佛教文献中关于飞禽、水生、神幻类动物图案的内容作举例说明了。

2. 单体动物图案

该类动物图案通常是以一种独立的形式处于石窟的垂直壁面或是券顶的菱格画面之中，但是多处于较为次要的位置。该型动物图案是不具备太多的故事含义的，最重要的就是要在画面中烘托出静谧或者是安静祥和的丛林气氛。在该类动物图案中的飞禽、水生、神幻类动物时有出现，同时形式和种类也较为丰富。下面本书就将克孜尔171窟中主室券顶的左侧一铺壁画内容为"双鸟"的动物画图案进行举例说明：

（1）单体物图案中的"双鸟"图案（图16）

在克孜尔171窟中主室券顶的左侧，绘制有一座以蓝色为底色的菱格山脉，长长的乳突山，在每个乳突的顶端部分都点缀有一支折枝双叶式的联珠天雨花，天雨花的折枝茎和双叶均为浅灰色。以深灰、浅灰、蓝色三种联珠小花组成的圆形树冠

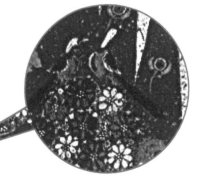

图16 克孜尔171窟 双鸟图案（采自：新疆龟兹石窟研究所．《龟兹壁画艺术丛书——动物画》[M]．乌鲁木齐：新疆美术摄影出版社，1993：25．）

的花树,其树干略微扭曲,呈现出"伸臂布指"的式样。在树冠的顶部停息着两只禽鸟,应该是蓝鹊,好似夫妇,两只鸟的头部、身体和长长的尾巴均为黑色,鸟的腹部为灰色,鸟的颈部为白色。左边的一只鸟儿头颈向左上角斜倾,好似引颈高歌,右边的鸟儿又像一个崇拜者在静静地聆听,好一派安详宁静的森林情景。而在高歌鸟儿的下边,有两只嬉戏追逐的盘羊,两只羊的羊角均为圆盘式向后卷起并绘制有一条条土红色的角纹,羚羊身体的结构线以及最外层均为土红色线条进行勾勒,身体的腹部、嘴、眼睛和耳朵内侧是白色,其他部位均为淡青色。两只羊的动势为一只上蹿,一只下跳,上蹿的盘羊四蹄腾空回头望向后面追逐的盘羊,而后面追逐的盘羊正好前蹄落地后蹄还在下落之中,头部仰起也正在看向前方的盘羊。两只羊欢快的气氛同头顶上的鸟儿的欢唱,把一幅完美的森林交响曲在这狭小的菱格山脉中展现得淋漓尽致。该幅壁画中的动物图案均属于独立动物图案,并不是为了表达教义中的含义而仅仅是为了宣扬一种气氛,同时也可见当时画工把控空间的能力以及高超的绘制技巧。

3. 装饰性动物图案

在克孜尔石窟壁画中装饰图案中包括了各类复杂多样的动植物图案,在该类型图案中的动物通常都是因为美化图案、调节画面节奏、增强画面意境而绘制的。所以这一类的动物图案就注定了体量不能过大而且要能够同植物图案的绵延、摇曳形态特征统一起来。这样的图案形态正好是飞禽、水生、神幻类动物的形象和形体特征所能适应的,而且事实也证明了装饰性动物图案中的飞禽、水生、神幻类动物图案出现的频率最高。下面本书就以三例克孜尔石窟壁画中的动物装饰图案为研究对象,进行细致的梳理分析飞禽、水生、神幻类动物图案在其中所表达的内容,力求达到以点盖面的研究效果。

(1)衔环飞雁

该大雁图案(图17)绘制在克孜尔69窟后甬道后壁中的涅槃像身光之内,身光之中分了四层装饰带,两层宽装饰带、两层窄装饰带,交错分配,装饰带之间以略宽

第五章　克孜尔石窟佛教艺术——飞禽、水生、神幻类动物故事图案

图17　克孜尔69窟　衔环飞雁（采自：新疆维吾尔自治区文物管理委员会，拜城县克孜尔千佛洞文物保管所，北京大学考古系. 中国石窟·克孜尔石窟（第二卷）[M]. 北京：文物出版社、日本：二玄社联合出版，1989：14.）

的条带分开。在最外层是以深红、土红、土黄、浅黄、浅灰等色阶以波折线式的光带循环构成在装饰条带之内，远观好像光芒万丈且带有炫光的光环；第二层是较窄的装饰带，该装饰带以黑色为底，点缀以两层白点，从装饰效果上来看，显得素雅大方；第四层装饰带有三种装饰元素构成，首先是三朵相互叠压的不同颜色圆形小莲花，其次是一段土红色的彩带，最后是一段布满小点的点状彩带，三种元素以圆形小莲花在中间、土红色的彩带和点状彩带布置于两边的装饰结构在装饰带中循环，其形式异常美观，设计感与装饰感非常强烈。而在装饰带的第三层就是衔环飞雁，通过细致观察这里的飞雁形象具有较高的装饰性、概括性，一定是画工师法自然而又自成一派的创新。从图中可以看到飞雁的头部与身体几乎是一笔合成，极其简单概括，扁扁的大雁嘴，还衔着一只中心镂空的圆环。在大雁稍细的脖子与头的衔接处绘制了一圈土红色的齿状色环，以此来表示脖颈处的羽毛。大雁的尾羽描摹极其简练而且准确，是以扇形作为雁尾巴的基本样式，然后在扇形圆弧中绘制出锯齿并绘制出与锯齿对应的线条来表示雁尾的丰富形状。大雁的翅膀同样绘制得即概括又巧妙，翅膀的造型有两层，第一层是横放的圆锥形作为翅膀的骨肉，第二层是翅膀的羽毛部分，这里是沿着上一层边缘绘制出许多圆形锯齿状来示意羽毛，画面效果

显得真实而贴切,还以略微写实的形式绘制出了大雁的内侧翅膀,这样一只一只的大雁衔环,以循环的形式装饰在条带之中。整体来看壁画中的佛陀涅槃的身光中装饰感极强,而大雁的概括性和表现形式同时也显示出了画工高超的技艺和审美水平。

(2)联珠对雁

绘制于克孜尔60窟主室西壁的下部的联珠对雁动物图案是中西方文化交融的经典(图18),是克孜尔石窟壁画中装饰性动物图案的重要代表之一。

为了更好地分析克孜尔60窟联珠对雁图案,在这里首先介绍一下联珠纹的起源以及在我国的发展状况:联珠纹又被称之为连珠纹,是我国传统装饰图案中的一个重要组成部分,该类图案是融合于波斯萨珊王朝联珠图案而成型的装饰图案,这种图案通常以外层一圈联珠装饰带,装饰带内部多以动物图案为主。根据记载联珠纹最早流行于波斯撒珊,在中亚和西亚均非常流行,其中包含着诸多内涵以及宗教寓意,有学者认为该类图案在波斯萨珊时期时就同当时的拜火教有关,指出联珠纹中的联珠代表着太阳的光芒,而圆珠链的内圈就是宇宙的内核。还有学者指出联珠纹是"表示天的圆圈是设计的主角,其星相学寓意通过沿圈排列的众多小圆珠来表现,如此形成的联珠纹有神圣之光的含义。"[1] 就其外围的圆珠链同内部大圆从造型

图18 克孜尔60窟 联珠对雁(采自:新疆维吾尔自治区文物管理委员会,拜城县克孜尔千佛洞文物保管所,北京大学考古系. 中国石窟·克孜尔石窟(第三卷)[M]. 北京:文物出版社、日本:二玄社联合出版,1989:188.)

---

[1] 陈彦姝. 六世纪中后期的中国联珠纹织物[J]. 故宫博物院刊,2007(1).

来看确实与太阳的造型相似，所以将其视为源于对太阳的崇拜也是学界较大一部分学者的观点。其实联珠纹早在我国的新石器时期就已经有了明显的雏形，例如我国的马家窑时期出土的"圆点弦纹壶"，在该壶的肩部与颈部各绘制有一圈圆点式联珠纹；马场型出土的"蛙纹彩陶壶"的壶口沿内部和壶的腹部均绘制有一周蛙纹和联珠纹等。这些纹样在我国虽然出现较早，但是一直没能不断地延续下来，成为流行的装饰纹样。而这一纹样在波斯古代的一个时期得到了长足发展，这一时期应该是当时的安息时代到萨珊时代，其中的钱币、丝织品、银器等物的装饰上均具有联珠式装饰纹样。当时间进入我国民族大迁徙时的南北朝时期，中亚、西亚文明随着佛教文化沿着丝绸之路进入了我国，我国装饰艺术在本土联珠纹的基础上吸收了他国图案装饰艺术，而且一发不可收拾，从此经久不衰。在新疆通常所见到联珠纹多存在于丝制物品、银器和佛教壁画当中。

克孜尔60窟开凿的位置在于克孜石窟的谷西区，开凿的时间大约在公元6世纪，克孜尔60窟从石窟形制上来看是一座大像窟，窟内包含主室、前室和后室，主室的中有像台，像台已经不存在任何痕迹了。在主室西壁下部的石膏壁面上绘制着联珠对雁图案，这两幅对雁图案的外围都是一圈黑色的装饰带，在装饰带上面预留出一串珠状圆球，这样就形成了联珠纹的外围珠链，而在外围珠链的内部则是装饰意味浓重的大雁。在左边联珠大雁图案的珠链左侧中间又如法炮制了一个小的联珠图案但联珠珠链的内部却是一个月牙，这个小的联珠月牙不仅美观而且是两个大的联珠纹衔接的媒介。同样在珠链的正上端和正下端也绘制了同样的小型联珠纹，但是图案仅仅保留了联珠圆形珠链图案切线内部的小型联珠纹，其余部分全部被取掉了。在左侧大联珠的珠链内部绘制着一只极富有装饰意味的且口中含着一件联珠丝带吊坠的短尾巴的大雁，大雁的头部和脖子的部位大部分为黑色，脖子中间围着一条迎风舞动的披帛，大雁嘴和眼睛的部位为墙壁本色，在大雁脖子与身体连接处有一周黑底本色联珠的联珠纹。在大雁的翅膀和尾部也分别绘制有一周黑底本色联珠的联珠纹，大雁的身体内部由四条锯齿纹填充，自底部往上开始，第一条是草绿色锯齿纹，第二条是土黄色锯齿纹，第三条是黑色锯齿纹，第四条也是土黄色锯齿纹。大雁的翅膀则是以联珠纹为分界线，翅膀的右边是黑色填充，翅膀的左边同样也是由四条锯齿纹填充，第一条同样是草绿色锯齿纹，但是由于时间已久颜色因侵蚀变得暗淡，第二条是土黄色锯齿纹，第三条也是黑色锯齿纹，第四条是土黄色锯齿纹。大雁的大腿绘制得很像是一滴倒坠的水滴，脚部平直，在脚的底下踩着几颗联珠。

对面与之相对的第二只联珠大雁图案基本上同左面的联珠大雁相同，唯有两处差异：第一是对面大雁脖子处联珠纹以下到尾部的联珠纹的纹路绘制成了与联珠纹一致的方向锯齿纹，而且第一条的颜色是土黄色锯齿纹，第二条是草绿色锯齿纹，第三条也是黑色锯齿纹，第四条是土黄色锯齿纹。第二处是翅膀上的色彩顺序，第一条是草绿色锯齿纹，第二条是土黄色锯齿纹，第三条也是黑色锯齿纹，第四条是土黄色锯齿纹。在两幅联珠对雁相切的中间部分的上下端各绘制有一棵三冠头的花树，花树的头冠为草绿色，两边伸开的树冠为黑色，整体来看画面可以说是一件非常纯粹且唯美的动物装饰图案，该图案包含的特殊结构和极富装饰感的形式，均具有明显的异域风采。

（3）水生动物

虽然水生动物图案多出现于克孜尔石窟壁画中第三类装饰性动物图案内容中，但是从克孜尔石窟壁画整体来看，这类动物形式出现频率还是比较少的。根据笔者判断，造成这种原因有三种：第一，新疆地处欧亚腹地，是明显的干旱性气候，区域内终年降水极低，多以荒漠戈壁和干旱地带为主。所以画工们对于各类丰富的水生动物来说还是较为陌生的，表达起来相对困难，因此动物画中的水生动物较少。

在克孜尔38窟主室券顶与墙壁的叠涩处绘制着许多水生动物（图19），这些水生动物种类繁多，体量都不是很大，这其中不仅仅是水生动物的图案，而且还有一些不同式样的摩尼珠图案和莲花花蕾图案，整体显得有些繁杂有趣。下面对本幅水生动物画进行具体的分析梳理：首先画面的背景是一面条带式的空间，空间的背景色为清亮的草绿色，这是克孜尔石窟许多壁画中水的颜色。在水中最多水生动物是一

第五章　克孜尔石窟佛教艺术——飞禽、水生、神幻类动物故事图案

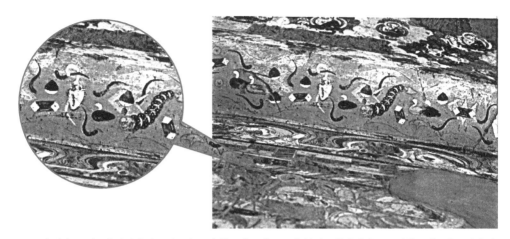

图 19　克孜尔 38 窟　水生动物（采自：新疆龟兹石窟研究所. 龟兹壁画艺术丛书——动物画[M]. 乌鲁木齐：新疆美术摄影出版社，1993：20.）

种类似泥鳅一般弯曲的小鱼，该鱼全身土红色腹部与眼睛为白色。其次是两栖动物种类中的鸳鸯，两两成对的在水中游，在两对鸳鸯之间穿插了一只单独的鸳鸯，所有鸳鸯的头和脖子均为白色而身体为黑色或者较浅的土红色错落搭配。再次是一只钝圆式的三角形，在其上面和下面各伸出了一只管子一样的东西，其色彩为白色，唯有中间钝边三角形的物体有一层蓝色的外边沿，这应该是一种贝类水生物。还有就是一只长着人脸蜈蚣身躯和三角形尾巴的水族怪物，怪物的头尾就为浅红色，身上是一圈一圈的像螺丝一般旋转扭曲的蓝色肉圈，在肉圈上还点缀有白色小点。

　　在画面中还有一些非水生动物的物品：即莲花花蕾和摩尼珠，莲花花蕾是莲花含苞未放时期的花苞样式，形似小桃子，分为上下两层，下面的一层均为白色，上面的一层有黑色和蓝色两种。摩尼珠，又被称之为如意宝珠，据说是产自龙宫中的一种宝物，这种宝物周身会有青光散发。宝珠能够使得污浊之水变清澈，可以让水中的妖魔无处可逃，壁画中得摩尼珠的形体稍显方正，总体为梯形两头为四边形，颜色为白色，梯形的四个面为蓝色和棕褐色交错搭配。在画面中还一颗摩尼珠的上面有三个尖下面有一个尖，该种形式的摩尼珠应该是火焰摩尼珠。在画面中摩尼珠和莲蕾起到了分隔水生动物和美观画面的作用，这幅壁画处于洞窟建筑的装饰位置，也起到了装饰画面的作用，同时还表达出了佛法无处不在的含义。

通过以上内容的研究与梳理发现，克孜尔石窟壁画中一幅幅飞禽、水生、神幻类的动物图案内容虽然形式新奇、造型独特，实则是客观世界实实在在的动物形象再组合与再创作。从中我们可以体会到克孜尔石窟壁画中动物图案所反映的境界之深邃，所表现的形式之精美，令人叹为观止。这些华美精致的飞禽、水生、神幻类的动物图案都是服务于佛教内容的，所以这些图案或多或少地都受到了外来艺术的影响，但又绝不是克孜尔艺术家们简单的临摹。这些动物图案是克孜尔艺术家们通过长期的练习与观察本土动物的形象和结构而获得的一种艺术表现手法和艺术表达能力，然后将这种艺术实践能力同东渐而来的佛教艺术内容相互融合而创造出来的富有克孜尔本土特征的石窟艺术动物图案形式。所以说克孜尔石窟壁画中动物图案是我国佛教传播和发扬的重要艺术表现形式之一，可是这些图案内容却又从未游离出当地人民生活环境之外。总而言之，自然界才是艺术的源泉，才是克孜尔石窟壁画中动物图案活力与生机的写照。

二、飞禽、水生、神幻类动物故事画的图案形式

在前一章中本书已将克孜尔石窟壁画中动物图案根据其表现手法和艺术表现形式将其分为简笔画性的表现形式、写意性的表现形式、结构性的表现形式、修饰改造性的表现形式。从这些绘画形式的分类中就足以看出克孜尔石窟壁画中动物图案艺术表现的丰富程度，尤其在一些体型小巧、色彩斑斓、甚至充满奇幻的"飞禽、水生、神幻类动物图案"中的表现形式，则更加彰显出了当时克孜尔艺术家们创意无限的活跃思维、信马由缰的表达方式。笔者通过大量的比对和分析克孜尔石窟壁画中多数动物故事画图案形式后发现，在石窟壁画动物图案的四种艺术表现形式中，飞禽、水生、神幻类动物故事画的图案多以写意性的表现形式和修饰改造性的表现形式为主，其他两种表现形式次之。

第五章　克孜尔石窟佛教艺术——飞禽、水生、神幻类动物故事图案

1．简笔画性的表现形式

这是一类主要以线来表现动物形体的图案为形式，该类表现形式，在克孜尔石窟动物图案中主要以淡色的单线、黑色的墨线、红色的红线等几种线条勾勒出图案造型。但是以此种形式来表现克孜尔石窟壁画中的动物图案中的飞禽、水生、神幻类动物故事画的图案并不是很多。本书以克孜尔196窟中主室券顶壁画中的大雁图案作为案例，对于该类壁画表现形式在飞禽、水生、神幻类动物故事画的图案中的运用进行介绍：

在克孜尔196窟中主室券顶中脊部位绘制着一群大雁在天空中飞过（图20），这群大雁均以简笔画形式的线条绘制，乍看似乎较为粗糙，但经仔细观察会发现画面中大雁的每处结构均被绘制了出来，造型得体，动势准确，大雁内部以白色填充更加显现出线条紧实之感。大雁宽而扁的喙，眼睛与头部转折结构均以线条细致地描绘了出来，两只翅膀中的羽翼骨骼条条清晰，其尾巴短粗，尾羽以锯齿状线条表示，两只脚随着身体向前飞行的过程中向后收摆与短粗的尾巴协调一致。在这幅中脊壁画的两旁已经绘制了诸多色彩各异的菱格山脉、各类佛教故事中的人物、动物

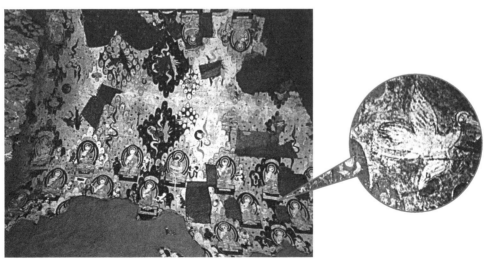

图20　克孜尔196窟　大雁（采自：新疆维吾尔自治区文物管理委员会，拜城县克孜尔千佛洞文物保管所，北京大学考古系．中国石窟·克孜尔石窟（第三卷）[M]．北京：文物出版社、日本：二玄社联合出版，1989：94．）

异彩纷呈，繁缛复杂，所有这些均与中脊上的简笔画形式描绘的大雁形成了强烈的表现性对比，反映了当时壁画绘制中的审美水平。

2. 写意性的表现形式

该类壁画的表现形式较为粗放，不在乎太多的细节，更加注重意境的表达和动物形象内涵的宣扬。在色彩表现方面更加注重明暗对比、冷暖对比，从整体方面来看更注重动物的势，尤其是适合飞禽、水生、神幻类动物故事画的图案表现。本书通过下面两幅克孜尔石窟壁画中的动物图案作为案例，对于该类壁画形式进行详细的介绍：

在克孜尔石224窟主室券顶的右侧位置有几只鸽子（图21），由于墙壁顶部剥蚀严重，几只鸽子所处菱格山脉仅仅留下了小部分残迹，在画面中间部分是一座背景为土红色的菱格山，在山脉的乳突顶端均绘制有折枝双叶联珠图案。这里折枝双叶联珠图案的茎和叶均为青绿色，唯有联珠花蕊处是蓝色，中景是一只桃形的花树，前景则是一只回头吃草的小鹿，小鹿的身体上除了腹部、眼睛、耳朵的内侧是

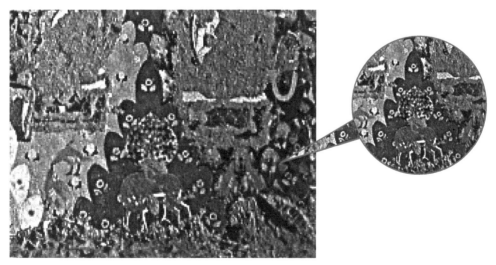

图21 克孜尔224窟 写意鸽子（采自：新疆维吾尔自治区文物管理委员会，拜城县克孜尔千佛洞文物保管所，北京大学考古系. 中国石窟·克孜尔石窟（第三卷）[M]. 北京：文物出版社、日本：二玄社联合出版，1989：156.）

白色，除此以外皆为蓝色。在鹿左边的残缺的菱格山是青绿色，乳突中的双叶联珠图案没有茎，双叶均为黑色，联珠是白色，而花蕊处也是涂抹得不太均匀的白色。在山的脚下有两只鸽子一上一下，下面的这一只好像是年轻的小鸽子，刚从天空落入地面，翅膀还没有完全收起来，上面的这一只好像是一只母鸽子正从嘴里将食物喂送给小鸽子。两只鸽子除了嘴和脚的颜色为黑色以外，其余处的颜色均为蓝色，翅膀处看似随意地描画了三到四撇，就将羽翼的骨骼表现得淋漓尽致。两只鸽子的形象应该是画工一挥而就完成的，笔法自然毫不拘谨，也无任何拖泥带水。在鹿图案右边残缺的菱格山是以棕褐色线条的堆积绘制而成的，颇具素描效果。在菱格山脉乳突中的折枝双叶联珠天雨花图案中的双叶为天蓝色，枝茎为黑色以及白色的联珠和蓝色的花蕊。在此处两只鸽子的表现形式与左侧的如出一辙，这两只鸽子均是背对观者面向画内，两只鸽子站在一排同看一个方向，好像在讨论着什么问题。鸽子的脚是黑色线条勾勒出来，每只鸽子翅膀处均有三撇白色，示意为鸽子的羽翼，两只鸽子的全身均以蓝色绘制，一气合成，动势与意象尽显画中。

在224窟还有一幅壁画中长尾小鸟的绘画形式更倾向于中国画大写意的表现手法（图22）。这是一种寄情于水墨来表现客观物象之实体的中国画画法，直抒胸臆、酣畅淋漓。这幅壁画的剥蚀现象也同样非常严重，其背景为土红色的菱格山脉，每个山脉乳突的顶端均绘制有一只折枝双叶联珠天雨花图案，其中的双叶为青绿色，枝茎为灰褐色，联珠为白色，花蕊为蓝色。前景上面的是一位佛陀或者是菩萨，由于剥蚀严重已无法看清面容，在佛陀的座下留白的三角形空间绘制出了一只以白色代墨的写意白色小鸟，鸟嘴尖巧，鸟的身体同羽翼不求形似，但求意到，鸟的尾巴以大笔斜刷，参差有力，气韵生动。

3. 结构性的表现形式

该类壁画表现形式曾深刻影响了我国绘画艺术的发展，尤其是佛教艺术的发展。这类艺术表现形式，使得克孜尔石窟壁画中的动物图案更加富于变化，更加具有感染力。尤其运用在体型较大的动物形态表中，其效果更佳。在飞禽、水生、神

克孜尔石窟壁画中的动物图案

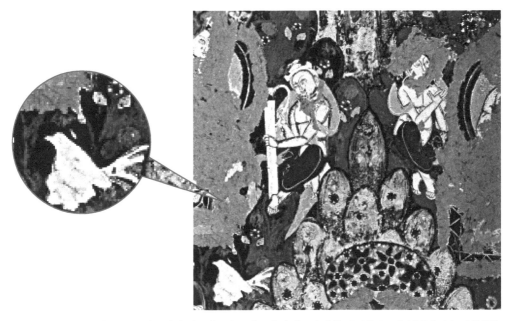

图 22　克孜尔 224 窟　大写意长尾小鸟（采自：新疆维吾尔自治区文物管理委员会，拜城县克孜尔千佛洞文物保管所，北京大学考古系．中国石窟·克孜尔石窟（第三卷）[M]．北京：文物出版社、日本：二玄社联合出版，1989：155．)

幻类动物故事画的图案中，主要以特写类的动物图案为表现对象，可以较为充分地展现出动物图案形式的艺术特征。笔者经过总结与梳理特挑选出克孜尔224窟的一幅菱格因缘画作为案例进行详细的阐述和分析：

在克孜尔224窟主室券顶西侧壁，有一幅菱格因缘画（图23），画面剥蚀较为严重，通过依稀存在的残迹可以看到，该幅壁画的背景为青绿色的菱格山脉，在每个菱格山脉的乳突的顶端均绘制有一枝双叶联珠天雨花，其中的双叶为黑色无枝茎，联珠和花蕊均为白色。在前景处隐约可以看出有一尊佛陀或是菩萨像，在此像的顶端为华盖花树图案，在华盖花树图案的上面栖息着两只鹦鹉。这两只鹦鹉的形态各异，一只鹦鹉扭头望向外侧，另一只鹦鹉正在关注者前方，两只鹦鹉的造型极其细致严谨，从色彩中可以看出两只鹦鹉绘制步骤：首先是以蓝紫色详细绘制出其精准的造型，两只鹦鹉的脚、眼睛、嘴均为黑色；其次是第二遍的绘制是以蓝色沿着其肌肉隆起处留白晕染，即在脖子、胸前以及大腿的上部进行留白晕染，在处理

第五章 克孜尔石窟佛教艺术——飞禽、水生、神幻类动物故事图案

图23 克孜尔224窟 结构性表现的鹦鹉（采自：新疆维吾尔自治区文物管理委员会，拜城县克孜尔千佛洞文物保管所，北京大学考古系. 中国石窟·克孜尔石窟（第三卷）[M]. 北京：文物出版社、日本：二玄社联合出版，1989：159.）

翅膀的时候以羽翼的骨骼进行留白晕染，在处理鹦鹉尾巴时进行一缕一缕地错开留白，两只鹦鹉看起来有血有肉、体积感强烈、活灵活现。

4．修饰改造性的表现形式

该类表现形式通常是建立在艺术家对于客观事物造型通透理解的基础上进行的美化性再创作或是再加工，也就是艺术家内心的审美意识和其所表达的动物图案经过一番融合与交错后而形成的一种既符合画面形式要求却又突破了人们对于一些动物图案长期固化的形式观念。这类动物图案更具有修饰性的意味，更有自身表达的特征。而克孜尔在飞禽、水生、神幻类动物故事画的图案所要求艺术情感和形式体验也更加适合于这类表现方式，本书经过细致梳理特将克孜尔178窟和克孜尔17窟的两幅动物壁画图案挑选出来进行研究与分析：

在克孜尔178窟的前室东壁绘制着一幅金翅鸟图案（图24），这是来自佛教故

克孜尔石窟壁画中的动物图案

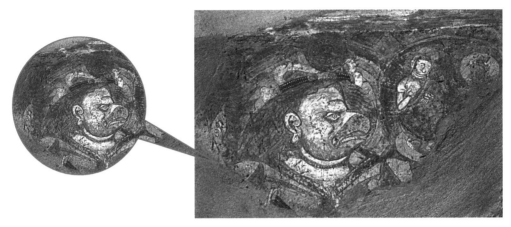

图24　克孜尔178窟　金翅鸟（采自：新疆维吾尔自治区文物管理委员会，拜城县克孜尔千佛洞文物保管所，北京大学考古系. 中国石窟·克孜尔石窟（第三卷）[M]. 北京：文物出版社、日本：二玄社联合出版，1989：39.）

事中的神鸟，一日可食一只龙王和五百只龙，是佛教中的天龙八部之一。这是客观自然界不存在的动物，但对于画工来说却是可以天马行空进行发挥的对象，可以看到该图案是人的身体、鹰的头部，尖而长的耳朵，坚硬如钩子的鹰嘴。其高耸的眉弓和颧骨，又好似倔强凶狠的人物形象。在金翅鸟面部的每个骨点的转折均以线面结合的手法表现，塑造出了细腻而又丰富的面部变化。

在克孜尔17窟的主室券顶东侧壁（图25），有一幅壁画的背景为黑色的菱格山脉，在山脉的每个乳突顶端位置均有一只白色联珠蓝色花蕊的天雨花。在壁画的前景有一位站立着披着绿色披帛的人，手举着一个看似斧子的利器正在向下劈，旁边一人蹲在大鱼的旁边，左手抓住鱼鳍，右手拿着一把匕首正在分割鱼肉，两人的身体结构均为结构性表现形式，主要以黑色的线为骨架，以土红色晕染来塑造人物效果。而底下的大鱼则是以线条绘制，表现形式极富想象力，该鱼头形象凶猛，嘴巴微张、牙齿外露，与我国传统神话中的龙头较相似，但是却没有角，鱼的身体好似一条船，没有刻画鱼鳞。该鱼的形象既体现了修饰改造性表现形式中的想象力，又体现了当时画工深厚的艺术素养。

综上所述，克孜尔石窟壁画中的飞禽、水生、神幻类动物故事画的图案，是克孜尔古代艺术家们运用了简笔画性的表现形式、写意性的表现形式、结构性的表现

第五章　克孜尔石窟佛教艺术——飞禽、水生、神幻类动物故事图案

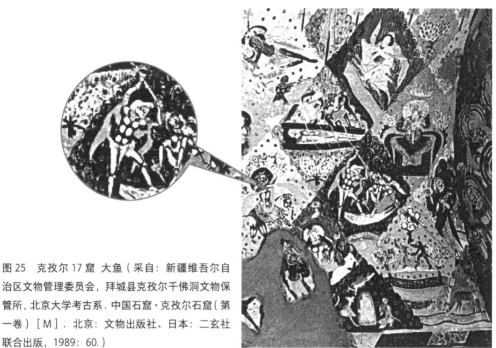

图 25　克孜尔 17 窟　大鱼（采自：新疆维吾尔自治区文物管理委员会，拜城县克孜尔千佛洞文物保管所，北京大学考古系. 中国石窟·克孜尔石窟（第一卷）[M]. 北京：文物出版社、日本：二玄社联合出版，1989：60.）

形式、修饰改造性的表现形式的完美展示。这些图案是装饰性与思想内涵意识的完美结合，系统地体现了克孜尔石窟壁画中的飞禽、水生、神幻类动物故事画图案中的修饰之美、简洁之美、律动之美等，是克孜尔石窟壁画艺术中的绝佳组成部分。为克孜尔石窟佛教艺术增添了更多的审美情趣，拔高了其中的艺术价值，形成了克孜尔石窟壁画动物图案艺术表达的特殊风格。

第六章 新疆克孜尔石窟同国内外佛教艺术中动物图案的因缘

新疆的佛教文化曾经持续了长达千年之久，丝路上的重镇龟兹曾是这里的佛教中心，西域中的佛国。昔日来自印度的佛教，在3~4世纪时，在此已是发展日盛，在克孜尔石窟开凿与发展的过程中，动物图案是自西而来再到东渐而去的不断演绎发展的，经过了太多的不同时空，形成了域内域外的异样形式。这是中西方交流的产物，微缩了中西方文化融会贯通的印迹。

第六章 新疆克孜尔石窟同国内外佛教艺术中动物图案的因缘

第一节 克孜尔石窟与我国新疆以东石窟寺佛教艺术中动物图案的比较

我国石窟寺庙的建造形式源自印度，这种建筑通常开凿在依山临水的悬崖之上，又被称作石窟。我国石窟开凿时期最早大约在3世纪左右，最为繁盛的时期大概在5~8世纪，衰落时期大约在16世纪左右。

一、我国境内石窟寺概述

当佛教通过中亚各个国家经过葱岭传入我国新疆地区，沿着丝绸之路北道，从喀什随着塔里木盆地的北缘至古代龟兹（今天的库车区域以及周边地区），再从龟兹到古代高昌地区（今天的吐鲁番地区）的条带式绿洲部分进行广泛的传播。这一代地区广布纵横着许多石窟寺群，当然在目前保存最好、面积最大、开凿时间最早的还是龟兹古国的克孜尔石窟。在古时候佛教曾是这片土地上的国教，这里除了克孜尔石窟外还有森木塞姆石窟、克孜尔尕哈石窟、库木图拉石窟、台台尔石窟等。克孜尔石窟从开凿到衰落几乎持续了近千年，石窟总数共251个，其中有编号的就有246个。克孜尔石窟群分了四个区，即谷内区、谷西区、谷东区以及后山区，众多的石窟群就密集地分布在其中。克孜尔石窟中的壁画面积多达一万多平方米，大概与克孜尔石窟的主流崇拜是小乘佛教的原因有关，这些壁画中包含着大量的本生故事画和因缘故事画。在这其中绘制着种类丰富的动物图案，有海里的动物、天空中的动物、森林中的动物等。如上文所述这些故事大多是以克孜尔所特有的菱格山脉画的形式绘制于石窟的券顶之中，这些菱格山脉相互连接、相互陪衬，具有独特的装饰韵味，散发着明显的异域风采。但是随着时间的推移，克孜尔石窟约在7～8世纪开始走向没落。

佛教艺术自东向西走出新疆并沿着丝绸之路一路向东继续传播至河西走廊的凉州区域，这里是河西走廊的最东端，与张掖相邻与兰州相接，是从西域进入阳关之后的首要站点，所以在此有着许多东来西往的僧众佛徒，不乏高僧名师。在《魏书·释老志》有文："凉州自张轨之后，世信佛教"，由于当时的统治阶层支持与资助，在此诵经说法、译经传法者众多，因此该地区也很快成了当时的佛教中心。在这种力量的推动和影响下，该地区佛教石窟寺也得到了较大的繁荣，出现了很多石窟寺遍布于河西四郡，其中较为著名的有张掖地区的马蹄寺、金塔寺，酒泉地区的文殊山石窟寺等。在天梯山第4窟中心柱右向面下层龛外右侧第一层北凉立式菩萨的相貌有着鲜明的外来特征，这也说明当时此地是中西方交流的重要遗址，在早期交流的方式应该是较为直接和密切的。

在中原到西域的门户之地的敦煌是河西走廊的最西端，是内陆地区控制外部世界的驻扎要塞，是丝绸之路上的明珠，东西方文明在此聚焦，这里包含了安西千佛洞，安西榆林窟、西千佛洞，以及最重要最典型的莫高窟。莫高窟最早开凿时期为建元二年（公元366年），期间延续长达一千年左右，莫高窟也是这里最大、开凿最早的石窟群，这里的佛教艺术包括绘画、建筑、雕塑等内容。莫高窟至今还保存着壁画的面积大约有四万五千平方米，洞窟492个，彩色塑像2400多尊。

在我国甘肃省境内的黄河流域以东地区还分布有庆阳南北石窟寺、麦积山石窟寺、泾川石窟寺、永靖炳灵寺石窟寺，在宁夏回族自治区境内还有固原地区的六盘山北部的须弥山石窟寺等。其中，麦积山石窟建造于后秦，经过了北魏、西魏、北周、隋、唐、五代、宋、元、明、清等朝代的多次建造与翻修，现今麦积山还存有221个石窟，壁画的面积达到900多平方米，该窟以其北朝时期的彩塑、壁画和洞窟最为著称。其中北朝时期洞窟的窟檐雕刻，精致而又朴拙，气势非凡，是我国古代建筑的经典之一。麦积山石窟壁画中有目前现存最大的经变画，该类艺术中包含着绘塑结合的"薄肉塑"，属于壁画艺术中上乘之作。另外麦积山石窟的造像艺术也颇有特色，在开窟初期的造像，有着挺拔刚健之势，到了北周时期形象显得浑圆，再到隋唐时期就表现出了饱满润圆。

炳灵寺石窟位于我国甘肃省临夏回族自治州的永靖县西侧的小积石山上，该寺上下分为三部分区域，有上寺、下寺、洞沟，在下寺部分共有40个窟以及144个龛。永靖炳灵寺中著名的169窟，开凿于建弘元年左右，主要表现形式有泥塑、雕刻和壁画绘制，其中包含了印度和西域元素同时还具备长安文化艺术的基因，这些壁画中具有明显的凹凸晕染的表现形式以及我国传统线描的描绘手法。

在我国宁夏回族自治区境内的固原市西北地区大约60公里处，六盘山北部须弥山上的石窟寺，开凿于孝文帝时期，是固原地区最大的一处佛教遗址，现存石窟132个。该石窟寺中塑造的人物形象方圆浑厚，颇具当时时代风貌，石窟寺的形制在北魏时期全部是中心柱窟，在这些中心柱上有3~7层的佛龛。石窟寺开凿最繁盛期要算北周时期，这一时期的石窟保存得也较为完好，石窟寺中的形制仍然是中心柱窟，但是中心柱上的佛龛减少到了一面只有一龛，这种龛形同世间生活中的建筑结构较为相似，以仿木质结构为主，在木构帐架构中垂下帷幔，装饰有龙头和璎珞，具有一定的时代特征。

我国山西省大同市西侧16公里处有一条河被称为十里河，该河又被称为五洲川，在河北部岸边上的山崖之上开凿有45个大的石窟，其中包含有1100个小的窟龛，有塑像5万多尊，石窟寺中编号为16~20窟的是早期开凿的昙曜五窟。16窟的主尊是文成帝的象征即当世的释迦佛；17窟主尊是景穆帝的象征，造像为交脚弥勒佛；18窟主尊是太武帝的象征；19窟主尊是明元帝的象征；20窟主尊是道武帝的象征，这五窟皆为大像窟。因为是皇家行为，这些石窟的修建与开凿汇聚了大量来自不同地方的工匠，其艺术形式不仅包含了凉州造像的元素而且还含有中亚以及新疆的石窟寺艺术的审美要素。这五窟的开凿推动了五洲山石窟寺大规模建设的热潮，带动了周边石窟寺的兴起，如青磁窑石窟、吴官屯石窟，以及鲁班石窟等，这些石窟修建的资金大部分是来自民间的捐赠，吸收了众多善男信女的善资，铸就了云冈石窟的磅礴气势。

龙门石窟开凿于河洛文明的发源地中原地区，地处洛阳城南13公里处伊水两岸的龙门与香山二山之上，两山相对中间伊河流过，好似古代的门阙，又被称为伊阙。在宾阳洞内刻有褚遂良的"伊阙佛龛之碑"是唐代书法之典范。龙门石窟总体来说是包含了西山、东山、香山寺、白园四个区域内开凿的石窟和佛教遗迹，但是在通常意义上来讲就是龙门西山和东山上的石窟寺中的多种佛教遗迹。龙门石窟开凿的时代为北魏孝文帝执政期间，前后开凿、重建、修缮持续了四百多年之久，石窟群的南北距离长达1公里，有编号的洞窟共计2345个，约有塑像10万余尊，各类题记多达2800余款。早在北魏太和十七年时就开凿有古阳洞，这是当时一些豪绅贵族出资利用天然石洞进行开凿的，雕刻有褒衣博带式的释迦佛像，面容清秀呈跏趺坐姿，侧面站有服侍菩萨，洞窟内左右两壁面间均有三层较大龛窟，其他地方小窟遍布，在这些佛龛之间有着许多高僧与贵族的愿文，这些就是龙门二十品中的一部分。到了太和十八年由于皇家支持，大规模的石窟建造活动展开了，在景明初年宣武帝要为孝文帝和文昭皇太后建造石窟，在永平年间又为宣武帝开凿一窟，这就是著名的宾阳洞窟。三个洞窟唯有中洞完工，其余两洞窟在正光四年已经停工。

在我国河南省巩义市，寺湾村有一座巩县石窟开凿于大力山南麓，洛水的北岸现存7700尊造像、5处大石窟、328个佛龛。在该石窟的造像风格较为复杂，其中既有瘦骨清像的造像面容，还有丰脸圆润造像形式，有学者认为这是受到张僧繇为代表"张得其肉"绘塑样式的影响。

在我国山西太原市晋源区以西36公里处有天龙山，距离晋祠大约11公里，北齐时期在这里新建了天龙寺，在山的东峰和西峰共有25座石窟，其中的第二窟和第三窟开凿得最早，有可能在东魏时期就有，因为这里是东魏权臣高欢的发家之地，这两个窟很有可能是高欢给其父母所开。第1窟、第10窟、第16窟这是三个窟模仿了寺院殿堂的形式，甚至还模仿了木结构的前廊。

在我国河北省邯郸市的峰峰矿区，坐落着响堂山石窟，整个石窟包括南响堂、北响堂以及水古寺，其中北响堂山有三座大窟、五座小窟、十五座小型禅窟。南响堂山有七座大窟、九座小型禅窟，其第1窟、第2窟都是中心柱窟，窟内还刻有大量的佛经和仿照木质结构房檐，第3窟、第7窟的窟内顶部还有覆钵。窟内造像的特征是宽肩、头大、薄衣与当时北齐的新风格十分相符。

在我国南方的佛教系统和北方佛教系统还是有着较大差别的，石窟寺在我国北方流行的时期，在我国南方却建有大量的地上佛教寺院，很少有类似北方的石窟寺以及大量的石窟造像。其中在南京栖霞山与浙江新昌的石城山有部分小规模的龛像还存在，从南京栖霞山的龛像来看明显带有早期云冈的特征。

二、克孜尔石窟中的动物图案与新疆以东的石窟寺中的动物图案比较

佛教艺术随着佛教从印度出发一路向东，从贵霜时期的古印度地区的犍陀罗中吸收了希腊文化与艺术、融汇了波斯艺术文化的特征以及周边的草原文明，在公元前1世纪左右浸透到了我国新疆的广袤地区。因为当时新疆地区特殊的地理位置以及社会原因和政治经济发展的原因，使得本土思想意识处于较为活跃的状态，因此佛教逐渐在当地站稳了脚步，并且逐渐开始与当地本土文化相融，开始了迈向佛教艺术中国化的步伐。当佛教在新疆地区逐渐发展繁荣的时候，并未停止其东渐的脚步，佛教走出新疆进入玉门关之后形成的第一个佛教重镇就是甘肃武威地区，也就是"凉州"。自此展开了新疆以东地区石窟寺发展的肇始，仅在河西范围内就产生了武威天梯山石窟、张掖金塔寺以及马蹄寺、酒泉的文殊山石窟、敦煌莫高窟等，在甘肃省黄河以东还产生了炳灵寺石窟、麦积山石窟、庆阳南北石窟，还有隶属于宁夏回族自治区境内的须弥山石窟等。之后在凉州模式的影响下，山西五洲山又开凿了云冈石窟，因为社会发展的因素，皇家政权又在中原地区开凿了龙门石窟作为云冈石窟的延续和替代。在北魏晚期时中原地区还开凿了河南巩义巩县石窟、东魏时期在山西晋阳古城的天龙寺等。本书根据以上梳理结果，节选出其中最具代表性的敦煌、云冈和龙门石窟作为新疆以东石窟的研究对象，力求通过以点概面的研究方法，将克孜尔石窟壁画中的动物图案与这三处石窟壁画艺术中的动物图案做比较

研究，系统详细地总结出三处石窟动物图案形成的脉络以及同克孜尔石窟壁画中动物图案之间的异同因素。

1. 克孜尔与敦煌石窟动物图案的比较

敦煌石窟与克孜尔石窟均为东西文化交融的重镇，敦煌的佛教艺术是随着新疆佛教艺术不断东渐而发展起来的，所以敦煌的石窟艺术有很多图案和艺术内涵与新疆佛教艺术相似，敦煌是接纳融汇了这些形式以后，在汉地佛教思想的影响下开创了敦煌佛教艺术的辉煌。克孜尔与敦煌的不同之处在于敦煌石窟的佛教文化艺术既具有中原汉地的大乘文化艺术的影响，又具有新疆西来的小乘佛教文化艺术的因素。而克孜尔石窟艺术一直是以小乘佛教为主流的，汉地大乘佛教回传之际尚未落没，克孜尔石窟就已经步入尾声了，这就是两处石窟艺术之所以存在较大差异的根本原因。下面本书结合两处石窟的动物图案存在的不同差异，依据两地佛教传播的环境、传播的时代以及当时的传统观念等多方面来进行分析比较，阐释两地动物图案异同的主要原因。

（1）两处石窟壁画中动物图案的种类比较

在克孜尔石窟壁画中的动物图案主要分布于佛教三大故事之中的本生故事和因缘故事当中，图案中的兽类有狮子、蛇、大象、兔子、老虎、骆驼、鹿、猴子、牛、马、驴、盘羊、狗等，鸟类有白鹇、鹌鹑、孔雀、鹦鹉、鸬鹚、蓝鹊、野鸡等。在敦煌壁画禽类中，没有短尾的野鸡，在敦煌壁画的兽类中没有豹子、大熊、乌龟。克孜尔石窟壁画中的动物图案相对于敦煌石窟壁画艺术中的动物图案要丰富，种类要多。

在敦煌石窟壁画中的本生故事中还有一大特征就是作为佛陀本生故事主角的几乎全部是人物，例如，敦煌莫高窟北周时期的428窟的独角仙人本生故事、敦煌莫高窟隋时期的419窟须达拏太子本生故事、敦煌莫高窟北魏时期的254窟尸毗王割肉贸鸽等，仅有一例是以动物为主角的本生故事，那就是敦煌莫高窟北魏时期257窟西壁上的九色鹿本生故事。而克孜尔石窟本生故事主角则大部分为动物，其中有很多知名的本生故事，例如，克孜尔14窟的券顶左壁的"狮王舍身不忘誓言本生故事"，克孜尔17窟主室券顶左侧的"猴王本生故事"，克孜尔38窟主室券顶左侧的"童子道人以身饲虎的本生故事"，等等。

（2）两处石窟壁画中动物图案功用比较

在克孜尔石窟与敦煌石窟壁画中有些相同的动物，但在壁画中所呈现出的功用却大相径庭。在克孜尔总结梳理出的动物形象，大多为佛陀的前世托生，行菩萨道，主要是讲菩萨是如何救人的故事，如"猴王舍身救群猴"，如何忍辱的故事如"牛王与小猴"，以及动物菩萨们如何舍身的故事，如何布施的故事等。从中我们可以看到这些动物菩萨，虽然是动物身但其行为却是高尚大德之行为。同样是动物图案在敦煌石窟却更多表现的是动物的用途和实际功用，比如在敦煌莫高窟北周时期第296窟"马夫与鞍马图案"（图26），该幅壁画左侧是一位赤脚赤腿，穿着黑袍服的呈半蹲状的马夫形象，马夫右手持马鞭，头向左上方扭转。左边的马尾呈土红色，马的姿势选取的是马在马夫的训练下，后腿即将坐下，右前腿翘起左前腿踩地，马头内收的动势。马身上有一幅较为华丽讲究的马鞍绘制着黑边，鱼鳞纹。从这幅图上来看这匹马本身没有暗含其他寓意，其功能是为贵族所骑的交通工具。另外在莫高窟北周时期的第296窟福田经变中的骆驼图案（图27），同样仅仅表现的

图26 莫高窟61窟 马夫与鞍马（采自：段文杰. 中国壁画全集3·敦煌北周[M]. 天津：天津人民美术出版社、文物出版社，2006：119.）

图 27 莫高窟 296 窟 骆驼（采自：段文杰. 中国壁画全集 3·敦煌北周 [M]. 天津：天津人民美术出版社、文物出版社，2006：133.）

是骆驼的运输功能，从本幅壁画中可以看到身穿黑衣的训驼师站立在画面的左边，头向右倾斜，双手举起，好像在为骆驼指引着什么，而右侧的骆驼身体背负着一个较大的圆形物品，其眼神中流露出灵秀之光看向主人，似乎看懂了主人的手势，右前蹄伸了起来，左边的蹄子和后面两只蹄子，均踩在地面上。从这幅画面来看，骆驼与主人似乎有了一种心心相印的沟通，但是骆驼始终还是没有摆脱是一只动物的属性，从它身上背负的东西知道，它还是以运输为主要功能的工具，并不再具备其他更多的含义。

（3）服务对象比较

克孜尔石窟壁画中的本生故事更多的是为本土社会情况所需而服务的，在当时佛教为了更好地传播与发展，必须得笼络皇家贵族和富商，而当时在此地经贸往来的丝路商人就是最大的民间财富团体。而这些民间财富团体也对佛门寄托了很多的希望：丝路漫长而艰难，常有歹徒出现，这些商人苦于无人保护，所以愿意捐出钱财出资修建石窟，以求佛陀的庇佑；在丝路上商贸往来频繁，商贸竞争压力很大，商机难寻。每个商人都是逐利而行的，所以更希望以布施钱财的方式得到神佛的垂青，能够取得更大的财富。因为以上原因佛门也相应地有所表示，尤其是在很多本生故事或者因缘故事中经常就会出现佛陀或菩萨保护商人的场景，或者是有商人因为为佛门布施了较多的钱财而得到诸多福报和好运等的故事，比如"马壁龙王救商客""马王救商客出海""狮象舍身救商客"等本生故事，这些壁画即反映了佛门普度众生、舍己救人的精神，也同样是当时商客在丝路上贸易频繁的映射。敦煌的石窟艺术主要是受到了汉地大乘佛教文化以及儒家文化的影响，多以人物形象为重，所以敦煌石窟动物画的形象更多的是为了画面的形式以及故事内容发展的需要而服务的。

（4）构图形式的比较

在敦煌的石窟艺术和克孜尔石窟壁画中动物图案的构图形式也非常不同，因为受到小乘佛教的影响，克孜尔石窟的艺术指导思想就是"唯礼释迦"，所以这里的动物图案多是释迦牟尼的前世，因此画面中主要的动物形象通常就是一两个，主要角色绝大多数是释迦的前世在行菩萨道，次要角色绝大多数是佛陀的十大弟子中的一位，通常是指阿难、迦叶、舍利弗等，而反面角色多是提婆达多或是一些心术不正的角色。画面整体角色数量不多，构图中角色搭配明确，有一定的规律，同时也更适合于菱格式画面来表现。

但是敦煌石窟艺术中的动物图案，尤其是马、骆驼等动物，通常都是以大的团队形式出现，画面气魄庞大，阵式宏伟，另外一些鸟禽类的动物多以点缀修饰为功用，分布在壁画的留白或是装饰空间中。

三、克孜尔与云冈、龙门石窟的动物图案比较

云冈石窟是凉州模式在河西以东地区的延伸和发展，云冈石窟绘塑形式吸收了东渐而来的犍陀罗艺术和来自西域的龟兹模式。而龙门石窟则是继云冈石窟之后，北魏孝文帝在太和十八年迁都洛阳之后，以皇家资助的形式在伊水两岸的龙门山和香山开凿的石窟，龙门其实又是对云冈石窟的继承和再造。所以云冈和龙门之间动物图案的联系和构成还是较为接近，但是两处石窟中的动物图案表现的形式和材质与克孜尔石窟的差异较大，动物图案的种类要远远少于克孜尔石窟壁画中动物图案

的种类。下面本书将对于两处石窟动物图案进行一定的梳理与总结，然后对于中原两处石窟同克孜尔石窟壁画中动物图案之间的差异以及背后的原因进行进一步的分析与阐释：

1. 克孜尔石窟与云冈、龙门两处石窟动物图案的种类比较

在云冈石窟中的动物图案主要是用于装饰与点缀石窟氛围，美化留白，提高石窟艺术的整体艺术观感。其中包含的动物图案中，兽类的有狮子、龙、蛇、马、大象、牛、羊、老虎、麋鹿、骆驼等；禽鸟类有大雁、鸽子、鳞纹长尾鸟、金翅鸟等；水族类的有鱼等。因为这些动物大多数都是以装饰为主的，所以分布的位置也通常是在于龛楣、石窟顶部、佛陀座位处，以及装饰的边缘处等。云冈石窟壁画动物图案的出现是与时代有关的，尤其是在云冈石窟艺术开创时期是没有过多特征明显的动物出现的；到了云冈石窟艺术发展的全盛时期时随着佛教造像的繁荣带动了许多动物图案的出现；之后到了全国形势发生了巨大的变革之后，大量的造像开窟基本上就结束了，使得这一时期的动物图案发展也随之大幅的降低。在龙门石窟中的动物与云冈石窟较为类似，其中兽类动物图案有兽面、龙、狮子、马、大象、老虎、羊、骆驼、鹿；龙门石窟中的禽鸟类和云冈基本上一致，其中有大雁、鸽子、孔雀、金翅鸟等。

从上述两处石窟绘塑艺术中的动物图案种类来看，禽鸟类的动物明显要少于克孜尔石窟的十余种禽鸟类型，而且与敦煌一样龙门和云冈石窟艺术中，也没有短尾的野鸡；水族类也没有乌龟；兽类也没有熊的痕迹。

另外在克孜尔石窟中的狮子与龙的形象同云冈、龙门两处石窟中的狮子与龙的形象有着较大的差异：首先，克孜尔石窟壁画中的狮子更加接近客观世界中雄狮的面貌，而在云冈、龙门两处石窟中的狮子更加可爱，更加温顺、同家庭圈养的宠物相类似。其次，克孜尔石窟与云冈、龙门两处石窟中的龙图案形式相差较大，在克孜尔石窟中龙的形象大多来自于域外，其形象通常是以蛇的形象代替龙，具有典型代表的图案有克孜尔新一窟中左甬道券顶的龙图案，而云冈、龙门两处石窟中的龙，有的则呈现出凌空交缠姿态，有的则呈现出二龙反顾的姿态。龙的形象为弯曲

而又多枝杈式的长角，长而尖的耳朵，上颚比下颚长，牙齿外漏，似蛇吐着长信，身上布满鳞纹，形象复杂而又张扬。

2．克孜尔石窟与云冈、龙门两处石窟动物图案的功用与类型比较

通过系统梳理云冈、龙门两处石窟的动物图案，可以观察到这些图案主要功能在于两方面：第一，这些石窟中动物图案基本上根据佛传故事中的情节与本生故事中的动物需要而安排的动物，其中佛传故事部分主要有白马舐足、降魔成道、白象入胎、法轮初转、九龙浴顶、逾城出家等，本生故事部分主要有睒子本生、萨埵太子舍身饲虎、须达拏太子乐善好施等；第二，其他的动物图案大多是用于窟内空间的装饰与补白需要而绘塑的，云冈、龙门两处石窟的狮子、龙、金翅鸟的动物图案出现的频率是较多的。

克孜尔石窟壁画中的动物图案绝大部分源自本生故事和因缘故事之中的情节，还有少量动物图案是源于佛传故事的情节。克孜尔石窟中的本生故事更多表现的是以动物为主角的本生故事画，而云冈、龙门两处石窟的本生故事画则多以人物为主角；再者，克孜尔石窟中的动物图像要比云冈、龙门两处石窟的动物图像要丰富得多，比如云冈、龙门两处石窟中就没有鸳鸯、狗、野猪、猴子等动物图像的出现，而在克孜尔本生故事中却非常多样。克孜尔石窟壁画中动物图案里还有一部分同样是因为装饰效果的需求而绘制的，但是动物图案的种类同样要远比云冈、龙门两处石窟中的动物形象丰富得多，并且表现的形式也更加多元。

3．克孜尔石窟与云冈、龙门三处石窟动物形象的分布情况比较

云冈、龙门两处石窟动物图像明显少于克孜尔石窟壁画中的动物图案，但是两处石窟的狮子与龙的图像却是出现频率较高的，其中龙的图像通常分布在石窟的顶部，佛龛的龛楣部分以及塑像周边的边饰部分等。而石窟中的狮子则更多是以浮雕或高浮雕形式表现于交脚菩萨座位的两侧，狮子的形象多以半蹲姿态表现出来，也有一些是相对而立或是相对而卧的形式。而在克孜尔石窟壁画中的动物图案则多以

克孜尔石窟壁画中的动物图案

菱格画的形式绘制在石窟券顶部位,另外还有一些装饰性的动物图案会被绘制在画面的边饰空间中或是画面的留白中。

4. 克孜尔石窟与云冈、龙门两处石窟动物形象表现媒介比较

要正确分析克孜尔石窟与云冈、龙门两处石窟动物形象的表现媒介问题,就必须从克孜尔石窟与云冈、龙门两处石窟的地质环境入手。由于我国的石窟寺建筑基本上都是依山临水而建,所以山地的岩石材质就是开窟、雕刻以及绘塑所必要的根本材料。克孜尔石窟的地质成分主要是砂岩与泥岩,结构比较松散,在这种地质条件下既不适合建造大型石窟也不适合较为细致的雕刻,所以多以壁画的形式来表现佛教艺术。而云冈石窟的岩石质地是较软的长石和较硬的石英组成,该类岩石非常适合雕刻,无论是精雕细凿还是大型的石刻造像均能适应。另外,龙门石窟的岩石层属于寒武纪和奥陶纪的石灰岩,该类岩层质地坚硬,岩石紧密,不易受到风蚀的损毁,是雕刻造像的上好材质。因为表现媒介的不同所以在云冈、龙门两处石窟动物形象多以浮雕或是雕像的方式来表现,但是因为石材雕刻所耗费的时间与成本较大,所以这也是两处石窟中动物图像少于克孜尔石窟壁画中的动物图像的重要原因之一。

第二节 克孜尔石窟与古印度佛教艺术动物图案的比较

印度是佛教艺术的发源地,在《大唐西域记中》中,玄奘将其译为"印度",而在这之前,在我国古代均将印度称之为"天竺""身毒"。印度地处南亚次大陆,是这一地域最大的国家。印度三面临海,北方是皑皑的喜马拉雅山脉,中部是恒河平原,南部是德干高原和沿海平原。印度最为富饶的地区当属印度河——恒河平原,当然这里也是历来的文化、政治、经济中心,该地区沃野千里,人口稠密。印度中部的德干高原,丛林密布,丘陵相连,在这里分布着著名的阿旃陀石窟和埃洛拉石窟。印度主要以热带季风性气候为主,其气候特点是全年高温,尤其在每年公历的2月份至5月份气温可达45℃以上,酷暑难耐。

释迦牟尼(公元前566年~公元前486年)在印度创立了佛教,经过了几百年的发展与繁荣,直到公元3世纪左右佛教在阿育王的大力倡导下,才开始向外传播。古印度佛教艺术系统庞大而又复杂,但是动物图案的种类与内容相差得并不是太大,因此本书主要以阿育王时代就开始建造的古印度桑奇佛塔、巽伽时代所建造的巴尔胡特窣堵坡和栏杆上的雕刻艺术以及始建于公元前2世纪南印度的阿玛拉瓦蒂大塔上的一些典型动物图案为例,对于印度佛教中的动物图案进行以点盖面的研究。着重将这些早期佛教建筑中动物形象与克孜尔石窟壁画中的动物图案进行种类、功用、表现形式、材质质地、表现的位置等几个方面进行系统的比较,从而分析推演出两地佛教动物图案异同的主要原因。

一、克孜尔石窟与古印度佛教艺术动物图案的种类比较

本书通过对古印度三大佛塔(巴尔胡特大塔、桑奇大塔、阿玛拉瓦蒂大塔)艺术中的动物图案进行了详细梳理后,发现古印度佛教艺术中的动物图案大多出处于佛传故事、本生故事的内容当中,另外还有一处非常重要就是其中的装饰性的动物图案。印度艺术不仅注重主体题材的展示,同时也很注重装饰环节的把握,早在我国古代文献《宋高僧传》中就有"天竺好繁"的论断。尤其是在桑奇大塔中的几处大门栏楯之中的浮雕艺术,其中布满动物、人物、植物、楼阁装饰、条带边饰,极其繁缛富丽,密不透风,令人叹为观止。从印度的传统文化和众多艺术形式来判断,有很大可能是源于对生殖的崇拜、生命的尊崇所导致的,因为这些原因所以古印度的动物图案装饰性很强,其中有拟人性的动势、夸张的神情、极具修饰性的构图效果等。这些动物中主要包括有龙、马、水牛、黄牛、带翼黄牛、狮子、带翼狮

子、格里芬、大象、老虎、猴子、鹿等；水族类有乌龟、鳄鱼、摩羯鱼；禽鸟类有大雁、鸭子、鹈鹕等。而克孜尔石窟壁画中的动物图案主要分布于佛教三大故事之中的本生故事和因缘故事当中，图案中的兽类有狮子、蛇、大象、兔子、老虎、骆驼、鹿、猴子、牛、马、驴、盘羊、狗等，鸟类有白鹇、鹌鹑、孔雀、鹦鹉、鸬鹚、蓝鹊、野鸡、金翅鸟等。从古印度佛教艺术中的动物图案与克孜尔石窟壁画中的动物图案相比较中，可以观察到在克孜尔石窟壁画中没有水牛、带翼黄牛、带翼狮子、格里芬、鳄鱼、摩羯鱼，禽鸟类中没有鹈鹕等。

克孜尔石窟中缺少水牛、鳄鱼以及鹈鹕等动物形象，这应该是和两地气候悬殊有关，印度处在温热潮湿热带季风性气候，所以产生的喜水性动物较多，而克孜尔地区则属于温带大陆性干旱气候，昼夜温差较大，年均降水量仅65毫米左右，所以这些动物是很难在这里生存的。而处于人们幻想中的神幻动物摩羯鱼，大概也是因为两地气候的原因使得人们缺乏客观自然界的原始载体的参照，而无法发挥出这样的想象，故而摩羯鱼也没有出现在克孜尔石窟壁画之中。

而带翼黄牛、带翼狮子以及格里芬，这些动物应该都与古希腊的文化艺术有较大的关系。根据历史文献来看，这些带翼动物形象应该源起于斯基泰文化，经过漫长的演变与发展，在西方逐渐形成了以格里芬为代表的"狮鹫"形象（图28）。这是一种具有鹰的头部、翅膀与前爪，狮子的身体、尾巴和后爪的神幻性动物，而且格里芬的出现应该对于有翼动物形象的发展与延伸起到了引导作用。所以这些动物形象出现在古印度的动物图案中应该是同当时外来的希腊文化有着较大的关联。

二、克孜尔石窟与古印度佛教艺术动物图案的象征性比较

在佛教发展的早期是不立文字、不塑造像的，但是随着佛教不断地发展，其中深刻的内涵、丰富的寓意已经绝非是简单几句话能够表达清楚的了，如果讲得过于深奥，对于广大的平民百姓来说是难以理解和接受的，同时也不利于佛教的广泛传

第六章　新疆克孜尔石窟同国内外佛教艺术中动物图案的因缘

图28　格里芬（采自：扬之水. 桑奇三塔：西天佛国世俗情味［M］. 北京：生活·读书·新知三联书店，2012：21.）

播。通过不断的探索，为了佛教的继续延伸与发展，人们开始将佛教故事雕刻或绘塑成画面，这是一条简单明了、快捷有效的领悟佛门主旨和精髓的最好办法，因为通过雕刻或绘塑这些佛教主题故事画，能够更为直观、更为快速地将空洞无形的佛教思想化作有形可见的二维形象渗透到整个社会的方方面面。

但是人们认为无论如何造像，都不足以表达出佛陀的完美智慧、品格、德行。所以在早期的佛教艺术文化中是没有佛陀形象出现的，更多的是用一些植物或者动物甚至是一些场景来象征佛陀的存在，佛陀伟大而又美好的形象只能存在于人们的心中。这一点可以在古印度三大著名佛教遗址中得到印证，在巴尔胡特大塔、桑奇大塔以及阿玛拉瓦蒂大塔三处古印度佛教建筑中的动物图案中通常出现频率最高的，多以浮雕或圆雕为表现形式的两种动物，第一是狮子、第二是大象。这两种动物在很多故事场景中均带有佛陀的象征：首先，狮子在古印度中寓意深远，其中有北方之含义，又是王者的象征，在佛教中还是佛陀的象征，因为在佛经中曾有记载，在佛陀诞生之时曾作狮子吼，故而又将佛陀称为人中狮子、释迦族的狮子等。在现今印度比哈拉邦的古城巴基拉，发现的阿育王的石柱约建造于公元前257年（图29），在该石柱上就蹲着一头狮子，代表着佛陀对世人呼喊，所以该狮子也必然包含着佛陀的象征。

图29　阿育王狮子柱（采自：王镛．印度美术［M］．北京：中国人民大学出版社，2010：29．）

在桑奇大塔的东门第二横梁中，塑有"逾城出家"（图30）的佛传故事，该图像中的人物密集，动物繁多，密不透风，虽是太子逾城出家，却不见太子的踪迹。画面明显是以连环画的形式来表现着一个故事情节，在画面靠左面的一部分是一株长势参天的菩提树，这显然是太子的象征。画面中从左到右都有一匹马，马背上没有人物，但是马的周围跟随很多人，其中就有托马足的形象，这匹马也显然就是太子的象征。在画面的左侧竖梁与横梁交汇之处雕刻着三只带翼的狮子，该处虽然是三只狮子但是其中的寓意应该和阿育王石柱的相同，既有唤醒众生之意也有佛陀本尊之象征；其次，大象在印度人的心目中是圣洁、智慧与圆满的象征，大象是有力量的而且还是温顺的动物，是吉祥的象征。在佛经故事中还有"白象入胎""六牙象本生"等故事，所以古印度佛教艺术中时常将白象的出现作为佛陀的象征。比如在巴尔胡特大塔的栏楯上就塑有一幅圆形浮雕画面（图31），最上方是一只带着头部帽圈的大象，画面的中间躺着佛母，左侧是一位侍女，右侧是一盏油灯，画面的最下侧则是一些生活用具，那么这只大象其实就是佛陀的象征。

第六章 新疆克孜尔石窟同国内外佛教艺术中动物图案的因缘

图 30 逾城出家（采自：扬之水．桑奇三塔：西天佛国世俗情味［M］．北京：生活·读书·新知三联书店，2012：42．）

图 31 白象入胎（采自：扬之水．桑奇三塔：西天佛国世俗情味[M]．北京：生活·读书·新知三联书店，2012：24．）

在克孜尔石窟壁画中既有佛传故事题材的"白象入胎"中的大象（该画面在克孜尔110窟壁画中，现有多幅残片在印度、美国、英国、日本等国所收藏，在该故事画中即有大象从佛母右胁入胎的图案），也有本生故事"狮王舍身不忘誓"中的狮子，图案中的狮王应该就是佛陀的前世。所以说在克孜尔石窟壁画中并不缺少狮

217

子与大象,但是这里两种动物并不像在古印度的佛教艺术中出现的那样频繁。从上述论断中我们可以得知古印度佛教艺术中的佛传故事题材的画面占据了较为重要的分量,而其中动物图案里的狮子与大象通常都包含着佛陀的象征。而克孜尔石窟中的本生故事、佛传故事以及因缘故事为题材的故事画,较为丰富,品类多样,其中很多动物都曾是佛陀前世托生,两地相比之下,狮子与大象这两种动物图案作为佛陀的象征性在克孜尔石窟艺术表现中要相对弱化了很多。

三、克孜尔石窟与古印度佛教艺术中动物图案的表现方式的比较

在巴尔胡特、桑奇三塔以及阿玛拉瓦蒂三处古印度佛教建筑艺术中的动物图案的表现方式大多数是以浮雕的表现形式出现的。这种表现方式与壁画的性质其实是一样的,主要都是为了传播佛教教义、表达佛教内涵而运用的不同表现方式。其中最大的不同点就是材质的不同,所导致表达效果的不同,以及保留时间上的不同:古印度佛教建筑艺术中的动物图案的浮雕材质多为硬度较大的石头雕刻而成的,如始建于公元前2世纪的巴尔胡特大塔,其中的塔门与栏楯均为红砂石材质所建造,该石材的摩尔硬度值在4~8之间,色彩为红色,既美观又坚硬。约建于公元前75年~公元前20年的桑奇大塔中围栏的四个塔门,均为砂石所建造,而砂石的摩尔硬度值为6.57,以灰白色为主,庄重而又洁白,用于雕刻图像坚硬而又持久。阿玛拉瓦蒂大塔的围栏大约建造于阿玛拉瓦蒂大塔建设的第三期约为公元150年~200年之间,建造材质为石灰石,其摩尔硬度值为3,该种石材以灰白色为主,庄重而又洁白,用于雕刻图像坚硬而又持久。通过对以上古印度佛教艺术的材质梳理之后,我们可以得知当时古印度佛教艺术更多的是倾向于用较为坚硬的石材为基础,以浮雕的形式来表现佛教文化艺术。

而克孜尔石窟佛教艺术的表现方式则大多以壁画的形式出现,是画工先将石窟的壁面做一种特殊的地仗处理,即将当地黏性较高的红土和以秸秆、麻絮以及骆驼

粪抹平于墙面，然后再涂抹一层石灰或者不涂抹石灰，之后再用笔蘸上颜色作画的形式。以这样的形式绘制出了一万多平方米举世闻名的克孜尔石窟壁画，在这里产生了龟兹艺术模式，产生了克孜尔特有的菱格画。菱格画是克孜尔石窟壁画中动物图案绘制最多的一种艺术形式，壁画中的动物图案琳琅满目、色彩艳丽、动态各异，好像是一个动物园。

通过以上梳理可知，因为材质的不同必然会导致两地佛教艺术表现方式的不同，而究其原因主要是自然气候与地质条件的差异所致。由于印度地区的气候炎热潮湿，降水丰富，如果在这里进行类似我国新疆克孜尔石窟壁画一样的艺术创作，是无法保存下来的，由于空气中巨大湿气会飞快地腐蚀掉绘制的壁画画面，造成大面积的漫漶与剥蚀，所以古印度浮雕艺术表现方式是非常符合该地环境要求的。但是这样带来了另外一个问题，由于浮雕形式的材质硬，工作量和工作难度相对来说较大，所以就不可能雕刻太多过于精细、小巧的动物，这也就是印度佛教艺术中大型动物图案偏多，动物种类虽然丰富，但从总体上来看并不像新疆克孜尔石窟壁画中的动物图案那样繁杂。

而克孜尔地区的岩层属于砂质的沉积岩，岩石结构松散，基本上无法进行较为精细的雕琢，所以在克孜尔石窟中的雕刻艺术并不是很多，而且曾有一些大型雕像也早已不见踪影，这也是该地区佛教艺术为什么要以壁画的形式为主的一个重要原因；其次，是因为克孜尔石窟属于温带大陆性干旱气候，终年降水量在65毫米左右，空气干燥，所以这里壁画艺术受到漫漶和剥蚀的可能性非常小，而且克孜尔石窟本身就地处荒郊山林之处，人为破坏的概率也不会太高。由于克孜尔石窟壁画艺术相比较古印度佛教艺术中的雕刻艺术，难度要小得多，所以绘制的方式可以更加自由、更加丰富，这也是克孜尔石窟壁画中的动物图案之所以如此丰富的一个重要原因。

结语

花花世界、叶叶如来，克孜尔石窟的壁画艺术就是佛国世界的凡间再现，其中的生动活泼的各类动物图案就好像这个世界的花花叶叶，点缀着这圣界幻境。佛教又被称之为"像教"，该"像"的意思是指：佛陀、菩萨以及各类具有佛教意义植物和动物的综合指代，也就是说佛教是通过这些图案和造像作为对话语境，面向世间来传递这法相究竟的。

克孜尔壁画中的动物图案大多都是源于佛教三大故事，即本生故事、因缘故事、佛传故事。这些故事中很多都是曾流传于印度民间的神话故事以及寓言故事，当时印度很多教派也都利用这些故事来扩大自身的影响力，宣传自身所持的宗教教义等，佛教也不例外将其运用在自身的佛经内容当中。当佛教在公元前3世纪左右，在阿育王的推动和资助下，佛教开始走出印度向周边国家辐射，佛教在一路东渐的过程中又吸收了波斯、罗马以及北方草原上的艺术文化，然后越过了葱岭渗透到我国新疆境内，并形成了以塔里木盆地为中心的南北两个佛教重镇——于阗和龟兹。以石窟寺为主要佛教艺术表现载体的龟兹，其中保存最完善，壁画留存面积最大的就是克孜尔石窟。

克孜尔石窟动物图案的发生与发展，直接影响了新疆以东地区到中原内陆众多石窟寺佛教艺术动物图案的发展，对于我国佛教艺术发展有着举足轻重的作用。从公元3世纪末克孜尔石窟开始建造，到4~7世纪的繁荣发展，再到8世纪末期的衰落，经历了漫长的岁月，其中动物图案也是随着岁月变迁而不断发生着变化。当然这些变化同样与当时龟兹地区极其复杂多样的人种以及龟兹丰富多彩的文化艺术有着千丝万缕的联系，还有来自中原内地的汉地文化同佛教文化之间产生的碰撞也是克孜尔石窟壁画中动物图案自成一派的重要原因。

克孜尔石窟的形制决定了动物画的位置与体量的大小，克孜尔石窟是以小乘佛教信仰为主流的，在此地主要讲求的是通过修行"八正道"与"四谛"而达到最终的解脱。在清修的过程中最好是一处安静不被人打扰的地方最佳，所以建造石窟寺是僧人修行过程中最为理想的场所，通常该地的选址多在依山傍水、人烟稀少的旷野深处，克孜尔石窟的选址便是遵循此道。克孜尔石窟的构造也相当科学，以功能区分的话可将其划分为礼拜、修行的区域和日常的生活区域。礼拜与修行的区域主要以中心柱窟与方形窟为主，其中中心柱窟还包括大像窟，这两种窟形均以礼拜为主，而方形窟则多以日课和讲经所用。另外生活所用窟形主要是指僧房窟和小型窟以及异形窟，僧房窟多为僧人们日常起居所用，而小型窟以及异形窟通常用于存放杂物和生活用品。在这三组区域中绘制有壁画的区域主要是礼拜区域的中心柱窟与修行区域的方形窟，其中动物画大多布局于石窟券顶的菱格画之内，当然也有以纯粹独立形象出现的动物画和绘制于装饰空间中富有美化功能的动物画。

在人类早期文明发展中，首先涉及的就是动物和人的图纹，当人从原始状态初步进入文明的早期时，还是无法从基因中去除自身曾经与动物千丝万缕的关联，甚至认为自身是某一类动物的化身或者认为某一种动物本身就具有神的功能。由于这一类思想意识不断地在混沌初开的人类思想中蔓延和发展，也就逐渐产生了早期宗教的雏形，在古代印度文明中很早就有灵魂不灭、人畜之间同根同源的思想理论。所以在佛教思想中也同样认为动物与人从根源上来说是平等的，佛教中还将宇宙中所有生物分成了四种生命形态：卵生动物、胎生动物、化生动物、湿生动物。佛教中将不同生物所生存的空间分成了两大部分：圣界和凡界。通过漫长岁月的发展，佛教中的动物图案越来越丰满、越来越多姿、林林总总、目不暇接，本书根据各类动物本身的形态特征和生活环境将其分为两大类：陆栖类动物，飞禽、水生、神幻类动物。并且详细地介绍了每种动物的生物学史，以及该类动物在佛教经典中的主旨和象征意义，梳理了每种动物作为主要角色的佛教本生故事和其中传达的佛教寓意。

克孜尔石窟壁画中的动物图案种类大约有30多种，这些动物图案的形态各异、动势准确，完美地诠释了佛教文献中的信息。这些内容多是遵守戒律、舍己救人、知恩图报的形式，来警示僧侣和世人应该一心向佛，多为善举。本书将在石窟内出现的各类动物图案根据其在洞窟壁画中所展示的功能不同将这些图案分为三类：出自佛教文献中的动物图案、单体动物图案、装饰性动物图案，并针对三类动物图案内容一一举例，进行了详细的研究与阐释。克孜尔石窟壁画中的动物图案表现形式也同样丰富精彩，手法纯熟而又自然，笔者根据图案的不同表现方法和形式，进行了细致梳理和归纳并将其总结为四种：简笔画性的表现形式、写意性的表现形式、结构性的表现形式、修饰改造性的表现形式。书中具有针对性地选择了多幅含有四种典型表现特征的洞窟动物图案，进行了细致的比对和详细的研究。

克孜尔石窟壁画中的动物图案有着西域与中原交融的因素，同时也有着东西方交流的痕迹。佛教艺术始发于印度，所以克孜尔石窟壁画中的动物图案必然同印度佛教中动物图案有着天然的关联。印度的气候属于热带季风性气候，天气炎热，空气湿度大，其中的喜水性动物相对于地处温带大陆性干旱气候、终年降水量极少的新疆克孜尔地区要丰富。所以在印度佛教艺术中的喜水性动物图案要比克孜尔石窟壁画中的喜水性动物图案多，如鳄鱼、鹈鹕等。另外，由于天气潮湿炎热的原因，印度佛教艺术表现的方式通常是石材浮雕的形式，这样就同因为岩层结构松散而无法进行精雕细刻的克孜尔石窟壁画艺术形成了鲜明的对比。

在佛教早期是不立文字、不着塑像的，所以在印度的佛教艺术图案中多以动物或植物来象征佛陀的形象。在佛陀诞生之时就曾作狮子吼，故而被称为人中狮子，而狮子的形象就常常在印度佛教艺术中出现，包含有佛陀本尊的象征。大象则是力量与智慧的象征，所以也具有佛陀本尊之象征的意味，在佛教故事与经典中也曾频繁出现，诸如"白象入胎""脱胎灵梦"等。因为与古印度佛教艺术的雕刻形式相比克孜尔石窟中绘画形式更加方便、更加自由，各种动物形象出现的频率都很高。所以在克孜尔石窟壁画中的狮子和大象作为佛陀的象征寓意要明显弱于古印度佛教艺术图案。

从古印度佛教壁画表现方式来看，巴尔胡特大塔的塔门与栏楯都是以红砂石为雕刻材质，其硬度达到了摩尔硬度值的4~8之间，桑奇大塔中围栏的四个塔门都是灰白砂石所建，砂石的硬度值为6.57，阿玛拉瓦蒂大塔的围栏则是灰白色石灰石所建，石灰石的摩尔硬度值为3，通过这些石刻材质的梳理我们可以得知古印度的佛教艺术均是雕刻于较硬的石头材质上的，所以雕刻的难度和消耗的时间都非常大，因此所雕刻的精细、小巧、繁杂的动物图案就相对来说会少一些，但是在克孜尔石窟的墙壁上绘制壁画，仅仅是用胶泥和着麦草和麻絮做上一层地仗，并在表面覆以石灰层即可直接作画，那么在这样相对轻松而又简易的环境下，工匠们就会更好地发挥自己的艺术手法，无所羁绊地绘制出更多样、更精细的动物图案。

佛教艺术随着佛教进入新疆以后，发展繁荣了新疆佛教艺术，但是这些并没有停止其东渐的脚步。当佛教越过玉门关来到了甘肃的武威地区也就是历史上的凉州，佛教在此得到了皇家的大力支持，发展得非常迅速并繁荣起来，形成了我国佛教艺术史上的"凉州模式"。在凉州模式的带动与引领下又发展出了一系列的国内石窟寺，其中由西向东较为著名的有敦煌、云冈，以及中原地区的龙门等佛教石窟遗址。

本书首先将克孜尔石窟壁画上的动物图案同敦煌石窟中的动物图案进行比对，并着重从两地动物图案的种类、两地动物图案在洞窟壁画中的功用、两地动物图案所服务的对象，以及两地动物图案的构图比较中着手。通过系统详细的梳理之后得出如下结论：

①克孜尔石窟壁画中的图案相对敦煌石窟壁画中的动物图案更丰富，而且敦煌的本生故事中多以人为主角，但是克孜尔石窟壁画中的本生故事则多以动物为主角。②两地中的动物在画面中功能不同，敦煌石窟中的动物多为动物自身的自然属性，比如其中的马就是一种起到运输工具作用的动物，而在克孜尔石窟壁画中则多以佛或是菩萨的前世托生为主，这些动物虽为畜生之身，却处处行仁义之事。③因为传播和发展的需要，克孜尔石窟壁画中的图案不仅要表现佛教要义而且要为当时来往的财团或富商服务，所以在克孜尔石窟壁画中的动物图案常会出现"马壁龙王救商客""马王救商客出海"等，具有针对商人服务功能的壁画，相比较来说要比敦煌石窟壁画中的动物图案更丰富。但是敦煌的石窟艺术则是更多地受到了汉地大

乘佛教文化以及儒家文化的影响，将人的形象放置在了主流的地位，而动物图案则更多是为了配合故事内容发展而服务的。④两地壁画中动物图案的构图形式也有较大的差异，克孜尔石窟壁画中的图案主要绘制于菱格画中，所以角色一般不多，通常都是一个主要角色配合一两个次要角色，具有一定规律，也适合于菱格画面的构图形式。而敦煌石窟艺术中的动物图案的表现则差异较大，特别是马、骆驼等均是具有特定功用的动物，一般在画面中出现的场面都较为宏大，动物形象繁多。

其次，因为云冈石窟是凉州模式在中原内陆地区的进一步发展和延伸，而云冈、龙门两处石窟在历史发展中又有着相对的承袭的关系，故此本文将两处石窟艺术一并提出，同克孜尔石窟壁画中的动物图案来做分析比较。通过对三处石窟动物图案的系统梳理，本文着重从三处石窟动物图案的种类、图案的出处与类型以及三处石窟动物形象的分布情况进行了系统梳理和比较，并且得出如下结论：

①三处石窟动物图案种类的比较：云冈、龙门两处石窟艺术中动物图案的丰富程度和多样性不如克孜尔石窟，因为云冈、龙门中的动物图案主要以装饰功能为主，而且其表现材质多为雕刻，难度和工作量较大。克孜尔石窟壁画上的动物图案则多以故事的主角出现，内容丰富，形式多样，绘制难度相对较小。另外在三处石窟艺术中的动物图案中有两种动物图案存在着较大差异：首先是克孜尔石窟壁画中的狮子与云冈、龙门两处石窟中的狮子图案的形象与属性明显不同，在云冈、龙门两处石窟中的狮子形象带有一种憨态可掬的亲近感和温顺形象。但是克孜尔石窟壁画中的狮子形象却与大自然中真实狮子形象较为接近。其次是克孜尔石窟壁画中的龙的形象同云冈、龙门两处石窟也有着较大的差异，克孜尔石窟壁画中龙的形象更多的是受到了古印度龙的形象影响，看起来与蛇的形象更为相似。而云冈、龙门两处石窟中的龙的形象主要是尖耳、长颚、牙齿外漏、吐着信子全身长鳞纹的样式，经常呈现出凌空飞舞、二龙反顾的姿态。

②三处石窟中动物图案的功用与类型比较：云冈、龙门两处石窟的动物图案与克孜尔石窟壁画中动物图案就其绘制的功用也不尽相同。云冈、龙门两处石窟的动物图案多出自于本生与佛传故事之中，还有一部分则是根据窟内装饰空间的需要而

绘塑的。而克孜尔石窟壁画中的动物图案则大多出于本生故事和因缘故事题材的需要而绘制的，多为故事画中的主要角色，但是云冈、龙门两处石窟的动物图案多为故事画中的配角或者装饰图像。

③克孜尔石窟与云冈、龙门三处石窟动物形象的分布情况比较：在云冈和龙门两处石窟动物图案中，出现频率较高的要算是狮子和龙，其中龙所雕刻的位置大多处于龛楣、石窟窟顶、雕像周边的装饰空间中。而狮子图案更多的是以浮雕的形式布置于佛陀或菩萨座的下方两侧，有些石窟的狮子则表现出半蹲的形式或者是相对而立、相对而卧的形式。但是在克孜尔石窟壁画中的动物形象则多以菱格画的形式绘制在石窟券顶部位，或者还有一些装饰性的动物图案会被绘制在壁画周围的边饰空间中以及留白之中。

④克孜尔石窟与云冈、龙门三处石窟动物形象表现媒介比较：通过与克孜尔石窟与云冈、龙门三处石窟动物形象的梳理与研究，可以得知云冈、龙门两处石窟艺术表现媒介多为岩石，其中云冈石窟的岩石质地为长石和石英，其石质比较适合雕刻；通过调研可知龙门石窟的岩石质地为寒武纪和奥陶纪的石灰岩，这种岩石坚硬而又紧密，适用于大型雕刻或是局部的精雕细刻。但是克孜尔石窟的地质成分正好与云冈、龙门两处石窟相反，此地的属于砂岩与泥岩，石质密度松散，不太适宜雕刻，所以克孜尔石窟的壁画艺术才是该地艺术的主要表现媒介。

在多元文化交流融汇中形成的克孜尔石窟壁画中的动物图案，是我国古代无数工匠的智慧与劳动的结晶。他们通过日积月累绘制与创作积攒了太多的创作方法与绘画技巧，其中"狮王舍身不忘誓言"中的金毛雄狮的形象、"猴王舍命救群猴"中群猴在猴王身上踩踏而过的瞬间，一幅幅鲜活的图案，记录着克孜尔石窟壁画中历经千载的文明碎片。这些精致而又古老的动物图案一定包含着外来文化艺术的影响，但绝不是简单的模仿与拼凑，它是通过不断地交流与学习，吸收与融汇的方法将外来的佛教艺术结合于自身的传统文化而推演生发出的一种具有鲜明本土特色的石窟动物图案，对我国装饰图案的发展起到了长远的奠基作用，是我国传统文化的一颗明珠。

参考文献

一、古代文献
[1] [唐]魏征. 隋书[M]. 中华书局，1973.
[2] [汉]班固. 汉书[M]. 中华书局，1962.
[3] [宋]范晔. 后汉书[M]. 中华书局，1965.
[4] [唐]房玄龄. 晋书[M]. 中华书局，1974.
[5] [宋]欧阳修，宋祁. 唐书[M]. 中华书局，1975.
[6] [北齐]魏收. 魏书[M]. 中华书局，1973.
[7] [唐]姚思廉. 梁书[M]. 中华书局，1973.

二、佛教典籍
[1] [北魏]杨街之撰，范祥雍. 洛阳伽蓝记[M]. 上海古籍出版，1979.
[2] [唐]慧立、彦惊著，孙敏棠、谢方点校. 大慈恩寺三藏法师传[M]. 中华书局，2000.
[3] [梁]释慧皎撰，汤用彤校注. 高僧传[M]. 中华书局，1992.
[4] [唐]玄奘、辩机原著，季羡林等校注. 大唐西域记校注[M]. 中华书局，1985.
[5] [唐]慧超著，张毅释. 往五天竺国记[M]. 中华书局，2000.
[6] [梁]释僧祐撰，苏晋仁、萧炼子点校. 出三藏记集[M]. 中华书局，1995.
[7] [唐]义净著，王邦维点校. 大唐西域求法高僧传点校[M]. 中华书局，1988.
[8] 高楠顺次郎，渡边海旭编. 大正新修大藏经[M]. 大正新修大藏经刊行会，1924～1932.

三、现代文献
[1] 龟兹石窟研究所. 克孜尔石窟志[M]. 上海：上海人民美术出版社，1993.
[2] 廖旸. 克孜尔石窟壁画年代学研究[M]. 北京：社会科学文献出版社，2012.
[3] 史晓明. 龟兹壁画艺术概述[J]. 南京艺术学院学报，2008.
[4] 赵莉. 克孜尔石窟部分流失壁画原位考证与复原[J]. 中国文化遗产，2009.
[5] 韩翔，朱英荣. 龟兹石窟[M]. 乌鲁木齐：新疆大学出版社，1990.
[6] 王建舜. 北魏云冈[M]. 太原：山西经济出版社，2020.
[7] 赵声良. 敦煌石窟艺术总论[M]. 兰州：甘肃教育出版社，2010.
[8] [英]贡布里希. 象征的图像——贡布里希图像学文集[M]. 杨思梁、范景中，译. 南宁：广西美术出版社，2014.

参考文献

[9] 龙门石窟研究所. 龙门石窟窟龛编号图册[M]. 北京：文物出版社，1994.

[10] 史晓明. 龟兹佛教壁画艺术在绘画史上的历史地位[J]. 龟兹学研究，2012.

[11] 高士明. 历史的交响. 人的解放[J]. 新美术，2013.

[12] 马秦，范书财. 龟兹造像[M]. 乌鲁木齐：新疆科学技术出版社，2008.

[13] 王功恪，王建林. 龟兹古国[M]. 重庆：重庆出版社，2007.

[14] 巫新华主编，霍旭初编著. 克孜尔石窟壁画[M]. 济南：山东美术出版社，2013.

[15] 王敏，贾小琳. 克孜尔石窟供养人壁画的制作过程和技法特点[J]. 全国中文核心期刊艺术百家，2008.

[16] 张存良，斯坦因中亚考察著作综述[J]. 西域研究，2012.

[17] 龙门石窟研究所. 龙门流散雕像集[M]. 上海：上海人民美术出版社，1993.

[18] 宿白. 新疆考古发现与西域文明[J]. 文史知识，2010.

[19] [德] 阿尔伯特·冯·勒柯克著，陈海涛译. 新疆地下文化宝藏[M]. 乌鲁木齐：新疆人民出版社，2013.

[20] 王雄飞. 岩彩画教材[M]. 杭州：中国美术学院出版社，2011.

[21] 宿白. 新疆考古发现与西域文明[J]. 新疆人文地理，2010.

[22] 常青. 试论龙门初唐密教雕刻[J]. 考古学报，2001（3）.

[23] 赵莉. 克孜尔石窟考察与研究世纪回眸[C]. 中国宗教研究年鉴（1999—2000），北京：宗教文化出版社，2001.

[24] 苏伯民，李最雄，马赞峰，李实，马清林. 克孜尔石窟壁画颜料研究[J]. 敦煌研究，2000.

[25] 王征. 克孜尔石窟壁画的制作过程和表现形式[J]. 敦煌研究，2001.

[26] 郭宏. 古代干壁画与湿壁画的鉴定[J]. 中原文物，2004.

[27] [奥] 弗朗茨·维克霍夫. 罗马艺术——它的基本原理及其在早期基督教绘画中的运用[M]. 陈平，译. 北京：北京大学出版社，2010.

[28] [英] 贡布里希. 艺术的故事[M]. 范景中、杨成凯，译. 南宁：广西美术出版社，2008.

[29] 史晓明，王建林. 克孜尔岩画研究[M]. 乌鲁木齐：新疆美术摄影出版社，2008.

[30] 王志兴. 从敷彩"用线"造型和布局看克孜尔石窟的壁画风格[J]. 新疆师范大学学报（哲学社会科学版），2006.

[31] 朱英荣. 试析库车石窟壁画中的天象图[J]. 敦煌学辑刊，1985.

[32] 敦煌研究院. 敦煌石窟内容总录[M]. 北京：文物出版社，1996.

［33］史晓明，张爱红. 克孜尔石窟菱格画形式探源［J］. 敦煌研究，1991.
［34］金维诺. 龟兹艺术的风格与成就［J］. 西域研究，1997.
［35］贾应逸. 新疆佛教壁画的历史学研究［M］. 北京：中国人民大学出版社，2010.
［36］姚士宏. 克孜尔石窟探秘［M］. 乌鲁木齐：新疆美术摄影出版社，1996.
［37］耿剑. 犍陀罗佛传浮雕与克孜尔佛传壁画部分图像比较［J］. 民族艺术，2005.
［38］王镛. 印度美术［M］. 北京：中国人民大学出版社，2010.
［39］扬之水. 曾有西风半点香［M］. 北京：生活·读书·新知三联书店，2012.
［40］扬之水. 桑奇三塔：西天佛国世俗情味［M］. 北京：生活·读书·新知三联书店，2012.
［41］诸葛凯. 佛教艺术对中国花卉装饰的影响［J］. 民族艺术，2004.
［42］敦煌研究院. 敦煌石窟全集·19·动物画卷［M］. 上海：上海人民出版社，2000.
［43］［英］杰西卡·罗森. 莲与龙：中国纹饰［M］. 张平，译. 上海：上海书画出版社，2019.

后记

克孜尔石窟壁画中的动物图案,属于以佛教文化观念为基础的综合性艺术。当印度佛教和佛教艺术在大约公元前3世纪时沿着丝绸之路浸透与传播到了周边各个地区,其中融通和改变的艺术形式是异常复杂和丰富的,本书着重选择了西域境内克孜尔石窟壁画中的动物图案作为研究对象。

文中所使用和搜集的资料,主要来源于我国各地重要的学术研究机构和前辈学者的著述与研究文献之中,如克孜尔石窟壁画中的动物图案的材料多参考于新疆维吾尔自治区文物管理委员会、拜城县克孜尔千佛洞文物保管所、北京大学考古系所著的《中国石窟·克孜尔石窟(三卷)》;关于印度佛教艺术研究部分则较多参考了王镛先生所著的《印度美术》;敦煌佛教艺术研究部分则较多的引用了敦煌研究院出版的《敦煌石窟全集·19·动物画卷》等等,笔者在此要向这些著名的学术机构和学者前辈致谢!

本书的重点是对克孜尔石窟壁画中各类题材中的动物图案进行梳理、分类,分析研究它们的表现内容和表现形式以及这些动物图案对于域外和中原内地佛教艺术的影响,等等。这些研究成果均是建立在众多考古工作者的长期奋斗与开掘工作基础上形成的,是他们走遍天山南北,横跨沙漠与茫茫戈壁探寻出了这些留存千年的伟大艺术遗址。当然还有许多文物人员,年复一年日复一日地守护在这些幽静空谷之中,为人类保卫着历史中的辉煌,由于他们的无私奉献和付出才为我们创造了这些研究与欣赏的机会。

  我满怀着无比崇敬与感激之情,撰写了本书,希望本人的拙劣之作能为克孜尔石窟艺术研究做出一点微薄的贡献。